普通高等院校"十三五"规划教材

中级财务会计

ZHONGJI CAIWU

KUAIJI

曹湘平　陈益云　王柏慧◎主　编
程晓秋　王高泽　周艳芳◎副主编
范　新◎参　编

清华大学出版社
北　京

内容简介

"中级财务会计"是会计和财务管理专业的核心课程,是会计和财务管理专业知识结构的主体部分,是初级财务会计的深化和拓展。本书以国家颁布的企业会计准则体系为依据,充分体现了企业会计准则体系中 2018 年修订版的内容,主要包括总论、货币资金与应收款项、存货、金融资产、长期股权投资、固定资产、无形资产、投资性房地产、流动负债、非流动负债、所有者权益、收入和财务报告等内容。全书结构严谨、内容新颖、表述准确、文字简练、通俗易懂。

本书适合本科院校和高职高专院校会计和财务管理等专业的学生使用,也适合其他跨专业的学生选修使用。

本书封面贴有清华大学出版社防伪标签,无标签者不得销售。
版权所有,侵权必究。举报: 010-62782989,beiqinquan@tup.tsinghua.edu.cn。

图书在版编目(CIP)数据

中级财务会计 / 曹湘平,陈益云,王柏慧主编. —北京: 清华大学出版社,2018(2021.8重印)
(普通高等院校"十三五"规划教材)
ISBN 978-7-302-50509-9

Ⅰ.①中… Ⅱ.①曹… ②陈… ③王… Ⅲ.①财务会计-高等学校-教材 Ⅳ.①F234.4

中国版本图书馆 CIP 数据核字(2018)第 139855 号

责任编辑: 刘志彬
封面设计: 汉风唐韵
责任校对: 宋玉莲
责任印制: 沈 露

出版发行: 清华大学出版社
网　　址: http://www.tup.com.cn, http://www.wqbook.com
地　　址: 北京清华大学学研大厦 A 座
邮　　编: 100084
社 总 机: 010-62770175
邮　　购: 010-62786544
投稿与读者服务: 010-62776969,c-service@tup.tsinghua.edu.cn
质量反馈: 010-62772015,zhiliang@tup.tsinghua.edu.cn

印 装 者: 三河市国英印务有限公司
经　　销: 全国新华书店
开　　本: 185mm×260mm　　印　　张: 17.5　　字　　数: 436 千字
版　　次: 2018 年 7 月第 1 版　　印　　次: 2021 年 8 月第 5 次印刷
定　　价: 52.50 元

产品编号: 079056-03

前 言

会计被公认为国际通用的"商业语言",是理解和沟通会计主体财务状况和经营成果的重要媒介,是维护和促进市场经济发展的重要信息资源,经济越发展,会计越重要。

"中级财务会计"是会计和财务管理专业的核心课程,是会计和财务管理专业知识结构的主体部分,是初级财务会计的深化和拓展。本书阐述了中级财务会计的基本理论和基础知识,围绕会计要素的确认、计量、记录和披露展开,充分考虑与"会计学原理""高级财务会计"和"成本会计"等课程的知识衔接。

本书以国家颁布的企业会计准则体系为依据,充分体现了企业会计准则体系中2017年修订版的内容,主要内容包括总论、货币资金与应收款项、存货、金融资产、长期股权投资、固定资产、无形资产、投资性房地产、流动负债、非流动负债、所有者权益、收入和财务报告。全书结构严谨、内容新颖、表述准确、文字简练、通俗易懂。本书以会计六大要素的基本业务核算为基础,注重理论联系实际,吸纳国际会计准则的内容,通过列举教学案例对财务会计理论和业务进行诠释,进一步拓宽学生视野。本书充分体现了应用型高级专门人才培养目标,理论描述精练、简单、准确,实际操作步骤详细、系统、新颖,注重案例教学,注重培养学生的分析能力和动手能力,适合本科院校和高职高专院校会计和财务管理等专业的学生使用。

本书由曹湘平、陈益云和王柏慧任主编,程晓秋、王高泽、周艳芳任副主编,范新参与编写,参与编写的老师都长期担任"中级财务会计"课程的教学和理论研究。本书在编写过程中参考了大量国内同行编著的教材,尤其是全国注册会计师和全国会计中级职称考试用书,在此深表感谢!

由于编者水平和能力有限,书中难免有错误与不足,恳请同行不吝指正!

编 者

目　　录

第一章　总论 ... 1
　　第一节　会计概述 ... 1
　　第二节　会计基本假设与会计基础 ... 3
　　第三节　会计信息质量要求 ... 5
　　第四节　会计要素及其确认与计量 ... 8
　　本章小结 ... 16
　　复习思考题 ... 16

第二章　货币资金与应收款项 ... 17
　　第一节　货币资金 ... 17
　　第二节　应收及预付款项 ... 30
　　本章小结 ... 38
　　复习思考题 ... 39

第三章　存货 ... 40
　　第一节　存货概述 ... 40
　　第二节　存货的初始计量 ... 43
　　第三节　存货发出的计量 ... 50
　　第四节　存货清查 ... 62
　　第五节　存货的期末计量 ... 64
　　本章小结 ... 70
　　复习思考题 ... 70

第四章　金融资产 ... 72
　　第一节　金融资产的定义和分类 ... 72
　　第二节　以公允价值计量且其变动计入当期损益的金融资产 ... 73
　　第三节　以摊余成本计量的金融资产 ... 76
　　第四节　以公允价值计量且变动计入其他综合收益的金融资产 ... 78
　　第五节　金融资产减值和重分类 ... 81
　　本章小结 ... 83

复习思考题 83

第五章　长期股权投资　　84

　　第一节　长期股权投资概述 84
　　第二节　长期股权投资的初始计量 85
　　第三节　长期股权投资的后续计量 90
　　第四节　长期股权投资核算方法的转换 98
　　第五节　长期股权投资的处置 103
　　本章小结 104
　　复习思考题 105

第六章　固定资产　　106

　　第一节　固定资产概述 106
　　第二节　固定资产的初始计量 108
　　第三节　固定资产的后续计量 118
　　第四节　固定资产的处置 125
　　本章小结 129
　　复习思考题 129

第七章　无形资产　　130

　　第一节　无形资产概述 130
　　第二节　无形资产的初始计量 133
　　第三节　无形资产的后续计量 139
　　第四节　无形资产的处置 143
　　第五节　其他长期资产 145
　　本章小结 146
　　复习思考题 147

第八章　投资性房地产　　148

　　第一节　投资性房地产概述 148
　　第二节　投资性房地产的初始计量与确认 151
　　第三节　投资性房地产的后续计量 153
　　第四节　投资性房地产的转换和处置 157
　　本章小结 163
　　复习思考题 163

第九章 流动负债 — 164

- 第一节 短期借款 — 164
- 第二节 应付账款、应付票据和预收账款 — 165
- 第三节 应付职工薪酬 — 169
- 第四节 应交税费 — 177
- 第五节 其他流动负债 — 185
- 本章小结 — 186
- 复习思考题 — 186

第十章 非流动负债 — 187

- 第一节 长期借款 — 187
- 第二节 应付债券 — 189
- 第三节 长期应付款 — 192
- 本章小结 — 193
- 复习思考题 — 193

第十一章 所有者权益 — 194

- 第一节 所有者权益概述 — 194
- 第二节 实收资本 — 195
- 第三节 资本公积和其他综合收益 — 199
- 第四节 留存收益 — 202
- 本章小结 — 206
- 复习思考题 — 206

第十二章 收入、费用和利润 — 207

- 第一节 收入 — 207
- 第二节 费用 — 238
- 第三节 利润 — 239
- 本章小结 — 241
- 复习思考题 — 241

第十三章 财务报告 — 242

- 第一节 财务报告概述 — 242
- 第二节 资产负债表 — 245
- 第三节 利润表 — 254
- 第四节 现金流量表 — 258

第五节 所有者权益变动表 ………………………………………… 265
第六节 财务报表附注 ……………………………………………… 268
本章小结 ……………………………………………………………… 270
复习思考题 …………………………………………………………… 270

参考文献 …………………………………………………………………… 271

第一章 总 论

> **知识目标**
> 1. 了解财务会计的基本概念，会计的作用、目标和前提条件，以及会计处理基础。
> 2. 掌握财务会计信息质量特征，会计要素的概念、特征、确认条件和计量方法。

第一节 会计概述

一、会计的定义

会计是以货币为主要计量单位，反映和监督一个单位经济活动的一种经济管理工作。在企业，会计主要反映企业的财务状况、经营成果和现金流量，并对企业经营活动和财务收支进行监督。会计是随着人类社会生产的发展和经济管理的需要而产生、发展并不断完善起来的。人类文明不断进步，社会经济活动不断革新，生产力不断提高，会计的核算内容、核算方法等也得到了相应发展，逐步由简单的计量与记录行为发展成以货币单位综合地反映和监督经济活动过程的一种经济管理工作，并在参与单位经营管理决策、提高资源配置效率、促进经济健康持续发展方面发挥积极作用。

二、会计的作用

会计是现代企业的一项重要的基础性工作，通过一系列会计程序，提供决策有用的信息，并积极参与经营管理决策，提高企业经济效益，服务于市场经济的健康有序发展。目前，国际上通行的财务报告目标的观点主要有两种：受托责任观和决策有用观。我国吸取了这两种观点的精华，在《企业会计准则——基本准则》第四条指出："财务会计报告的目标,是向财务报告使用者提供与企业财务状况、经营成果和现金流量等有关的会计信息,反映企业管理层受托责任的履行情况,有助于财务报告使用者做出经济决策。"具体来说,会计的作用主要包括以下几个方面。

(一) 提供决策有用的信息,提高企业透明度,规范企业行为

企业会计通过其反映职能,提供有关企业财务状况、经营成果和现金流量方面的信息,是包括投资者和债权人在内的各方面进行决策的依据。例如,对于作为企业所有者的投资者来说,他们为了选择投资对象、衡量投资风险、做出投资决策,不仅需要了解企业包括毛利率、总资产收益率、净资产收益率等指标在内的盈利能力和发展趋势方面的信息,也需要了解有关企业经营情况方面的信息及其所处行业的信息;对于作为债权人的银行来说,它们为了选择贷款对象、衡量贷款风险、做出贷款决策,不仅需要了解企业包括流动比率、速动比率、资产负债率等指标在内的短期偿债能力和长期偿债能力,也需要了解企业所处行业的基本情况及其在同行业所处的地位;对于作为社会经济管理者的政府部门来说,它们为了制定经济政策、进行宏观调控、配置社会资源,需要从总体上掌握企业的资产负债结构、损益状况和现金流转情况,从宏观上把握经济运行的状况和发展变化趋势。所有这一切,都需要会计提供有助于他们进行决策的信息,通过提高会计信息透明度来规范企业会计行为。

(二) 加强经营管理,提高经济效益,促进企业可持续发展

企业经营管理水平的高低直接影响企业的经济效益、经营成果、竞争能力和发展前景,在一定程度上决定企业的前途和命运。为了满足企业内部经营管理对会计信息的需要,现代会计已经渗透到了企业内部经营管理的各个方面。例如,企业会计通过分析和利用有关企业财务状况、经营成果和现金流量方面的信息,可以全面、系统、总括地了解企业生产经营活动情况、财务状况和经营成果,并在此基础上预测和分析未来发展前景;可以通过发现过去经营活动中存在的问题,找出存在的差距及原因,并提出改进措施;可以通过预算的分解和落实,建立内部经济责任制,从而做到目标明确、责任清晰、考核严格、赏罚分明。总之,会计通过真实地反映企业的财务信息,参与经营决策,为处理企业与各方面的关系、考核企业管理人员的经营业绩、落实企业内部管理责任奠定基础,有助于发挥会计工作在加强企业经营管理、提高经济效益方面的积极作用。

(三) 考核企业管理层经济责任的履行情况

企业接受了包括国家在内的所有投资者和债权人的投资,就有责任按照其预定的发展目标和要求,合理利用资源,加强经营管理,提高经济效益,接受考核和评价。会计信息有助于评价企业的业绩,有助于考核企业管理层经济责任的履行情况。例如,对于作为企业所有者的投资者来说,他们为了了解企业本年度经营活动成果和资产的保值、增值情况,需要将利润表中的净利润与上年度进行对比,以反映企业的盈利发展趋势;需要将其与同行业进行对比,以反映企业在与同行业竞争时所处的位置,从而考核企业管理层经济责任的履行情况。对于作为社会经济管理者的政府部门来说,它们需要将资产负债表、利

润表和现金流量表中所反映的实际情况与预算进行对比，进而了解企业执行计划的能力和企业完成预算的情况。所有这一切，都需要会计提供信息。

第二节 会计基本假设与会计基础

一、会计基本假设

会计假设是指组织会计核算工作应具备的前提条件，也是会计准则中规定的各种程序和方法适用的前提条件。会计基本假设是为了应对会计工作所处的复杂的经济环境对会计核算的影响，对会计核算所处的时间、空间环境等所做的合理假定。会计核算的基本假设包括会计主体、持续经营、会计期间和货币计量等。

(一) 会计主体

会计主体是指企业会计确认、计量和报告的空间范围。为了向财务报告使用者反映企业财务状况、经营成果和现金流量，提供对其决策有用的信息，会计核算和财务报告的编制应当集中于反映特定对象的活动，并将其与其他经济实体区别开来，才能实现财务报告的目标。

明确会计主体，才能划定会计所要处理的各项交易或事项的范围。在会计工作中，只有那些影响企业本身经济利益的各项交易或事项才能加以确认、计量和报告，那些不影响企业本身经济利益的各项交易或事项则不能加以确认、计量和报告。

明确会计主体，才能将会计主体的交易或者事项与会计主体所有者的交易或者事项，以及其他会计主体的交易或者事项区分开来。例如，企业所有者的经济交易或者事项是属于企业所有者主体所发生的，不应纳入企业会计核算的范围，但是企业所有者投入企业的资本或者企业向所有者分配的利润，则属于企业主体所发生的交易或者事项，应当纳入企业会计核算的范围。

会计主体不同于法律主体。一般来说，法律主体必然是一个会计主体。例如，一个企业作为一个法律主体，应当建立财务会计系统，独立反映其财务状况、经营成果和现金流量。但是，会计主体不一定是法律主体。例如，在企业集团的情况下，一个母公司拥有若干子公司，母子公司虽然是不同的法律主体，但是母公司对于子公司拥有控制权，为了全面反映企业集团的财务状况、经营成果和现金流量，就有必要将企业集团作为一个会计主体，编制合并财务报表。再如，由企业管理的证券投资基金、企业年金基金等，尽管不属于法律主体，但属于会计主体，应当对每项基金进行会计确认、计量和报告。

(二) 持续经营

持续经营是指在可以预见的将来，企业将会按当前的规模和状态继续经营下去，不会停业，也不会大规模削减业务。在持续经营前提下，会计确认、计量和报告应当以企业持续、正常的生产经营活动为前提。

企业是否持续经营，对于会计原则、会计方法的选择有很大影响。一般情况下，应当假定企业将会按照当前的规模和状态继续经营下去，明确这个基本假设，就意味着会计主体将按照既定用途使用资产，按照既定的合约条件清偿债务，会计人员就可以在此基础上选择会计原则和会计方法。例如，如果判断企业会持续经营，就可以假定企业的固定资产会在持续经营的生产经营过程中长期发挥作用，并服务于生产经营过程，固定资产就可以根据历史成本进行记录，并采用折旧的方法，将历史成本分摊到各个会计期间或相关产品的成本中。如果判断企业不会持续经营，固定资产就不应采用历史成本进行记录并按期计提折旧。

(三) 会计分期

会计分期是指将一个企业持续经营的生产经营活动划分为一个个连续的、长短相同的期间。会计分期的目的在于通过会计期间的划分，将持续经营的生产经营活动划分成连续、相等的期间，据以结算盈亏，按期编报财务报告，从而及时向财务报告使用者提供有关企业财务状况、经营成果和现金流量的信息。

根据持续经营假设，一个企业将按当前的规模和状态持续经营下去。但是，无论是企业的生产经营决策还是投资者、债权人等的决策都需要及时的信息，都需要将企业持续的生产经营活动划分为一个个连续的、长短相同的期间，分期确认、计量和报告企业的财务状况、经营成果和现金流量。明确会计分期假设意义重大，由于会计分期，才产生了当期与以前期间、以后期间的差别，才使不同类型的会计主体有了记账的基准，进而出现了折旧、摊销等会计处理方法。

会计期间分为年度和中期。以年度为会计期间通常称为会计年度，会计年度的起讫时间，各个国家的划分方式不尽相同。在我国，以公历年度作为企业的会计年度，即从公历1月1日起至12月31日止。在年度内，还可以划分为半年度、季度和月份等较短的期间，这些短于一个完整的会计年度的报告期间统称为中期。划分会计期间对企业会计核算有重大影响，它是企业分期反映经营活动和总结经营成果的前提。

(四) 货币计量

货币计量是指会计主体在财务会计确认、计量和报告时以货币计量，反映会计主体的生产经营活动。

在会计的确认、计量和报告过程中之所以选择货币为基础进行计量，是由货币的本身属性决定的。货币是商品的一般等价物，是衡量一般商品价值的共同尺度，具有价值尺度、流通手段、储藏手段和支付手段等特点。其他计量单位，如重量、长度、容积、台、件等，只能从一个侧面反映企业的生产经营情况，无法在量上进行汇总和比较，不便于会计计量和经营管理，只有选择货币尺度进行计量，才能充分反映企业的生产经营情况，所以，《企业会计准则——基本准则》规定，会计确认、计量和报告选择货币作为计量单位。

在有些情况下，统一采用货币计量也有缺陷，某些影响企业财务状况和经营成果的因素，如企业经营战略、研发能力、市场竞争力等，往往难以用货币来计量，但这些信息对于使用者进行决策也很重要。为此，企业可以在财务报告中补充披露有关非财务信息来弥补上述缺陷。

二、会计基础

企业会计的确认、计量和报告应当以权责发生制为基础。权责发生制要求,凡是当期已经实现的收入和已经发生或应当负担的费用,无论款项是否收付,都应当作为当期的收入和费用,计入利润表;凡是不属于当期的收入和费用,即使款项已在当期收付,也不应作为当期的收入和费用。

在实务中,企业交易或者事项的发生时间与相关货币收支时间有时并不完全一致。例如,款项已经收到但销售并未实现,或者款项已经支付但并不是由于本期生产经营活动而发生的。为了更加真实、公允地反映特定会计期间的财务状况和经营成果,《企业会计准则——基本准则》明确规定,企业在会计确认、计量和报告中应当以权责发生制为基础。

收付实现制是与权责发生制相对应的一种会计基础,它是以收到或支付的现金作为确认收入和费用等的依据。目前,我国的行政单位会计采用收付实现制,事业单位会计除经营业务可以采用权责发生制外,其他大部分业务采用收付实现制。

第三节 会计信息质量要求

财务会计目标解决了财务会计信息使用者需要什么信息这一问题,但是没有对财务会计信息质量提出要求。只有高质量的财务会计信息,才能对财务会计信息使用者做出经济决策提供帮助。会计信息质量要求是对企业提供财务报告会计信息的基本要求,会计信息质量要求与企业财务会计目标密切相关,财务会计目标决定了会计信息的质量要求。根据《企业会计准则——基本准则》的规定,会计信息质量要求包括可靠性、相关性、可理解性、可比性、实质重于形式、重要性、谨慎性和及时性。

一、可靠性

可靠性要求企业应当以实际发生的交易或者事项为依据进行确认、计量和报告,如实反映符合确认和计量要求的各项会计要素及其他相关信息,保证会计信息真实可靠、内容完整。

会计信息要有用,必须以可靠为基础,如果财务报告所提供的会计信息是不可靠的,就会给投资者等财务报告使用者的决策产生误导甚至造成损失。为了贯彻可靠性要求,企业应当做到以下几点。

(1)以实际发生的交易或者事项为依据进行确认、计量,将符合会计要素定义及其确认条件的资产、负债、所有者权益、收入、费用和利润等如实反映在财务报表中,不得根据虚构的、没有发生的或者尚未发生的交易或者事项进行确认、计量和报告。

（2）在符合重要性和成本效益原则的前提下，保证会计信息的完整性。其中包括编报的报表及其附注内容等应保持完整，不能随意遗漏或者减少应予披露的信息，与会计信息使用者决策相关的有用信息都应当充分披露。

（3）财务报告中的会计信息应当是中立的、无偏的。如果企业在财务报告中为了达到事先设定的结果或效果，通过选择或列示有关会计信息以影响决策和判断，这样的财务报告信息就不是中立的。

二、相关性

相关性要求企业提供的会计信息应当与投资者等财务报告使用者的经济决策需要相关，有助于投资者等财务报告使用者对企业过去、现在或者未来的情况做出评价或者预测。

会计信息是否有用，是否具有价值，关键是看其与使用者的决策需要是否相关，是否有助于决策或者提高决策水平。相关的会计信息应当能够有助于使用者评价企业过去的决策，证实或者修正过去的有关预测，因此具有反馈价值。相关的会计信息还应当具有预测价值，有助于使用者根据财务报告所提供的会计信息预测企业未来的财务状况、经营成果和现金流量。

会计信息质量的相关性要求，需要企业在确认、计量和报告会计信息的过程中，充分考虑使用者的决策模式和信息需要。但是，相关性是以可靠性为基础的，两者之间并不矛盾，不应将两者对立起来。会计信息应在满足可靠性的前提下，尽可能地做到相关性，以满足投资者等财务报告使用者的决策需要。

三、可理解性

可理解性要求企业提供的会计信息应当清晰明了，便于投资者等财务报告使用者理解和使用。

企业编制财务报告、提供会计信息的目的在于使用，而使用者有效使用会计信息的前提是了解会计信息的内涵，弄懂会计信息的内容，这就要求财务报告所提供的会计信息应当清晰明了、易于理解。只有这样，才能提高会计信息的有用性，实现财务报告的目标，满足向投资者等财务报告使用者提供决策有用信息的要求。

会计信息毕竟是一种专业性较强的信息产品，在强调会计信息的可理解性要求的同时，还应假定使用者具有一定的有关企业经营活动和会计方面的知识，并且愿意付出努力去研究这些信息。对于某些复杂的信息，如交易本身较为复杂或者会计处理较为复杂，但只要其与使用者的经济决策相关，企业就应当在财务报告中予以充分披露。

四、可比性

可比性要求企业提供的会计信息应当相互可比，主要包括以下两层含义。

▶ 1. 同一企业不同时期可比

为了便于投资者等财务报告使用者了解企业财务状况、经营成果、现金流量及其变化趋势，比较企业在不同时期的财务报告信息，全面、客观地评价过去、预测未来，从而做出决策。会计信息质量的可比性要求同一企业不同时期发生的相同或者相似的交易或者事项，应当采用一致的会计政策，不得随意变更。但是，满足会计信息可比性要求，并非表明企业不得变更会计政策，如果按照规定或者在会计政策变更后可以提供更可靠、更相关的会计信息的，可以变更会计政策。有关会计政策变更的情况，应当在附注中予以说明。

▶ 2. 不同企业相同会计期间可比

为了便于投资者等财务报告使用者评价不同企业的财务状况、经营成果、现金流量及其变动情况，会计信息质量的可比性要求不同企业同一会计期间发生的相同或者相似的交易或者事项，应当采用规定的会计政策，确保会计信息口径一致、相互可比，以使不同企业按照一致的确认、计量和报告要求提供有关会计信息。

五、实质重于形式

实质重于形式要求企业应当按照交易或者事项的经济实质进行会计确认、计量和报告，不仅仅以交易或者事项的法律形式为依据。

多数情况下，企业发生的交易或事项的经济实质和法律形式是一致的，但在有些情况下会出现不一致。例如，以融资租赁方式租入的资产，虽然从法律形式上来讲企业并不拥有其所有权，但是由于租赁合同中规定的租赁期相当长，接近于该资产的使用寿命，租赁期结束时承租企业有优先购买该资产的选择权，在租赁期内承租企业有权支配资产并从中受益等，因此，从其经济实质来看，企业能够控制融资租入资产所创造的未来经济利益，在会计确认、计量和报告上就应当将以融资租赁方式租入的资产视为企业的资产，列入企业的资产负债表。

六、重要性

重要性要求企业提供的会计信息应当反映与企业财务状况、经营成果和现金流量有关的所有重要交易或者事项。

在实务中，如果会计信息的省略或者错报会影响投资者等财务报告使用者据此做出决策的，该信息就具有重要性。重要性的应用需要依赖职业判断，企业应当根据其所处环境和实际情况，从项目的性质和金额大小两方面加以判断。

例如，我国上市公司要求对外提供季度财务报告，考虑到季度财务报告披露的时间较短，从成本效益原则考虑，季度财务报告没有必要像年度财务报告那样披露详细的附注信息。因此，《企业会计准则第32号——中期财务报告》规定，公司季度财务报告附注应以年初至本中期期末为基础编制，披露自上年度资产负债表日之后发生的、有助于理解企业财务状况、经营成果和现金流量变化情况的重要交易或者事项。这种附注披露就体现了会计信息质量的重要性要求。

七、谨慎性

谨慎性要求企业对交易或者事项进行会计确认、计量和报告应当保持应有的谨慎，不应高估资产或者收益、低估负债或者费用。

会计信息质量的谨慎性要求，需要企业在面临不确定性因素的情况下做出职业判断时，应保持应有的谨慎，充分估计到各种风险和损失，既不高估资产或者收益，也不低估负债或者费用。例如，要求企业对可能发生的资产减值损失计提资产减值准备、对售出商品可能发生的保修义务等确认预计负债等，就体现了会计信息质量的谨慎性要求。

谨慎性的应用也不允许企业设置秘密准备，如果企业故意低估资产或者收益，或者故意高估负债或者费用，则不符合会计信息的可靠性和相关性要求，会损害会计信息质量，扭曲企业实际的财务状况和经营成果，从而对使用者的决策产生误导，这是不符合《企业会计准则》要求的。

八、及时性

及时性要求企业对于已经发生的交易或者事项，应当及时进行确认、计量和报告，不得提前或者延后。

会计信息的价值在于帮助所有者或者其他方面做出经济决策，具有时效性。即使是可靠、相关的会计信息，如果不及时提供，就失去了时效性，对于使用者的效用就大大降低，甚至不再具有实际意义。在会计确认、计量和报告过程中贯彻及时性，一是要求及时收集会计信息，即在经济交易或者事项发生后，及时收集整理各种原始单据或者凭证；二是要求及时处理会计信息，即按照《企业会计准则》的规定，及时对经济交易或者事项进行确认或者计量，并编制财务报告；三是要求及时传递会计信息，即按照国家规定的有关时限，及时地将编制的财务报告传递给财务报告使用者，便于其及时使用和决策。

在实务中，为了及时提供会计信息，可能需要在有关交易或者事项的信息全部获得之前即进行会计处理，这样虽然满足了会计信息的及时性要求，但可能会影响会计信息的可靠性；反之，如果企业等到与交易或者事项有关的全部信息获得之后再进行会计处理，这样的信息披露可能会由于时效问题，对投资者等财务报告使用者决策的有用性大大降低，这就需要在及时性和可靠性之间做相应选择，以更好地满足投资者等财务报告使用者的经济决策需要为判断标准。

第四节 会计要素及其确认与计量

会计要素是根据交易或者事项的经济特征所确定的财务会计对象的基本分类。会计要素按照其性质分为资产、负债、所有者权益、收入、费用和利润。其中，资产、负债和所有者权益要素侧重于反映企业的财务状况；收入、费用和利润要素侧重于反映企业的经营成果。会计要素的界定和分类可以使财务会计系统更加科学严谨，为投资者等财务报告使用者提供更加有用的信息。

一、会计要素的定义及其确认条件

(一) 资产

▶ 1. 资产的定义

资产是指企业过去的交易或者事项形成的,由企业拥有或者控制的,预期会给企业带来经济利益的资源。根据资产的定义,资产具有以下几个方面的特征。

(1) 资产是由企业过去的交易或者事项形成的。资产应当由企业过去的交易或者事项所形成,过去的交易或者事项包括购买、生产、建造行为或者其他交易或事项。换句话说,只有过去的交易或者事项才能产生资产,企业预期在未来发生的交易或者事项不形成资产。例如,企业有购买某存货的意愿或者计划,但是购买行为尚未发生,就不符合资产的定义,不能因此而确认存货资产。

(2) 资产是由企业拥有或者控制的资源。资产作为一项资源,应当由企业拥有或者控制,具体是指企业享有某项资源的所有权,或者虽然不享有某项资源的所有权,但该资源能被企业所控制。

企业享有资产的所有权,通常表明企业能够排他性地从资产中获取经济利益,通常在判断资产是否存在时,所有权是考虑的首要因素。在有些情况下,资产虽然不为企业所拥有,即企业并不享有其所有权,但企业控制了这些资产,同样表明企业能够从资产中获取经济利益,符合会计对资产的定义。如果企业既不拥有也不控制资产所能带来的经济利益,就不能将其作为企业的资产予以确认。

例如,甲企业以融资租赁方式租入一项固定资产,尽管企业并不拥有其所有权,但是如果租赁合同规定的租赁期相当长,接近该资产的使用寿命,企业控制了该资产的使用权及其所能带来的经济利益,应当将其作为企业资产予以确认、计量和报告。

(3) 资产预期会给企业带来经济利益。资产预期会给企业带来经济利益是指资产直接或者间接导致现金和现金等价物流入企业的潜力。这种潜力可以来自企业日常的生产经营活动,也可以来自非日常活动;带来的经济利益可以是现金或者现金等价物,或者是可以转化为现金或者现金等价物的形式,或者是可以减少现金或者现金等价物流出的形式。

资产预期能否为企业带来经济利益是资产的重要特征。例如,企业采购的原材料、购置的固定资产等可以用于生产经营过程,制造的商品或者提供的劳务对外出售后收回货款,货款即为企业所获得的经济利益。如果某一项目预期不能给企业带来经济利益,那么就不能将其确认为企业的资产。前期已经确认为资产的项目,如果不能再为企业带来经济利益的,也不应再确认为企业的资产。

例如,甲企业在2017年年末对固定资产进行清查时,发现有一项生产用固定资产由于看管不当,没有定期对其进行修理和养护,造成该固定资产无法继续使用。由于该固定资产已经毁损,预期无法给企业带来经济利益,因此不符合资产的定义,不应在资产负债表中确认为一项资产。

2. 资产的确认条件

将一项资源确认为资产，需要符合资产的定义，还应同时满足以下两个条件。

(1) 与该资源有关的经济利益很可能流入企业。从资产的定义可以得出，能否为企业带来经济利益是资产的一个本质特征，但在现实生活中，由于经济环境瞬息万变，与资源有关的经济利益能否流入企业或者能够流入多少实际上带有不确定性。因此，资产的确认还应与经济利益流入的不确定性程度的判断结合起来，如果根据编制财务报表时所取得的证据，与资源有关的经济利益很可能流入企业，那么就应当将其作为资产予以确认；反之，不能确认为资产。例如，某企业赊销一批商品给某客户，从而形成了对该客户的应收账款，由于企业最终收到款项与销售实现之间有时间差，而且收款又在未来期间，因此带有一定的不确定性，如果企业在销售时判断未来很可能收到款项或者能够确定收到款项，企业就应当将该应收账款确认为一项资产；如果企业判断在通常情况下很可能部分或者全部无法收回，表明该应收账款中的部分或者全部已经不符合资产的确认条件，应当计提坏账准备，减少资产的价值。

(2) 该资源的成本或者价值能够可靠地计量。财务会计系统是一个确认、计量和报告的系统，其中，计量起着枢纽作用，可计量性是所有会计要素确认的重要前提，资产的确认也是如此。只有当有关资源的成本或者价值能够可靠地计量时，资产才能予以确认。在实务中，企业取得的许多资产都是发生了实际成本的，例如，对于企业购买或者生产的存货、企业购置的厂房或者设备等，只要实际发生的购买成本或者生产成本能够可靠计量，就视为符合了资产确认的可计量条件。在某些情况下，企业取得的资产没有发生实际成本或者发生的实际成本很小，例如，企业持有的某些衍生金融工具形成的资产，尽管它们没有实际成本或者发生的实际成本很小，但是如果其公允价值能够可靠计量的话，也被认为符合了资产可计量性的确认条件。

(二) 负债

1. 负债的定义

负债是指企业过去的交易或者事项形成的，预期会导致经济利益流出企业的现时义务。根据负债的定义，负债具有以下几个方面的特征。

(1) 负债是由企业过去的交易或者事项形成的。负债应当由企业过去的交易或者事项所形成，换句话说，只有过去的交易或者事项才形成负债，企业将在未来发生的承诺、签订的合同等交易或者事项，不形成负债。

(2) 负债预期会导致经济利益流出企业。预期会导致经济利益流出企业也是负债的一个本质特征，只有企业在履行义务时会导致经济利益流出企业的，才符合负债的定义，如果不会导致企业经济利益流出的，就不符合负债的定义。在履行现时义务清偿负债时，导致经济利益流出企业的形式是多种多样的，例如，用现金偿还或以实物资产形式偿还；以提供劳务形式偿还；以部分转移资产、部分提供劳务形式偿还；将负债转为资本等。

(3) 负债是企业承担的现时义务。负债必须是企业承担的现时义务，这是负债的一个基本特征。其中，现时义务是指企业在现行条件下已承担的义务。未来发生的交易或者事项形成的义务不属于现时义务，不应确认为负债。

这里所指的义务可以是法定义务，也可以是推定义务。其中，法定义务是指具有约束力的合同或者法律法规规定的义务，通常在法律意义上需要强制执行。例如，企业购买原材料形成应付账款，企业向银行贷入款项形成借款，企业按照税法规定应缴纳的税款等，均属于企业承担的法定义务，需要依法予以偿还。推定义务是指根据企业多年来的习惯做法、公开的承诺或者公开宣布的政策而导致企业将承担的责任，这些责任也使有关各方形成了企业将履行义务解脱责任的合理预期。例如，某企业多年来有一项销售政策，对于售出商品提供一定期限内的售后保修服务，预期将为售出商品提供的保修服务就属于推定义务，应当将其确认为一项负债。

▶ 2. 负债的确认条件

将一项现时义务确认为负债，需要符合负债的定义，还需要同时满足以下两个条件。

（1）与该义务有关的经济利益很可能流出企业。从负债的定义可以得出，预期会导致经济利益流出企业是负债的一个本质特征。在实务中，履行义务所需流出的经济利益带有不确定性，尤其是与推定义务相关的经济利益通常需要依赖于大量的估计。因此，负债的确认应当与经济利益流出的不确定性程度的判断结合起来，如果有确凿证据表明，与现时义务有关的经济利益很可能流出企业，就应当将其作为负债予以确认；反之，如果企业承担了现时义务，但是会导致企业经济利益流出的可能性很小，就不符合负债的确认条件，不应将其作为负债予以确认。

（2）未来流出的经济利益的金额能够可靠地计量。负债的确认在考虑经济利益流出企业的同时，对于未来流出的经济利益的金额应当能够可靠计量。对于与法定义务有关的经济利益流出金额，通常可以根据合同或者法律规定的金额予以确定，考虑到经济利益流出的金额通常在未来期间，有时未来期间较长，有关金额的计量需要考虑货币时间价值等因素的影响。对于与推定义务有关的经济利益流出金额，企业应当根据履行相关义务所需支出的最佳估计数进行估计，并综合考虑有关货币时间价值、风险等因素的影响。

（三）所有者权益

▶ 1. 所有者权益的定义

所有者权益又称股东权益，是指企业资产扣除负债后，由所有者享有的剩余权益。所有者权益是所有者对企业资产的剩余索取权，是企业资产中扣除债权人权益后应由所有者享有的部分。所有者权益既可反映所有者投入资本的保值增值情况，又体现了保护债权人权益的理念。

▶ 2. 所有者权益的来源构成

所有者权益的来源包括所有者投入的资本、直接计入所有者权益的利得和损失、留存收益等，通常由股本（或实收资本）、资本公积（含股本溢价或资本溢价、其他资本公积）、盈余公积和未分配利润构成。商业银行等金融企业在税后利润中提取的一般风险准备，也构成所有者权益。

(1) 所有者投入的资本，是指所有者所有投入企业的资本部分。它既包括构成企业注册资本或者股本部分的金额，也包括投入资本超过注册资本或者股本部分的金额，即资本溢价或者股本溢价，这部分投入资本在我国企业会计准则体系中被计入了资本公积，并在资产负债表中的资本公积项目下反映。

(2) 直接计入所有者权益的利得和损失，是指不应计入当期损益，会导致所有者权益发生增减变动的，与所有者投入资本或者向所有者分配利润无关的利得或者损失。其中，利得是指由企业非日常活动所形成的，会导致所有者权益增加的，与所有者投入资本无关的经济利益的流入。损失是指由企业非日常活动所发生的，会导致所有者权益减少的，与向所有者分配利润无关的经济利益的流出。直接计入所有者权益的利得和损失主要包括可供出售金融资产的公允价值变动额、现金流量套期中套期工具公允价值变动额(有效套期部分)等。

(3) 留存收益，是指企业历年实现的净利润留存于企业的部分，主要包括累计计提的盈余公积和未分配利润。

▶ 3. 所有者权益的确认条件

所有者权益体现的是所有者在企业中的剩余权益，因此，所有者权益的确认主要依赖于其他会计要素，尤其是资产和负债的确认；所有者权益金额的确定也主要取决于资产和负债的计量。例如，企业接受投资者投入的资产，在该资产符合企业资产确认条件时，就相应地符合了所有者权益的确认条件；当该资产的价值能够可靠计量时，所有者权益的金额也就可以确定。

(四) 收入

▶ 1. 收入的定义

收入是指企业在日常活动中形成的，会导致所有者权益增加的，与所有者投入资本无关的经济利益的总流入。根据收入的定义，收入具有以下几方面的特征。

(1) 收入是企业在日常活动中形成的。日常活动是指企业为完成其经营目标所从事的经常性活动以及与之相关的活动。例如，工业企业制造并销售产品、商业企业销售商品、保险公司签发保单、咨询公司提供咨询服务、软件企业为客户开发软件、安装公司提供安装服务、商业银行对外贷款、租赁公司出租资产等，均属于企业的日常活动。明确界定日常活动是为了将收入与利得相区分，因为企业非日常活动所形成的经济利益的流入不能确认为收入，而应当计入利得。

(2) 收入是与所有者投入资本无关的经济利益的总流入。收入应当会导致经济利益的流入，从而导致资产的增加。例如，企业销售商品，应当收到现金或者在未来有权收到现金，才表明该交易符合收入的定义。但是在实务中，经济利益的流入有时是所有者投入资本的增加所导致的，所有者投入资本的增加不应当确认为收入，应当将其直接确认为所有者权益。

(3) 收入会导致所有者权益的增加。与收入相关的经济利益的流入应当会导致所有者权益的增加，不会导致所有者权益增加的经济利益的流入不符合收入的定义，不应确认为收入。例如，企业向银行借入款项，尽管也导致了企业经济利益的流入，但该流入并不导致所有者权益的增加，反而使企业承担了一项现时义务。企业对于因借入款项所导致的经济利益的增加，不应将其确认为收入，而应确认为负债。

▶ 2. 收入的确认条件

企业收入的来源渠道多种多样，不同收入来源的特征有所不同，其收入确认条件也往往存在差别，如销售商品、提供劳务、让渡资产使用权等。一般而言，收入只有在经济利益很可能流入从而导致企业资产增加或者负债减少，且经济利益的流入额能够可靠计量时才能予以确认。即收入的确认至少应当符合以下条件：

(1) 与收入相关的经济利益应当很可能流入企业；

(2) 经济利益流入企业的结果会导致资产的增加或者负债的减少；

(3) 经济利益的流入额能够可靠计量。

(五) 费用

▶ 1. 费用的定义

费用是指企业在日常活动中发生的、会导致所有者权益减少的、与向所有者分配利润无关的经济利益的总流出。根据费用的定义，费用具有以下几方面的特征。

(1) 费用是企业在日常活动中形成的。费用必须是企业在其日常活动中所形成的，这些日常活动的界定与收入定义中涉及的日常活动的界定相一致。日常活动所产生的费用通常包括销售成本(营业成本)、职工薪酬、折旧费、无形资产摊销费等。将费用界定为日常活动所形成的，目的是将其与损失相区分，企业非日常活动所形成的经济利益的流出不能确认为费用，而应当计入损失。

(2) 费用是与向所有者分配利润无关的经济利益的总流出。费用的发生应当会导致经济利益的流出，从而导致资产的减少或者负债的增加(最终会也会导致资产的减少)，其表现形式包括现金或者现金等价物的流出，存货、固定资产和无形资产等的流出或者消耗等。鉴于企业向所有者分配利润也会导致经济利益的流出，而该经济利益的流出显然属于所有者权益的抵减项目，不应确认为费用，应当将其排除在费用的定义之外。

(3) 费用会导致所有者权益的减少。与费用相关的经济利益的流出应当会导致所有者权益的减少，不会导致所有者权益减少的经济利益的流出不符合费用的定义，不应确认为费用。

▶ 2. 费用的确认条件

费用的确认除了应符合定义外，也应满足严格的条件，即费用只有在经济利益很可能流出从而导致企业资产减少或者负债增加，且经济利益的流出额能够可靠计量时才能予以确认。因此，费用的确认至少应符合以下条件：

(1) 与费用相关的经济利益应当很可能流出企业；

(2) 经济利益流出企业的结果会导致资产的减少或者负债的增加；

(3) 经济利益的流出额能够可靠计量。

(六) 利润

▶ 1. 利润的定义

利润是指企业在一定会计期间的经营成果。通常情况下，如果企业实现了利润，表明企业的所有者权益将增加，业绩得到了提升；反之，如果企业发生了亏损（即利润为负数），表明企业的所有者权益将减少，业绩下滑了。因此，利润往往是评价企业管理层业绩的一项重要指标，也是投资者等财务报告使用者进行决策时的重要参考。

▶ 2. 利润的来源构成

利润包括收入减去费用后的净额、直接计入当期利润的利得和损失等。其中，收入减去费用后的净额反映的是企业日常活动的业绩，直接计入当期利润的利得和损失反映的是企业非日常活动的业绩。直接计入当期利润的利得和损失是指应当计入当期损益，最终会引起所有者权益发生增减变动的，与所有者投入资本或者向所有者分配利润无关的利得或者损失。有些利得和损失不计入当期损益，而是直接计入所有者权益。企业应当严格区分收入和利得、费用和损失，以更加全面地反映企业的经营业绩。

▶ 3. 利润的确认条件

利润反映的是收入减去费用、利得减去损失后的净额的概念，因此，利润的确认主要依赖于收入和费用以及利得和损失的确认，其金额的确定也主要取决于收入、费用、利得和损失金额的计量。

二、会计要素的计量

（一）会计要素的计量属性

会计计量是为了将符合确认条件的会计要素登记入账并列报于财务报表而确定其金额的过程。企业应当按照规定的会计计量属性进行计量，确定相关金额。计量属性是指所计量的某一要素的特性，如桌子的长度、铁矿的重量、楼房的高度等。从会计角度来讲，计量属性反映的是会计要素金额的确定基础，主要包括历史成本、重置成本、可变现净值、现值和公允价值等。

▶ 1. 历史成本

历史成本又称实际成本，是指取得或制造某项财产物资时实际支付的现金或者其他等价物。在历史成本计量下，资产按照其购置时支付的现金或者现金等价物的金额，或者按照购置资产时所付出的对价的公允价值计量。负债按照其因承担现时义务而实际收到的款项或者资产的金额，或者承担现时义务的合同金额，或者按照日常活动中为偿还负债预期需要支付的现金或者现金等价物的金额计量。

▶ 2. 重置成本

重置成本又称现行成本，是指按照当前市场条件，重新取得同样一项资产所需支付的现金或现金等价物的金额。在重置成本计量下，资产按照现在购买相同或者相似资产所需支付的现金或者现金等价物的金额计量。负债按照现在偿付该项债务所需支付的现金或者现金等价物的金额计量。

▶ 3. 可变现净值

可变现净值是指在正常生产经营过程中，以预计售价减去进一步加工的成本和销售所必需的预计税金、费用后的净值。在可变现净值计量下，资产按照其正常对外销售所能收到的现金或者现金等价物的金额扣减该资产至完工时估计将要发生的成本、估计的销售费用及相关税金后的金额计量。

▶ 4. 现值

现值是指对未来现金流量以恰当的折现率进行折现后的价值，是考虑货币时间价值因素等的一种计量属性。在现值计量下，资产按照预计从其持续使用和最终处置中所产生的未来净现金流入量的折现金额计量。负债按照预计期限内需要偿还的未来净现金流出量的折现金额计量。

▶ 5. 公允价值

公允价值是指在市场参与者在计量日发生的有序交易中，出售资产所能收到或转移负债所需支付的价格。

（二）各种计量属性之间的关系

在各种会计要素计量属性中，历史成本通常反映的是资产或者负债过去的价值，而重置成本、可变现净值、现值及公允价值通常反映的是资产或者负债的现时成本或者现时价值，是与历史成本相对应的计量属性。当然这种关系也并不是绝对的，例如，许多资产或者负债的历史成本就是根据交易时有关资产或者负债的公允价值确定的，在非货币性资产交换中，如果交换具有商业实质，且换入、换出资产的公允价值能够可靠计量的，换入资产入账成本的确定应当以换出资产的公允价值为基础，除非有确凿证据表明换入资产的公允价值更加可靠；在非同一企业控制下的企业合并交易中，合并成本也是以购买方在购买日为取得对被购买方的控制权而付出的资产、发生或承担的负债等的公允价值确定的。又如，在应用公允价值时，当相关资产或者负债不存在活跃市场的报价或者不存在同类或者类似资产的活跃市场报价时，需要采用估值技术来确定相关资产或者负债的公允价值，而在采用估值技术估计相关资产或者负债的公允价值时，现值往往是普遍采用的一种估值方法，在这种情况下，公允价值就是以现值为基础确定的。另外，相对于历史成本而言，公允价值具有很强的时间概念，也就是说，当前环境下某项资产或负债的历史成本可能是过去环境下该项资产或负债的公允价值，而当前环境下某项资产或负债的公允价值也许就是未来环境下该项资产或负债的历史成本。

（三）计量属性的应用原则

企业在对会计要素进行计量时，一般应当采用历史成本。采用重置成本、可变现净值、现值、公允价值计量的，应当保证所确定的会计要素金额能够取得并可靠计量。

在企业会计准则体系建设中适度、谨慎地引入公允价值这一计量属性，是因为随着我国资本市场的发展，股权分置改革的基本完成，越来越多的股票、债券、基金等金融产品在交易所挂牌上市，使得这类金融资产的交易已经形成了较为活跃的市场，因此，我国已经具备了引入公允价值的条件。在这种情况下，引入公允价值更能反映企业的现实情况，对投资者等财务报告使用者的决策更加有用，而且也只有如此，才能实现我国会计准则与国际财务报告准则的趋同。

值得一提的是，我国引入公允价值是适度、谨慎和有条件的，原因是考虑到我国尚属新兴的市场经济国家,如果不加限制地引入公允价值,有可能出现公允价值计量不可靠,甚至借此人为操纵利润的现象。因此,在投资性房地产和生物资产等具体准则中规定,只有在公允价值能够取得并可靠计量的情况下,才能采用公允价值计量。

本章小结

本章主要介绍会计的概念、目标、作用,会计信息质量特征,会计的基本假设,会计处理基础,会计要素的概念、特征、分类,会计要素的确认、计量属性和应用原则。

复习思考题

1. "中级财务会计"与"会计学原理"课程的联系和区别分别是什么?
2. 中级财务会计的目标是什么?与管理会计的联系和区别分别是什么?
3. 如何理解客观性原则?
4. 如何理解相关性原则?
5. 举例说明实质重于形式。
6. 我国目前为什么要谨慎地使用公允价值计量属性?
7. 财务会计对外主要提供企业的哪些信息,各自说明企业的什么情况?
8. 单位的成本信息需要对外提供吗?
9. 记账的会计主体和对外披露信息的会计主体是否一定相同?
10. 为什么历史成本计量是财务会计的基本计量属性?

第二章 货币资金与应收款项

> **知识目标**
> 1. 了解货币资金内部控制的要点、银行账户管理的基本内容和银行结算的主要方式、其他货币资金的内容、应收款项的范围、坏账的概念，以及估计坏账的方法。
> 2. 掌握现金和银行存款的会计处理、银行存款余额调节表的编制方法、应收票据的会计处理、坏账准备计提及坏账核销的会计处理。

第一节 货币资金

一、货币资金概述

货币资金是指企业在生产经营过程中处于货币形态的那部分资金。货币资金是唯一能够直接转化为其他任何资产形态的流动资产，代表了企业的现实购买力水平。企业应当拥有一定数量的货币资金，用于购买材料、缴纳税金、发放工资、支付账款，以及进行投资等，以确保企业生产经营活动的正常进行。企业拥有的货币资金量是分析和判断企业偿债能力与支付能力的重要指标。

货币资金按其形态和用途不同可分为库存现金、银行存款和其他货币资金。库存现金是指企业拥有的由出纳保管的货币；银行存款是指企业存放在开户银行的、可随时取用的货币资金；其他货币资金是指库存现金和银行存款以外的货币资金，包括企业的外埠存款、银行本票存款、银行汇票存款、信用卡存款、信用证存款、存出投资款等。

货币资金是收益率较低、流动性最强的一项资产，因此企业必须加强对货币资金的核算与管理，一方面要在确保货币资金支付的及时性和足额性的同时，确保其安全性，明确落实监管责任，防止贪污舞弊挪用；另一方面应尽量减少存放过多的货币资金，以便使有限的货币资金发挥最大的效用。

二、库存现金

在会计理论中，现金的概念有广义和狭义之分。广义的现金是指库存现金、银行存款和其他符合现金定义的票证，如银行汇票、银行本票、信用卡等票证。由此来看，广义的现金实际上就是货币资金。而狭义的现金仅指库存现金，即通常存放于企业财务部门，由出纳人员经管的货币。在我国，除特殊说明，现金通常是指狭义的现金概念。

库存现金是企业拥有的流动性最强的资产，可以随时用来购买所需的材料，支付有关的生产费用、管理费用和财务费用，也可随时存入银行。

（一）库存现金的管理

由于库存现金的流动性很强，企业应当严格遵守国家有关现金管理制度，对库存现金建立严格的内部控制制度，正确进行现金收支的核算，以保证现金的安全、完整和合理使用。

▶ 1. 现金的使用范围

国家规定了现金的使用范围，企业可用库存现金支付的款项有：

(1) 职工工资、津贴；
(2) 个人劳务报酬；
(3) 根据国家规定颁发给个人的科学技术、文化艺术、体育等各种奖金；
(4) 各种劳保、福利费用，以及国家规定的对个人的其他支出；
(5) 向个人收购农副产品和其他物资的价款；
(6) 出差人员必须随身携带的差旅费；
(7) 结算起点(1 000元)以下的零星支出；
(8) 中国人民银行确定需要支付现金的其他支出。

▶ 2. 库存现金的限额

为了满足企业日常零星开支的需要，国家规定每个企业可以保留一定数额的库存现金。库存现金的限额，由银行根据企业实际需要，一般按3天的正常零星开支所需的现金核定；如果企业距离银行较远，交通又不方便，其库存现金限额可按15天的日常零星开支需要量来核定。企业必须严格遵守规定的库存现金限额，超过限额的现金应于当日(或按银行规定的送存时间)送存银行。库存现金低于库存限额时，则可签发现金支票从银行提取现金，补足库存限额。

▶ 3. 库存现金日常收支的规定

(1) 开户单位现金收入应于当日送存开户银行。当日送存确有困难的，由开户银行确定送存时间。

(2) 开户单位支付现金，可以从本单位库存现金限额中支付或者从开户银行提取，不得从本单位的现金收入中直接支付(即坐支)。因特殊情况需要坐支现金的，应当事先报经开户银行审查批准,由开户银行核定坐支范围和限额。坐支单位应当定期向开户银行报送坐支金额和使用情况。

(3)开户单位从开户银行提取现金,应当写明用途,由本单位财务部门负责人签字盖章,经开户银行审核后,予以支付现金。

(4)因采购地点不固定、交通不便、生产或者市场急需、抢险救灾,以及其他特殊情况必须使用现金的,开户单位应当向开户银行提出申请,由本单位财务部门负责人签字盖章,经开户银行审核后,予以支付现金。

(5)不准用不符合财务制度的凭证顶替库存现金,即不得"白条顶库";不准谎报用途套取现金;不准用银行账户代其他单位或个人存入或支取现金;不准用单位收入的现金以个人名义存入储蓄,不准保留账外公款,即不得"公款私存",不得设置"小金库"等。

(二)库存现金的核算

为了总括地核算和监督现金的收入、支出和结存情况,企业应设置"库存现金"科目。该账户借方登记库存现金的增加,贷方登记库存现金的减少,期末余额在借方,反映企业持有的库存现金的金额。

同时,企业还应设置库存现金日记账进行序时核算。库存现金的序时核算由出纳人员根据审核无误的现金收付款记账凭证,按照现金收付业务发生的时间顺序,逐日逐笔地登记库存现金日记账。每日营业终了,应计算当日的现金收入合计数、现金支出合计数和结存数,并将结余数与实际库存现金数相核对,做到账实相符。月份终了,"库存现金"日记账的余额还需要与"库存现金"总分类账的余额核对相符,即库存现金必须日清月结。

企业内部各部门周转使用的备用金,通过"其他应收款"账户核算,或者单独设置"备用金"账户核算,不在本账户核算。

▶ 1. 现金收入的核算

现金收入的内容主要有从银行提取现金、职工出差报销时交回的剩余借款、收取结算起点以下的零星收入款、收取对个人的罚款、无法查明原因的现金溢余等。收取现金时,应根据其来源计入库存现金和相关账户。

【例 2-1】集思公司从开户银行提取现金 20 000 元备用。

借:库存现金   20 000
  贷:银行存款   20 000

【例 2-2】集思公司出售废料收到现金 113 元,其中销售收入 100 元、应收取的增值税税额 13 元。

借:库存现金   113
  贷:其他业务收入   100
    应交税金——应交增值税(销项税额)   13

▶ 2. 现金支出的核算

企业应严格按照国家有关现金管理制度的规定,在允许的范围内,办理现金支出业务。企业按照现金开支范围的规定支付现金时,应根据其用途计入相关账户和库存现金账户。

【例2-3】 集思公司管理人员丁军因出差预借差旅费5 000元。

借：其他应收款——丁军　　　　　　　　　　　　　　　　　　　5 000
　　贷：库存现金　　　　　　　　　　　　　　　　　　　　　　　5 000

【例2-4】 集思公司以现金购买办公用品400元。

借：管理费用　　　　　　　　　　　　　　　　　　　　　　　　　400
　　贷：库存现金　　　　　　　　　　　　　　　　　　　　　　　　400

▶ 3. 现金清查的核算

为了保证现金的安全完整，企业应加强对库存现金的定期和不定期的清查，以保证账实相符。库存现金的清查是指对库存现金的盘点与核对，包括出纳人员每日的清点核对和清查小组定期或不定期的清查。现金清查的基本方法是清点库存现金，并将现金实存数与现金日记账上的金额进行货币资金核对。每日的清点核对一般由出纳人员进行，在每日营业终了时对库存现金实存数进行盘点并与账面余额进行核对，以验证其是否相符。清查小组的定期或不定期清查，一般由清查小组进行现金清查工作。清查小组清查时，出纳人员必须在清查现场。清查小组清查结束后，应根据清查结果填制"现金盘点报告单"，注明实存数与账面余额。如发现账实不符或其他问题，应查明原因，及时报告主管负责人或上级领导部门处理。

对于现金清查中发现的账实不符即现金溢缺情况，应通过"待处理财产损溢——待处理流动资产损益"科目进行核算。现金清查中发现短缺的现金，应按短缺的金额，借记"待处理财产损溢——待处理流动资产损益"科目，贷记"库存现金"科目；现金清查中发现溢余的现金，应按溢余的金额，借记"库存现金"科目，贷记"待处理财产损溢——待处理流动资产损益"科目。待查明库存现金溢缺的原因后，根据其原因进行相应的处理。

（1）如果为现金短缺，属于应由负责人赔偿的部分借记"其他应收款——应收现金短缺"或"库存现金"等科目，贷记"待处理财产损溢——待处理流动资产损益"科目；属于无法查明的其他原因，根据管理权限，经批准后作为盘亏损失处理，借记"管理费用"科目，贷记"待处理财产损溢——待处理流动资产损益"科目。

（2）如果为现金溢余，属于应支付给有关人员或单位的，借记"待处理财产损溢——待处理流动资产损益"科目，贷记"其他应付款——应付现金溢余"或"库存现金"科目；属于无法查明原因的现金溢余，经批准后作为盘盈利得处理，借记"待处理财产损溢——待处理流动资产损益"科目，贷记"营业外收入——盘盈利得"科目。

【例2-5】 10月10日，集思公司在对库存现金进行突击清查时发现短缺120元，原因尚需进一步调查。

借：待处理财产损溢——待处理流动资产损益　　　　　　　　　　　120
　　贷：库存现金　　　　　　　　　　　　　　　　　　　　　　　　120

【例2-6】 承例2-5，经查，现金短缺属于出纳员冯威的责任，应由其赔偿，对其发出赔偿通知书。

借：其他应收款——冯威　　　　　　　　　　　　　　　　　　　　120

贷：待处理财产损溢——待处理流动资产损益　　　　　　　　　　120

【例2-7】11月20日，集思公司在对库存现金进行突击清查时发现溢余15元，原因尚需进一步调查。

　　借：库存现金　　　　　　　　　　　　　　　　　　　　　　　　15
　　贷：待处理财产损溢——待处理流动资产损益　　　　　　　　　　15

【例2-8】承例2-7，经综合分析，上述现金溢余原因无法查明，经批准计入"营业外收入"。

　　借：待处理财产损溢——待处理流动资产损益　　　　　　　　　　15
　　贷：营业外收入　　　　　　　　　　　　　　　　　　　　　　　15

（三）备用金的核算

备用金是指企业财务部门预付给有关职能部门或有关人员用于日常零星开支、支付零星采购款及差旅费支出，用后报销的款项。备用金的拨付和报销，要在保证经济业务正常进行的前提下建立完善的制度并严格执行。备用金的拨付、使用和报销的制度如下。

（1）拨付备用金时，有关职能部门或有关人员要填写一式三联的"借款单"，说明借款的用途和金额，并经本部门和有关领导的批准后，方可领取。

（2）拨付备用金的数额应根据实际需要确定，数额较大的应以转账方式划拨，防止携带过多的现金。备用金应严格按照规定的用途使用，不得挪作他用。

（3）备用金使用后，要在规定期限内到财务部门报销，剩余备用金要及时交回。报销时，应由报销人填写"报销单"并附有关原始凭证，经有关领导审批。

财务部门对备用金的拨付、使用和报销，要以有关财务制度为依据进行严格的审核，不得任意提高开支标准，对于违反国家规定的开支，要坚持原则，拒绝支付或不予报销。

备用金的总分类核算应设置"其他应收款"科目。"其他应收款"科目属于资产类科目，用于核算企业除应收票据、应收账款、预付账款以外的其他各种应收、暂付款项，包括各种赔罚款、存出保证金、备用金、应向职工收取的各种垫付款项等。如果企业备用金业务较多且金额较大的，也可将备用金业务从"其他应收款"科目中划分出来，单独设置"备用金"科目进行核算。

备用金的明细分类核算，一般是按领取备用金的单位或个人设置三栏式明细账，根据拨付和报销凭证进行登记。

备用金的核算与管理有两种制度：一是随借随用、用后报销制度，适用于不经常使用备用金的单位和个人；二是定额备用金制度，适用于经常使用备用金的单位和个人。

【例2-9】12月12日，集思公司业务员陈欣因零星采购业务需要借用6 000元，财务部门当即办妥借款手续，以现金付讫。12月15日，陈欣报销零星采购款4 520元（其中增值税进项税额520元），剩余现金1 480元交回财务部门。

（1）预借时：

　　借：其他应收款（或备用金）——陈欣　　　　　　　　　　　　6 000

贷：库存现金　　　　　　　　　　　　　　　　　　　　　　　　　　6 000
　（2）报销时：
　　　借：原材料　　　　　　　　　　　　　　　　　　　　　　　　　　　4 000
　　　　　应交税费——应交增值税（进项税额）　　　　　　　　　　　　　　620
　　　　　库存现金　　　　　　　　　　　　　　　　　　　　　　　　　　1 480
　　　　　贷：其他应收款（或备用金）——陈欣　　　　　　　　　　　　　　6 000

【例 2-10】 1 月 1 日，集思公司财务部门拨付库存现金 10 000 元给办公室用于日常办公费用的开支（由张洁经管）。2 月 15 日，办公室报销 8 000 元，当即以现金付讫。
　（1）根据核定金额拨付备用金时：
　　　借：其他应收款——办公室（张洁）　　　　　　　　　　　　　　　　10 000
　　　　　贷：库存现金　　　　　　　　　　　　　　　　　　　　　　　　10 000
　（2）报销时：
　　　借：管理费用　　　　　　　　　　　　　　　　　　　　　　　　　　8 000
　　　　　贷：库存现金　　　　　　　　　　　　　　　　　　　　　　　　8 000

三、银行存款

　　银行存款是指企业存放在银行和其他金融机构的货币资金，按照国家有关规定，每个企业都要在银行开立账户，用于办理存款、取款和转账结算。

（一）银行账户的管理

　　企业在银行开户时，应提交开户申请书和当地工商管理部门核发的《营业执照》正本等有关文件。依照中国人民银行制定的《银行账户管理办法》规定，一个企业可以根据需要在银行开立四种账户，分别是基本存款账户、一般存款账户、临时存款账户和专用存款账户。

　　基本存款账户是存款人办理日常转账结算和现金收付的账户。企业的职工薪酬等现金的支出，只能通过基本存款账户办理。

　　一般存款账户是企业为了在基本存款账户开户行以外的银行借款转存，与基本存款账户的存款人不在同一地点的附属非独立核算单位开立的账户。该账户可以办理转账结算和存入现金，但不能办理现金支出。

　　临时存款账户是企业因临时经营活动需要开立的账户。企业可以通过该账户办理转账结算和现金收付。有下列情况的，存款人可以申请开立临时存款账户：设立临时机构、异地临时经营活动、注册验资。

　　专用存款账户是企业对特定用途的资金，由存款人向开户行出具相应证明即可开立的账户。特定用途的资金包括基本建设资金、更新改造资金，以及其他特定用途需要专户管理的资金。

　　需要注意的是，一个企业只能在一家银行开立一个基本存款账户，也不得在同一地区的同一家银行的几个分支机构开立一般存款账户。

　　企业办理存款账户以后，在使用账户时应严格执行银行结算纪律的规定，具体内容包括：①合法使用银行账户，不得转借给其他单位或个人使用；②不得签发没有资金保证的票据和远期支票，套取银行信用；③不得签发、取得和转让没有真实交易和债权债务的票据，套取银行和他人资金；④不得无理由拒绝付款，任意占用他人资金；⑤不得违反规定开立和使用账户。

（二）银行结算方式

银行结算是指通过银行账户的资金转移实现收付的行为，即银行接受客户委托代收代付，从付款单位存款账户划出款项转入收款单位存款账户，以此完成债权债务的清算或资金的调拨。银行结算是商品交换的媒介，是社会经济活动中清算资金的中介。根据中国人民银行《支付结算办法》的规定，银行结算方式主要有银行汇票、商业汇票、银行本票、支票、委托收款、托收承付、汇兑、信用卡、信用证九种。其中，银行汇票、商业汇票、银行本票和支票均为票据，但在会计核算中只有商业汇票作为票据核算，因此商业汇票的内容在应收票据和应付票据的核算中介绍；银行汇票、银行本票、信用卡和信用证的核算在其他货币资金的核算中说明。这里主要介绍支票、委托收款、托收承付和汇兑结算方式的核算。

▶ 1. 支票

支票是出票人（存款人）签发的，委托办理支票存款业务的银行在见票时无条件支付确定的金额给收款人或者持票人的票据。支票的出票人为在经中国人民银行当地分支行批准办理支票业务的银行机构开立可以使用支票的存款账户的单位和个人。

支票上印有"现金"字样的为现金支票，现金支票只能用于支取现金；支票上印有"转账"字样的为转账支票，转账支票只能用于转账；支票上未印有"现金"或"转账"字样的为普通支票，普通支票可以用于支取现金，也可以用于转账；在普通支票左上角划两条平行线的为划线支票，划线支票只能用于转账，不得支取现金。

单位、个体经济户和个人如果在同城或同一票据交换地区，其商品交易、劳务供应及其他款项的结算均可使用支票结算方式。支票的提示付款期限自出票日起10日，但中国人民银行另有规定的除外。超过提示付款期限提出付款的，持票人开户银行不予受理，付款人不予付款。

签发支票应使用碳素墨水或墨汁填写；签发支票的金额不得超过付款时在付款人处实有的存款金额；出票人签发空头支票、签章与预留银行签章不符的支票、使用支付密码地区而支付密码错误的支票，银行应予以退票，并按票面金额处以5%但不低于1 000元的罚款，持票人有权要求出票人赔偿支票金额2%的赔偿金。对屡次签发的，银行应停止其签发支票；支票一律记名，转账支票可以根据需要在票据交换区域内背书转让，但用于支取现金的支票不得背书转让，支票仅限于在其票据交换区域内背书转让。

收款单位收到支票后，应填制进账单连同支票送交银行，根据银行盖章退回给收款单位的进账单回单和有关的原始凭证编制收款凭证，或根据银行转来由签发人送交银行的支票，经银行审查盖章的收款凭证联和有关的原始凭证编制收款凭证，借记"银行存款"科目，贷记有关科目；付款单位对于付出款项而签发的支票，应根据支票存根和有关原始凭证编制付款凭证，借记有关科目，贷记"银行存款"科目。

▶ 2. 委托收款

委托收款是收款人委托银行向付款人收取款项的结算方式。委托收款结算款项划回方式分邮寄和电报两种，由收款人选用。

单位和个人凭已承兑商业汇票、债券、存单等付款人债务证明办理款项的结算，均可以使用委托收款结算方式，且在同城、异地均可以使用。在同城范围内，收款人收取公用事业费或根据国务院的规定，可以使用同城特约委托收款。收取公用事业费，必须具有收付双方事先签订的经济合同，由付款人向开户银行授权，并经开户银行同意，报经中国人民银行当地分支行批准。

收款单位办妥委托收款手续取得回单时，根据委托收款回单及其他有关凭证借记"应收账款"科目，贷记有关科目，收回其委托收款的款项时根据银行的收账通知编制收款凭证，借记"银行存款"科目，贷记"应收账款"科目；付款单位在收到银行转来的委托收款凭证后，根据委托收款凭证的付款通知和有关的原始凭证编制付款凭证，借记有关科目，贷记"银行存款"科目。

▶ 3. 托收承付

托收承付是根据购销合同由收款人发货后委托银行向异地付款人收取款项，由付款人向银行承认付款的结算方式。托收承付结算款项的划回方法分邮寄和电报两种，由收款人选用。每笔托收承付业务结算的金额起点为10 000元，新华书店系统每笔的金额起点为1 000元。

托收承付的付款期限，验单付款为3天，从付款人开户银行发出承付通知次日算起；验货付款为10天，从运输部门向付款人发出提货通知次日算起。付款人在承付期内未向银行表示拒绝付款，银行即视作承付，并在承付期满次日（法定休假日顺延）上午银行开始营业时，将款项主动从付款人账户付出，按照收款人指定划款方式划给收款人。付款人在承付期满日银行营业终了时如无足够资金支付，其不足部分按逾期付款处理。根据逾期付款金额和逾期天数，按每天万分之五计算逾期付款赔偿金。逾期付款天数从承付期满日算起，承付期满日银行营业终了时付款人无足够资金支付的部分，按逾期1天计算，在承付期满次日（如为法定休假日，逾期付款赔偿金的天数计算相应顺延，但其后遇法定休假日时不再顺延，按逾期天数计算）银行营业终了时付款人仍无足够资金支付的不足部分，按逾期2天计算赔偿金，依此类推。但银行审查拒绝付款期间不做付款人逾期付款，无理由拒绝付款而增加银行审查时间的，应以承付期满日起计算逾期付款赔偿金。

收款单位办妥托收手续取得回单时，根据托收回单及其他有关凭证借记"应收账款"科目，贷记"主营业务收入"科目和"应交税费"科目等，收回其托收款项时根据银行的收账通知编制收款凭证，借记"银行存款"科目，贷记"应收账款"科目；付款单位对于承付的款项，应于承付时根据托收承付结算凭证的承付支款通知和有关发票账单等凭证编制付款凭证，借记"原材料""库存商品""应交税费"等科目，贷记"银行存款"科目。

▶ 4. 汇兑

汇兑是汇款人委托银行将其款项支付给收款人的结算方式。单位和个人的各种款项的结算,均可使用汇兑结算方式。

汇兑分为信汇、电汇两种。信汇是指汇款人委托银行通过邮寄方式将款项划转给收款人,电汇是指汇款人委托银行通过电报将款项划给收款人。这两种汇兑方式由汇款人根据需要选择使用,对于在汇入银行开立存款账户的收款人,应将汇给收款人的款项直接转入收款人账户,并向其发出收款通知。未在汇入银行开立存款账户的收款人,凭信汇、电汇的取款通知或"留行待取"的,向汇入银行支取款项,必须交验本人的身份证件,在信汇、电汇凭证上注明证件名称、号码及发证机关,并在"收款人签章"处签章。信汇凭签章支取的,收款人的签章必须与预留信汇凭证上的签章相符。支取现金的,信汇、电汇凭证上必须有按规定填明的"现金"字样,才能办理。未填明"现金"字样,需要支取现金的,由汇入银行按照国家现金管理规定审查支付。转账支付的,应由原收款人向银行填制支款凭证,并由本人交验其身份证件办理支付款项,该账户的款项只能转入单位或个体工商户的存款账户,严禁转入储蓄和信用卡账户。汇款人对汇出银行尚未汇出的款项可以申请撤销;对汇出银行已经汇出的款项可以申请退汇。汇入银行对于收款人拒绝接受的款项,应立即办理退汇。汇入银行对于向收款人发出取款通知,经过2个月无法交付的汇款,应主动办理退汇。

付款单位应根据银行签发的汇款回单,借记有关科目,贷记"银行存款"科目;收款单位根据银行转来的收款通知,借记"银行存款"科目,贷记有关科目。

(三)银行存款的核算

企业应设置"银行存款"总账和"银行存款"日记账对银行存款进行总分类核算和序时核算。"银行存款"科目属于资产类科目,其借方登记银行存款的增加数,贷方登记银行存款的减少数,期末借方余额表示企业银行存款的结余数额。

▶ **1. 银行存款收付的核算**

企业收入银行存款,应根据银行存款送款单回单或银行收账通知及有关单证,借记"银行存款"科目,贷记有关科目;银行支出银行存款时,应根据支票存根、办理付款结算的付款通知及有关单证,借记有关科目,贷记"银行存款"科目。

另外应注意,为了避免记账重复,向银行提取现金或将现金存入银行,只编制有关付款凭证,不编制收款凭证。

【例2-11】5月6日,集思公司向甲公司销售商品A一批,商品已发出,开出的增值税专用发票上注明的价款为500 000元,增值税税额为65 000元。款项已收存银行。

借:银行存款　　　　　　　　　　　　　　　　　　　　　　565 000
　　贷:主营业务收入　　　　　　　　　　　　　　　　　　　500 000
　　　　应交税费——应交增值税(销项税额)　　　　　　　　65 000

【例2-12】5月25日,集思公司采购员崔鹏出差预借差旅费5 000元,开出现金支票支付。

借:其他应收款——崔鹏　　　　　　　　　　　　　　　　　　5 000
　　贷:银行存款　　　　　　　　　　　　　　　　　　　　　5 000

▶ **2. 银行存款的清查**

银行存款的清查是指企业银行存款日记账的账面余额与其开户银行转来的对账单的余

额进行的核对。企业每月至少应将银行存款日记账与银行对账单核对一次，以检查银行存款收付及结存情况。实际工作中，银行存款日记账与银行对账单同日余额往往是不相符的，其原因除了由于一方或双方记账错误以外，主要是因为未达账项的存在。

所谓未达账项，是指由于企业与银行取得有关凭证的时间不同，传递程序的顺序不同，发生的一方已经取得凭证登记入账，另一方由于未取得凭证尚未入账的款项。未达账项有四种情况：

(1) 企业已经收款入账，而银行尚未收款入账的账项；
(2) 企业已经付款入账，而银行尚未付款入账的账项；
(3) 银行已经收款入账，而企业尚未收款入账的账项；
(4) 银行已经付款入账，而企业尚未付款入账的账项。

上述第(1)和第(4)种情况会使得企业银行存款日记账余额大于银行对账单存款余额，第(2)和第(3)种情况会使得企业银行存款日记账余额小于银行对账单存款余额。为验证双方余额是否一致，应采用一定的方法对双方的余额进行调整，验证的方法可通过编制银行存款余额调节表来实现。

【例2-13】5月30日，集思公司银行存款日记账余额为256 000元，银行对账单余额为265 000元，经核对有下列未达账项：

(1) 企业于月末存入银行的转账支票2 000元，银行尚未入账。
(2) 委托银行代收的销货款12 000元，银行已经收到入账，但企业尚未收到银行收款通知。
(3) 银行代付本月电话费4 000元，企业尚未收到银行付款通知。
(4) 企业于月末开出转账支票3 000元，持票人尚未到银行办理转账手续。

财务部门根据上述资料编制银行存款余额调节表，如表2-1所示。

表2-1 银行存款余额调节表

2018年5月30日　　　　　　　　　　　　　　　　　　　　单位：元

项　目	余　额	项　目	余　额
企业银行存款日记账	256 000	银行对账单	265 000
加：银行已收企业未收	12 000	加：企业已收银行未收	2 000
减：银行已付企业未付	4 000	减：企业已付银行未付	3 000
调节后的余额	264 000	调节后的余额	264 000

调节后的余额相等，都是264 000元，说明核算有准确的可能性；若调节后余额仍不相等，则可以肯定一方或双方记录出现错误，应继续进行核对找出错误并予以更正。

应该强调，银行存款余额调节表的作用主要是检查企业和银行双方的记账是否存在差错，不能作为记账的依据，未达账项必须在企业收到有关结算凭证时才能登记入账。调节后的余额是企业真实的、可动用的银行存款实有数。

四、其他货币资金

其他货币资金是指企业现金和银行存款以外的货币资金,包括外埠存款、银行汇票存款、银行本票存款、信用卡存款、信用证保证金存款和存出投资款等。

由于其他货币资金的存放地点、用途与库存现金和银行存款不同,因而应对其单独设置"其他货币资金"科目进行核算。"其他货币资金"科目属于资产类科目,借方登记其他货币资金的增加数,贷方登记其他货币资金的减少数,期末借方余额反映其他货币资金的结余数额。

(一)外埠存款的核算

外埠存款是指企业到外地进行临时或零星采购时,以汇兑结算方式汇往采购地银行开立采购专户的款项。企业汇出款项时须填写汇款委托书,加盖"采购资金"字样。汇入银行对汇入的临时或零星采购款项,以汇款单位名义开立采购专户。该专户存款只付不收,不计利息,付完销户,除采购员差旅费可以支取少量现金外,其他支出一律转账。

将款项委托当地银行汇往采购地开立专户时,借记"其他货币资金——外埠存款"科目,贷记"银行存款"科目。收到采购员交来供应单位发票账单等报销凭证时,借记"在途物资""原材料""库存商品""应交税费——应交增值税(进项税额)"等科目,贷记"其他货币资金——外埠存款"科目。如果该专户有多余的款项,应通过银行转回汇款人所在地银行,根据银行的收账通知借记"银行存款"科目,贷记"其他货币资金——外埠存款"科目。

【例2-14】 集思公司从银行账户中将临时采购款9 000元汇入中国工商银行深圳分行采购专户。应根据电汇凭证回单,做如下分录:

借:其他货币资金——外埠存款　　　　　　　　　　　　9 000
　　贷:银行存款　　　　　　　　　　　　　　　　　　　　9 000

【例2-15】 集思公司采购部交来从中国工商银行深圳分行采购专户付款购入材料的有关凭证,材料买价为6 000元,增值税税款为780元,材料已经验收入库,应根据采购专户支票存根和增值税专用发票等,做如下分录:

借:原材料　　　　　　　　　　　　　　　　　　　　　6 000
　　应交税费——应交增值税(进项税额)　　　　　　　　　780
　　贷:其他货币资金——外埠存款　　　　　　　　　　　　6 780

【例2-16】 中国工商银行深圳分行将企业采购专户存款余额1 980元转回集思公司的银行账户。应根据开户银行的收账通知,做如下分录:

借:银行存款　　　　　　　　　　　　　　　　　　　　1 980
　　贷:其他货币资金——外埠存款　　　　　　　　　　　　1 980

(二)银行汇票存款的核算

银行汇票是出票银行签发的,由其在见票时按照实际结算金额无条件支付给收款人或者持票人的票据。银行汇票的出票银行为银行汇票的付款人。银行汇票可以转账,有"现金"字样的银行汇票也可以提现,可以背书转让,但背书转让以不超过出票金额的实际结算金额为准;持票人向银行提示付款时,必须同时提交银行汇票和解讫通知,缺少任何一联,银行不予受理;银行汇票丧失,失票人可以凭人民法院出具的其享有票据权利的证明,向出票银行请求付款或退款。银行汇票的提示付款期限为自出票日起1个月。

付款企业向银行提交"银行汇票委托书"并将款项交存开户银行后,根据银行盖章的委托书存根联编制付款凭证,借记"其他货币资金——银行汇票"科目,贷记"银行存款"科目。支付款项后,根据发票账单及开户银行转来的银行汇票有关副联等凭证,经核对无误后编制会计分录,借记相关科目,贷记"其他货币资金——银行汇票"科目。

【例2-17】集思公司为取得向B工厂购货的银行汇票,将款项9 800元从银行账户转作银行汇票存款,应根据银行盖章退回的银行汇票委托书存根联,做如下分录:

借:其他货币资金——银行汇票　　　　　　　　　　　　　　　9 800
　　贷:银行存款　　　　　　　　　　　　　　　　　　　　　　9 800

【例2-18】集思公司向B工厂购入材料,价款8 000元、增值税税额1 040元,用银行汇票办理结算,银行汇票多余款760元由签发银行退交企业,材料已经验收入库。应根据增值税专用发票及开户银行转来的银行汇票多余款收账通知联,做如下分录:

借:原材料　　　　　　　　　　　　　　　　　　　　　　　　8 000
　　应交税费——应交增值税(进项税额)　　　　　　　　　　　1 040
　　贷:其他货币资金——银行汇票　　　　　　　　　　　　　　9 040
借:银行存款　　　　　　　　　　　　　　　　　　　　　　　　760
　　贷:其他货币资金——银行汇票　　　　　　　　　　　　　　760

(三)银行本票存款的核算

银行本票是银行签发的,承诺自己在见票时无条件支付确定金额给收款人或持票人的票据。银行本票的出票人为经中国人民银行当地分支行批准办理银行本票业务的银行机构。银行本票分定额银行本票和不定额银行本票两种,定额银行本票有1 000元、5 000元、10 000元和50 000元四种面值,不定额银行本票根据实际结算金额确定,由银行用压数机压印出票金额。银行本票可以用于转账,注明"现金"字样的银行本票可以用于支取现金。

单位和个人在同城或同一票据交换区域需要支付各种款项均可以使用银行本票。银行本票的提示付款期限自出票日起最长不得超过2个月。银行本票一律记名,可以根据需要在票据交换区域内背书转让。银行本票丧失,失票人可凭人民法院出具的其享有票据权利的证明,向出票银行请求付款或退款。银行本票见票即付。

向银行提交"银行本票申请书"并将款项交存银行取得银行本票后,根据银行盖章退回的申请书存根联借记"其他货币资金——银行本票"科目,贷记"银行存款"科目。企业使用银行本票后,根据发票账单等有关凭证借记"在途物资"等科目,贷记"其他货币资金——银行本票"科目。因本票超过付款期等原因而要求退款时,应当填制进账单连同本票一并送交银行,根据银行盖章退回的进账单第一联,借记"银行存款"科目,贷记"其他货币资金——银行本票"科目。

【例2-19】集思公司为取得向C公司购货的银行本票,将款项5 000元从银行账户转作银行本票存款。应根据银行盖章退回的银行本票申请书存根联,做如下分录:

借：其他货币资金——银行本票　　　　　　　　　　　　　　　　　5 000
　　贷：银行存款　　　　　　　　　　　　　　　　　　　　　　　　5 000

【例2-20】集思公司向C公司购入材料，含税价款5 000元用银行本票办理结算，材料已经验收入库。应根据普通发票等有关凭证，做如下分录：

借：原材料　　　　　　　　　　　　　　　　　　　　　　　　　5 000
　　贷：其他货币资金——银行本票　　　　　　　　　　　　　　　　5 000

（四）信用卡存款的核算

信用卡是指商业银行向个人和单位发行的，凭以向特约单位购物、消费和向银行存取现金，且具有消费信用的特制载体卡片。

信用卡是银行卡的一种。信用卡按使用对象分为单位卡和个人卡，按信誉等级分为金卡和普通卡。凡在中国境内金融机构开立基本存款账户的单位可申领单位卡，单位卡可申请若干张，持卡人资格由申领单位法定代表人或其委托的代理人书面指定和注销，持卡人不得出租或转借信用卡。单位卡账户的资金一律从其基本存款账户转账存入，在使用过程中，需要向其账户续存资金的，也一律从其基本存款账户转账存入，不得交存现金，不得将销货收入的款项存入其账户。单位卡一律不得用于10万元以上的商品交易、劳务供应款项的结算，不得支取现金。特约单位在每日营业终了，应将当日手里的信用卡签购单汇总，计算手续费和净计金额，并填写汇总单和进账单，连同签购单一并交收单银行办理进账。

申请使用信用卡时，应按规定填写申请表，连同支票和有关资料一并送交发卡银行，根据银行盖章退回的进账单第一联借记"其他货币资金——信用卡存款"科目，贷记"银行存款"科目。企业用信用卡购物或支付有关费用时，借记有关科目，贷记"其他货币资金——信用卡存款"科目。企业信用卡在使用过程中，需要向信用卡账户续存款项的，根据续存款项的进账单第一联借记"其他货币资金——信用卡存款"科目，贷记"银行存款"科目。

（五）信用证保证金存款的核算

信用证结算方式是国际结算的一种主要方式。只有经中国人民银行批准经营结算业务的商业银行总行以及经商业银行总行批准开办信用证结算业务的分支机构可以办理国内企业之间商品交易的信用证结算业务。

企业向银行缴纳保证金，根据银行退回的进账单第一联借记"其他货币资金——信用证保证金存款"科目，贷记"银行存款"科目。根据开证行交来的信用证来单通知书及有关单据列明的金额，借记"在途物资"等科目，贷记"其他货币资金——信用证保证金存款"科目。如果企业收到未用完的信用证保证金存款余款，借记"银行存款"科目，贷记"其他货币资金——信用证保证金存款"科目。

（六）存出投资款的核算

存出投资款是指企业存入证券公司但尚未进行投资的资金。

企业向证券公司划出资金时，应按实际划出的金额借记"其他货币资金——存出投资款"科目,贷记"银行存款"科目;购买股票、债券等时,按实际发生的金额借记"交易性金融资产"等科目,贷记"其他货币资金——存出投资款"科目。

第二节 应收及预付款项

应收款项是企业因销售商品、提供劳务等发生的应向有关债务人收取的款项。应收款项是企业流动资产的重要组成部分,主要包括应收票据、应收账款、预付账款和其他应收款等。

一、应收票据

(一)应收票据的内容

应收票据是指企业持有的还没有到期、尚未兑现的商业汇票。商业汇票是出票人签发的,委托付款人在指定日期无条件支付确定的金额给收款人或者持票人的票据。在银行开立存款账户的法人以及其他组织之间,必须具有真实的交易关系或债权债务关系才能使用商业汇票,出票人不得签发无对价的商业汇票用于骗取银行或者其他票据当事人的资金;商业汇票的付款期限最长不得超过6个月。

商业汇票可以根据不同标准进行分类。

(1)商业汇票按承兑人的不同,可以分为商业承兑汇票和银行承兑汇票。商业承兑汇票由银行以外的付款人承兑,可以由付款人签发并承兑,也可以由收款人签发交由付款人承兑;银行承兑汇票应由在承兑银行开立存款账户的存款人签发,由银行承兑。

(2)商业汇票按票据是否附有利息分类,可以分为带息票据和不带息票据。带息票据是指汇票到期时,承兑人按票据面值及应计利息之和向收款人付款的商业汇票;不带息票据是指汇票到期时,只收取票款而不计收利息的票据。

(3)商业汇票按是否带有追索权,可以分为带追索权票据和不带追索权的票据。带追索权的票据是指已向银行贴现但贴现银行在票据到期日不能从付款人处收取账款时,贴现银行可以向贴现人追索票款的票据。商业承兑汇票属于带追索权票据。不带追索权票据是指票据贴现后,无论付款人是否能够偿付票据款,贴现银行不再向贴现人追索票款的票据。银行承兑汇票属于不带追索权的票据。

(二)应收票据的核算

▶ 1. 取得应收票据的核算

为了反映和监督应收票据取得、票款收回等经济业务,企业应设置"应收票据"账户,借方登记取得的应收票据的面值及持有收益,贷方登记到期收回票款背书转让或到期前向银行贴现的应收票据的票面金额,期末余额在借方,反映企业持有的尚未到期的商业汇票的账面价值(票据面值+已计提的利息)。企业取得商业汇票时,应按票据的面值入账。

【例2-21】2020年5月1日，集思公司销售一批产品给A公司，货已发出，发票上注明的销售收入20 000元，增值税税额为2 600元，收到A公司交来的商业承兑汇票一张，票面利率为10%，期限为6个月，集思公司应做如下会计分录：

借：应收票据 22 600
　　贷：主营业务收入 20 000
　　　　应交税费——应交增值税（销项税额） 2 600

▶ 2. 应收票据持有期间的核算

对于持有的带息应收票据，应当计算票据利息，企业应于期末计算票据利息，并增加应收票据的账面价值，同时冲减财务费用。其计算公式如下：

$$应收票据利息＝应收票据票面金额×利率×期限$$

式中，利率一般以年利率表示；期限是指签发日至本期期末的时间间隔（有效期）。票据的期限用月或日表示，票据期限按月表示时，应以到期月份中与出票日相同的那一天为到期日，如5月15日签发的两个月票据，到期日应为7月15日，月末签发的票据，不论月份大小，以到期月份的月末那一天为到期日，与此同时，计算利息使用的利率要换算成月利率（年利率÷12）。

票据期限按日表示时，应从出票日起按实际经历天数计算，通常出票日和到期日只能计算其中的一天，即"算头不算尾"或"算尾不算头"。例如，4月15日签发的90天票据，其到期日应为7月14日，即90天－4月份剩余天数－5月份实有天数－6月份实有天数＝90－（30－15）－31－30＝14。同时，计算利息使用的利率，要换算成日利率（年利率÷360）。

【例2-22】承例2-21，6月30日，集思公司应计提票据利息。

应计提的票据利息＝22 600×10%÷12×2＝376.67（元）

借：应收票据 376.67
　　贷：财务费用 376.67

▶ 3. 应收票据背书转让的核算

企业为取得所需物资可以将所持有的应收票据背书转让，按应计入取得物资成本的金额，借记相关科目，按专用发票上注明的增值税税额，借记"应交税费——应交增值税（进项税额）"科目，按商业汇票的账面金额，贷记"应收票据"科目，如有差额，借记或贷记"银行存款"等科目。

【例2-23】集思公司将持有的未到期的不带息银行承兑汇票一张背书转让给B公司，用于购买一批原材料，取得的增值税专用发票上注明价款为50 000元，增值税税额为6 500元，银行承兑汇票的票面金额为48 000元，货款与票据面值之间的差额用银行存款补付，材料尚在运输途中。

借：在途物资 50 000
　　应交税费——应交增值税（进项税额） 6 500
　　贷：应收票据 48 000
　　　　银行存款 85 000

▶4. 应收票据到期的核算

应收票据到期收回时,应区分带息票据和不带息票据、银行承兑汇票和商业承兑汇票进行账务处理。

(1) 不带息的应收票据到期收回时,按收到的票面金额,做如下会计分录:

借:银行存款
　　贷:应收票据　　　　　　　　　　　　　　　　　　　　　　　　　票据的面值

(2) 带息的应收票据到期收回时,按收到的本息,做如下会计分录:

借:银行存款　　　　　　　　　　　　　　　　　　　　票据的面值+应收的利息
　　贷:应收票据　　　　　　　　　　　　　　　　　　　　　　　　票据的账面价值
　　　　财务费用　　　　　　　　　　　　　　　　　　　　　收到的尚未计提的利息

(3) 商业承兑汇票到期,承兑人违约拒付或无力偿还票款,收款企业应将到期票据的账面价值,即票据的面值+已计提的利息,转入应收账款,做如下会计分录:

借:应收账款
　　贷:应收票据　　　　　　　　　　　　　　　　　　　　　　　　票据的账面价值

【例2-24】承例2-21,集思公司11月1日票据到期收回票款的会计处理如下:

收款金额 = 22 600×(1+10%÷12×6) = 23 730(元)

尚未计提的票据利息 = 22 600×10%÷12×4 ≈ 753.33(元)

借:银行存款　　　　　　　　　　　　　　　　　　　　　　　　　　　2 373
　　贷:应收票据　　　　　　　　　　　　　　　　　　　　　　　　23 816.67
　　　　财务费用　　　　　　　　　　　　　　　　　　　　　　　　　753.33

【例2-25】承例2-21,若票据到期时,A公司无力付款,集思公司的会计处理如下:

借:应收账款　　　　　　　　　　　　　　　　　　　　　　　　　　23 587
　　贷:应收票据　　　　　　　　　　　　　　　　　　　　　　　　23 587

▶5. 应收票据贴现的核算

应收票据贴现是指持票人因资金短缺,可以持未到期的商业汇票向其开户银行申请贴现,以便获得所需资金。贴现就是指票据持有人将未到期的票据在背书后送交银行,银行受理后从票据到期值中扣除按银行贴现率计算确定的贴现利息,然后将余额付给持票人,作为银行对企业的短期贷款。可见,票据贴现实质上是企业融通资金的一种形式。银行计算贴现利息的利率称为贴现率,企业从银行取得票据到期值扣除贴现利息后的款项,称为贴现所得。票据贴现的相关公式如下:

$$贴现所得 = 票据到期值 - 贴现息$$

$$贴现息 = 票据到期值 \times 贴现率 \times 贴现期$$

$$票据到期值 = 票据面值 \times (1 + 票面利率 \times 期限)$$

按照中国人民银行《支付结算办法》的规定,实付贴现金额按票面金额扣除贴现日至汇票到期前一日的利息计算。

商业承兑汇票贴现后可能使企业被追索,企业也会因商业汇票贴现而发生或有负债,按照我国《企业会计准则》的规定,企业持有未到期的商业汇票向银行贴现,符合金融资产终止确认条件的(将金融资产所有权上几乎所有的风险和报酬转移给转入方),应终止确认该金融资产(如银行承兑汇票贴现);不符合金融资产终止确认条件的(如商业承兑汇票贴现),作为取得短期借款处理,因贴现而产生的或有负债,通过财务报表披露予以反映。

企业持未到期的应收票据向银行办理贴现时的账务处理如下。

(1) 符合金融资产终止确认条件的商业汇票贴现(如银行承兑汇票贴现),企业应做如下会计分录:

借:银行存款　　　　　　　　　　　　　　　　　　　　　　　贴现所得
　　(借或贷)　　　　　　　　　　　　　　　　　　　　　　　　差额
　　贷:应收票据　　　　　　　　　　　　　　　　　　　应收票据的账面价值

(2) 不符合金融资产终止确认条件的商业汇票贴现(如商业承兑汇票贴现),企业应做如下会计分录:

借:银行存款　　　　　　　　　　　　　　　　　　　　　　　贴现所得
　　(借或贷)　　　　　　　　　　　　　　　　　　　　　　　　差额
　　贷:短期借款　　　　　　　　　　　　　　　　　　　应收票据的到期值

【例2-26】2020年5月1日,集思公司持其所收取的出票日为3月19日、期限为5个月、面值20 000元的不带息银行承兑汇票一张向银行办理贴现(不附追索权),假设该企业与承兑企业在同一票据交换区域内,银行年贴现率为12%。

该应收票据到期日为2020年8月19日,其贴现天数为110天(31+30+31+19-1)。

贴现息=20 000×12%×110÷360=733.33(元)

贴现净额=20 000-733.33=19 266.67(元)

有关会计分录如下:

借:银行存款　　　　　　　　　　　　　　　　　　　　　　19 266.67
　　财务费用　　　　　　　　　　　　　　　　　　　　　　　　733.33
　　贷:应收票据　　　　　　　　　　　　　　　　　　　　　20 000

若贴现的是商业承兑汇票,即附追索权,有关会计分录如下:

借:银行存款　　　　　　　　　　　　　　　　　　　　　　19 266.67
　　财务费用　　　　　　　　　　　　　　　　　　　　　　　　733.33
　　贷:短期借款　　　　　　　　　　　　　　　　　　　　　20 000

二、应收账款

(一) 应收账款的计价

应收账款是指企业因销售商品、提供劳务等,应向购货单位或接受劳务单位收取的款项,是企业因销售商品、提供劳务等经营活动所形成的债权。应收账款应于收入实现时予以确认。

应收账款通常按照实际发生额计价入账,主要包括销售货物或提供劳务的价款、增值税,以及代购货方垫付的包装费、运杂费等。值得注意的是,企业的应收账款不包括各种非经营活动发生的应收款项,如存出的保证金和押金、购货的预付定金、对职工或股东的预付款、应收认股款、与企业的经营活动无关的应收款项、超过一年的应收分期销货款，以及采用商业汇票结算方式销售商品的债权等。

在现实经济生活中，企业为了促销或尽快收回账款，往往会实行折扣的方法。因此，在确认应收账款的入账价值时，还要考虑折扣因素。折扣包括商业折扣和现金折扣。

▶ 1. 商业折扣

商业折扣是指企业为促进销售而在商品价格上给予的扣除，一般在交易发生时即已确认。商业折扣对应收账款的入账价值没有影响。存在商业折扣的情况下，企业只需按扣除商业折扣后的实际售价确认应收账款入账金额即可。

【例2-27】6月1日，集思公司销售100件A商品给乙公司，销售单价100.00元/件，增值税税率为13%，因乙公司购买的数量较多，给予乙公司商业折扣10%，款项尚未收到。

借：应收账款　　　　　　　　　　　　　　　　　　　　　　　　1 017 000
　贷：主营业务收入　　　　　　　　　　　　　　　　　　　　　　900 000
　　　应交税费——应交增值税（销项税额）　　　　　　　　　　　117 000

▶ 2. 现金折扣

现金折扣是指债权人为鼓励债务人在规定的期限内付款，而向债务人提供的债务扣除。现金折扣一般用符号"折扣/付款期限"表示。例如，2/10：债务人10天内付款可按售价给予2%的折扣；1/20：债务人20天内付款可按售价给予1%的；$n/30$：债务人30天内付款则不给予折扣。

存在现金折扣的情况下，应收账款入账金额的确定方法有两种：净价法和总价法。

净价法是指将扣减最大现金折扣后的金额作为应收账款的入账价值。这种方法把客户取得折扣视为正常现象，认为客户一般都会提前付款，而将客户超过折扣期限付款而多收入的金额视为提供信贷获得的收入，于收到货款时冲减财务费用。

总价法是将未减去现金折扣前的金额作为应收账款的入账价值。现金折扣只有客户在折扣期内支付货款时，才予以确认。在这种方法下，销售方把给予客户的现金折扣视为融资的理财费用，会计上作为财务费用处理。

在我国的会计实务中，按规定应采用总价法核算现金折扣。

（二）应收账款的核算

为了反映应收账款的增减变动及其结存情况，企业应设置"应收账款"科目，不单独设置"预收账款"科目的企业，预售的账款也应在"应收账款"科目中核算。该科目借方登记应收账款的增加，贷方登记应收账款的收回及确认的坏账损失。期末余额一般在借方，反映企业尚未收回的应收账款；期末余额如在贷方，则反映企业预收的账款。该账户应按购货单位或接受劳务的单位设置明细科目进行明细核算。

【例2-28】5月10日，集思公司销售一批产品给C工厂，销售收入为400 000元，规定的现金折扣条件为"2/10，$n/30$"，适用的增值税税率为13%。商品已发出，销售手续已办好。假定计算现金折扣时不考虑增值税。

(1) 销售业务发生时：
借：应收账款　　　　　　　　　　　　　　　　　　　　　452 000
　　贷：主营业务收入　　　　　　　　　　　　　　　　　　400 000
　　　　应交税费——应交增值税（销项税额）　　　　　　　 52 000
(2) 假若客户在 10 天内付款：
借：银行存款　　　　　　　　　　　　　　　　　　　　　444 000
　　财务费用　　　　　　　　　　　　　　　　　　　　　　 8 000
　　贷：应收账款　　　　　　　　　　　　　　　　　　　　452 000
(3) 假若客户超过 10 天付款，则无现金折扣：
借：银行存款　　　　　　　　　　　　　　　　　　　　　452 000
　　贷：应收账款　　　　　　　　　　　　　　　　　　　　452 000

三、预付账款和其他应收款

(一) 预付账款

预付账款是指企业按照购货合同规定预付给供应单位的款项。为了反映预付账款的增减变动及其结存情况，企业应设置"预付账款"科目，该科目借方登记预付的款项和补付的款项，贷方登记收到所购物资时按发票账单金额冲销的预付账款数及退回的多付款项。期末余额一般在借方，反映企业实际预付的款项；期末余额如在贷方，则表示尚未补付的款项。该科目应按供货单位设置明细科目进行明细核算。

在实际工作中，预付账款不多的企业，可以不设置"预付账款"科目，而直接通过"应付账款"科目核算。但在编制资产负债表时，应将"预付账款"和"应付账款"项目的金额分别进行反映。

【例 2-29】集思公司向丁公司采购材料 500 吨，单价 20 元/吨，所需支付的款项金额为 10 000 元，集思公司按合同规定向丁公司预付货款的 50%，验收货物后补付其余款项。

(1) 预付 50% 的货款时：
借：预付账款——丁公司　　　　　　　　　　　　　　　　 5 000
　　贷：银行存款　　　　　　　　　　　　　　　　　　　　 5 000
(2) 收到丁公司发来的 500 吨材料，验收无误，增值税发票上记载的货款为 10 000 元，增值税税额为 1 300 元：
借：原材料　　　　　　　　　　　　　　　　　　　　　　10 000
　　应交税费——应交增值税（进项税额）　　　　　　　　　 1 300
　　贷：预付账款——丁公司　　　　　　　　　　　　　　　11 300
(3) 以银行存款补付所欠款项 6 300 元：
借：预付账款——丁公司　　　　　　　　　　　　　　　　 6 300
　　贷：银行存款　　　　　　　　　　　　　　　　　　　　 6 300

预付账款属于企业的一项流动资产，如果有确凿证据表明企业的预付账款已不符合预付账款的性质，或者因供货单位破产、撤销等原因已无望再收到所购货物的，应按照规定确认其资产的减值损失、计提坏账准备。

(二) 其他应收款

其他应收款是指企业除应收票据、应收账款、预付账款以外的其他各种应收及暂付款项。其他应收款主要包括以下款项:

(1) 应收的各种赔款、罚款,如企业财产等遭受意外损失应向保险公司收取的赔款等;

(2) 应收的出租包装物租金;

(3) 应向职工收取的各种垫付款项,如为职工垫付的水电费,应由职工负担的医药费、房租费等;

(4) 向企业有关部门拨出的备用金;

(5) 存出保证金,如租入包装物支付的押金;

(6) 其他各种应收、暂付款项。

为了反映其他应收款的增减变动及结存情况,企业应设置"其他应收款"科目。该科目借方登记其他应收款的增加,贷方登记其他应收款的收回,期末余额一般在借方,反映企业尚未收回的其他应收款项。该科目应按债务人设置明细科目进行明细核算。

四、坏账损失

(一) 坏账损失的确认

坏账是指企业无法收回或收回的可能性极小的应收款项。由于坏账而产生的损失,称为坏账损失。

一般只要符合下列条件之一,即可认为发生了坏账:

(1) 债务人死亡,以其遗产确实无法清偿的应收款项;

(2) 债务人破产,以其破产财产确实无法清偿的应收款项;

(3) 债务人遭受重大自然灾害或意外事故,损失巨大,以其财产确实无法清偿的应收款项;

(4) 债务人较长时期内未履行其偿债义务并有足够证据表明无法收回或收回的可能性较小。

(二) 坏账损失的计提和核算

坏账损失的核算方法有两种:直接转销法和备抵法。根据现行《企业会计准则》的规定,企业应采用备抵法核算坏账损失。

备抵法是指按期估计坏账损失,形成坏账准备,实际发生坏账损失时再冲销坏账准备的方法。采用备抵法核算时,企业应设置"坏账准备"科目,核算应收款项坏账准备计提、转销等情况,其贷方登记每期预提的坏账准备数额,借方登记实际发生的坏账损失数额,余额一般在贷方,表示已预提但尚未转销的坏账准备数额。

估计坏账损失的方法主要有应收账款余额百分比法、账龄分析法、销货百分比法和个别认定法等,下面重点介绍应收账款余额百分比法和账龄分析法。

▶ 1. 应收账款余额百分比法

应收账款余额百分比法根据会计期末应收款项的余额和估计的坏账率,估计坏账损失,计提坏账准备的方法。

当期应计提的坏账准备＝当期应计提坏账准备的各应收款项账户余额×坏账准备计提比例

坏账准备的应提数("坏账准备"账户期末余额)＝期末应收款项的余额×坏账准备计提比例

当期已计提的坏账准备＝当期计提坏账准备前"坏账准备"科目余额

当期应计提的坏账准备与当期已计提的坏账准备进行比较,可能出现三种情况:

(1) 若当期应计提的坏账准备＝当期已计提的坏账准备,当期坏账损失为0,不做会计处理;

(2) 若当期应计提的坏账准备＞当期已计提的坏账准备,按其差额补提坏账准备;

(3) 若当期应计提的坏账准备＜当期已计提的坏账准备,按其差额冲销坏账准备。

【例2-30】集思公司从20×1年开始计提坏账准备,该公司坏账准备的计提比例为5%。

(1) 20×1年年末,应收账款余额为100 000元。

借:信用减值损失　　　　　　　　　　　　　　　5 000
　贷:坏账准备　　　　　　　　　　　　　　　　　　5 000

(2) 20×2年10月,公司发现有2 000元的应收账款无法收回,按有关规定确认为坏账损失。

借:坏账准备　　　　　　　　　　　　　　　　　2 000
　贷:应收账款　　　　　　　　　　　　　　　　　　2 000

(3) 20×2年年末,应收账款余额为160 000元。

借:信用减值损失　　　　　　　　　　　　　　　5 000
　贷:坏账准备　　　　　　　　　　　　　　　　　　5 000

(4) 20×3年8月,收到上年已转销的坏账2 000元,已存入银行。

借:应收账款　　　　　　　　　　　　　　　　　2 000
　贷:坏账准备　　　　　　　　　　　　　　　　　　2 000
借:银行存款　　　　　　　　　　　　　　　　　2 000
　贷:应收账款　　　　　　　　　　　　　　　　　　2 000

(5) 20×3年年末,应收账款余额为120 000元。

借:坏账准备　　　　　　　　　　　　　　　　　4 000
　贷:信用减值损失　　　　　　　　　　　　　　　　4 000

▶ 2. 账龄分析法

账龄分析法是根据应收款项账龄的长短来估计坏账的方法。所谓账龄,是指债务人所欠账款的时间。账龄越长,发生坏账损失的可能性越大,因此坏账损失与账龄时间成正方向变动。

【例 2-31】假设集思公司采用账龄分析法计提坏账准备，20×3 年年末应收账款余额及坏账率资料如表 2-2 所示。

表 2-2　应收账款账龄分析表

20×3 年 12 月 31 日　　　　　　　　　　　　　　　　　　　　　　　单位：元

账　　龄	20×2 年 12 月 31 日	20×3 年 12 月 31 日	估计坏账率
1 年以下（含 1 年）	40 000	20 000	10%
1～2 年（含 2 年）	60 000	40 000	20%
2～3 年（含 3 年）	40 000	60 000	50%
合计	140 000	120 000	

假设集思公司 20×3 年没有发生坏账损失。从表 2-2 可以看出：

集思公司 20×2 年年末已计提的坏账准备＝40 000×10%＋60 000×20%＋40 000×50%＝36 000（元）

集思公司 20×3 年应计提的坏账准备＝20 000×10%＋40 000×20%＋60 000×50%＝40 000（元）

则集思公司应补提坏账准备 4 000 元（40 000－36 000），其会计处理如下：

借：信用减值损失　　　　　　　　　　　　　　　　　　　　　　　4 000
　　贷：坏账准备　　　　　　　　　　　　　　　　　　　　　　　　　　4 000

从以上的会计处理可以看出，应收账款余额百分比法和账龄分析法实际上都是百分比法，只是估计坏账准备的基础不同而已。采用应收账款余额百分比法计提坏账准备，不考虑账龄结构，实际上是对不同账龄的应收款项按同一个比例计提坏账准备。采用账龄分析法按不同账龄分别以不同的比例计提坏账准备，且没有考虑同一账龄的应收款项也可能存在风险的差异。因而会计实务中，一个企业可能对不同的应收款项采用不同的计提方法，根据不同的比率计提坏账准备。

┤本章小结├

货币资金是企业中流动性最强的资产。货币资金包括库存现金、银行存款和其他货币资金。

库存现金通常是指存放于企业财务部门，由出纳人员经管的货币，是狭义的现金概念。由于库存现金的流动性很强，企业应当严格遵守国家有关现金管理制度，对库存现金建立严格的内部控制制度。企业除了应设置"库存现金"总账进行总分类核算之外，还应设置库存现金日记账进行序时核算。库存现金必须日清月结。

银行存款是指企业存放在银行和其他金融机构的货币资金。企业应当按照《银行账户管理办法》的规定开设、使用银行账户。除按规定可以通过现金结算的情况以外，企业的收支结算应根据《支付结算办法》通过银行进行。银行的结算方法主要包括银行汇票、商业汇票、银行本票、支票、委托收款、托收承付、汇兑、信用卡、信用证九种。银行存款同样应进行总分类核算和序时记录，出纳人员登记的日记账应定期与总账和银行对账单进行核对，及时发现未达账项，并编制"银行存款余额调节表"，保证账实相符。

其他货币资金是指除现金、银行存款以外的其他各种货币资金，包括外埠存款、银行汇票存款、银行本票存款、信用卡存款、信用证保证金存款及存出投资款等。

应收款项是企业因销售商品、提供劳务等发生的影响有关债务人收取的款项。应收款项是企业流动资产的重要组成部分，主要包括应收票据、应收账款、预付账款和其他应收款等。

对于由于种种原因无法收回的应收款项应及时确认坏账损失。企业应定期对应收款项进行检查，预计可能发生的坏账损失，计提坏账准备。估计坏账损失的方法包括应收账款余额百分比法、账龄分析法、销货百分比法和个别认定法等。

复习思考题

1. 与其他资产相比，货币资金有什么特点？具体包括哪些内容？
2. 现金管理的主要内容有哪些？
3. 企业可以在银行开设哪些存款账户？每个存款账户有什么用途？
4. 银行转账结算的方法有哪些？
5. 怎么理解未达账项？银行存款余额调节表是不是记账行为？
6. 其他货币资金的内容包括哪些？
7. 应收票据有哪些种类？
8. 什么是贴现？贴现利息应当如何计算？
9. 商业折扣和现金折扣有什么不同？
10. 如何评价净价法和总价法？你认为我国为什么规定企业应当采用总价法？
11. 其他应收款核算的内容包括哪些？
12. 什么是坏账？坏账损失如何确认？

第三章 存 货

> **知识目标**
> 1. 了解存货的概念、特征、确认条件和分类。
> 2. 掌握存货的初始计量、存货实际成本法和计划成本法的会计处理、期末存货的计量方法、存货跌价准备的计提方法及会计处理,以及存货清查的会计处理。

第一节 存货概述

一、存货的概念与确认条件

存货是指企业在日常活动中持有以备出售的产成品或商品、处在生产过程中的在产品、在生产或提供劳务的过程中耗用的材料、物料等。包括各种材料、周转材料、库存商品、在产品、半成品、产成品等。

存货必须在符合定义的前提下,同时满足下列两个条件,才能予以确认。

▶ **1. 与该存货有关的经济利益很可能流入企业**

资产的重要特征之一是预期会给企业带来经济利益。如果某项资源预期不能给企业带来经济利益,就不能确认为企业的资产。存货是企业的一项重要的流动资产,因此,对存货的确认,首先要判断其是否很可能给企业带来经济利益或其所包含的经济利益是否很可能流入企业。实务中,主要通过判断与该项存货所有权相关的风险和报酬是否转移到了企业来确定,而与存货相关的经济利益很可能流入本企业的重要标志之一就是取得存货的所有权。凡是企业拥有所有权的货物,无论存放何处,都应包括在本企业的存货之中,而尚未取得所有权或者已将所有权转移给其他企业的货物,即使存放在本企业,也不应包括在本企业的存货之中。

▶ 2. 该存货的成本能够可靠地计量

资产确认的另一个基本条件是成本或者价值能够可靠地计量。存货作为企业资产的组成部分,要予以确认也必须能够对其成本进行可靠的计量。存货的成本能够可靠地计量必须以取得的确凿证据为依据,并且具有可验证性。如果存货成本不能可靠地计量,则不能确认为一项存货。例如,企业承诺的订货合同,由于并未实际发生,不能可靠确定其成本,因此就不能确认为购买企业的存货。

二、存货的特征

存货区别于固定资产等非流动资产的最基本的特征是企业持有存货的最终目的是出售。与其他资产相比,存货具有以下特征。

(1) 存货是一项有形资产。区别于企业持有的土地使用权、专利权等无形资产。

(2) 存货是一项流动资产。它将在一年或一个营业周期内被出售或耗用而转换为另一项资产,存货具有较强的变现能力和较大的流动性。

(3) 存货的持有目的是销售或耗用。企业持有存货的目的是准备在正常经营过程中予以出售,如商品、产成品及准备直接出售的半成品等;或者仍处在生产过程中,待制成产成品后再予以出售,如在产品、半成品等;或者将在生产或提供劳务的过程中耗用,如材料和物料、周转材料等。企业判断一个资产项目是否属于存货时,必须考虑取得该项目的目的,即在生产经营过程中的用途或所起的作用。例如,企业为生产产品或提供劳务而购入的材料属于存货,但为建造固定资产而购入的材料就不属于存货;又如,对于生产和销售机器设备的企业来说,机器设备属于存货,而对于使用机器设备进行生产的企业来说,机器设备则属于固定资产。

三、存货的分类

不同行业的企业,其存货的类别不尽相同。制造业企业存货的构成尤为复杂,种类繁多、用途各异,存在于生产经营过程中的各个环节,核算也最为复杂。

(一) 存货按照经济用途分类

▶ 1. 原材料

原材料是指企业在生产过程中经加工改变其形态或性质并构成产品、主要实体的各种原料及主要材料、辅助材料、外购半成品(外购件)、修理用备件(备品备件)、包装材料、燃料等。为建造固定资产等各项工程而储备的各种材料,虽然同属于材料,但是由于用于建造固定资产等各项工程不符合存货的定义,因此不能作为企业的存货进行核算。

▶ 2. 在产品

在产品是指企业正在制造尚未完工的产品,包括正在各个生产工序加工的产品和已加工完毕但尚未检验或已检验但尚未办理入库手续的产品。

▶ 3. 半成品

半成品是指经过一定生产过程并已检验合格交付半成品仓库保管,但尚未制造完工成为产成品,仍需进一步加工的中间产品。

▶ 4. 产成品

产成品是指工业企业已经完成全部生产过程并验收入库,可以按照合同规定的条件送交订货单位或者可以作为商品对外销售的产品。企业接受外来原材料加工制造的代制品和为外单位加工修理的代修品,制造和修理完成验收入库后,应视同企业的产成品。

▶ 5. 商品

商品是指商品流通企业外购或委托加工完成验收入库用于销售的各种商品。

▶ 6. 周转材料

周转材料是指企业能够多次使用,但不符合固定资产定义的材料,如为了包装本企业商品而储备的各种包装物,各种工具、管理用具、玻璃器皿、劳动保护用品,在经营过程中周转使用的容器等低值易耗品,以及建造承包商的钢模板、木模板、脚手架等其他周转材料。但是,周转材料符合固定资产定义的,应当作为固定资产处理。

(二) 存货按照存放地点分类

企业的存货分布于供产销各个环节,按照存放地点,可以分为在库存货、在途存货、在制存货和在售存货。

▶ 1. 在库存货

在库存货是指已经购进或生产完工并验收入库的各种原材料、周转材料、半成品、产成品及商品。

▶ 2. 在途存货

在途存货是指已经取得所有权但尚在运输途中或虽已运抵企业但尚未验收入库的各种材料物资及商品。

▶ 3. 在制存货

在制存货是指正处于本企业各生产工序加工制造过程中的在产品,以及委托外单位加工但尚未完成的材料物资。

▶ 4. 在售存货

在售存货是指已发送给购货方但尚不能完全满足收入确认条件,因而仍应作为销货方存货的发出商品、委托代销商品等。

(三) 存货按照取得方式分类

存货按照取得方式,可以分为外购存货、自制存货、委托加工存货、投资者投入的存货、接受捐赠取得的存货、通过债务重组取得的存货、非货币性资产交换取得的存货、盘盈的存货等。

第二节 存货的初始计量

存货的初始计量是指企业在取得存货时对存货入账价值的确定。存货应当按照成本进行初始计量。存货成本包括采购成本、加工成本，以及使存货达到目前场所和状态所发生的其他成本三个组成部分。存货的实际成本应结合存货的具体取得方式确定，作为存货的入账价值。

一、外购存货

（一）外购存货的成本

企业外购存货主要包括原材料和商品。外购存货的成本即存货的采购成本，是指企业物资从采购到入库前所发生的全部支出，包括购买价款、相关税费、运杂费，以及其他可归属于存货采购成本的费用。

(1)存货的购买价款，是指企业购入的材料或商品的发票账单上列明的价款，但不包括按规定可以抵扣的增值税税额。

(2)存货的相关税费，包括进口关税、消费税、资源税和不能抵扣的增值税进项税额等应计入存货采购成本的税费。

(3)存货的运杂费，是指运输货物应由购货方承担的运输费用、装卸费用、保险费用，以及大宗货物的市内运杂费等，但不包括按规定可以抵扣的运杂费相应的增值税税额。

其他可归属于存货采购成本的费用，如在存货采购过程中发生的除上述费用以外的仓储费、包装费、运输途中的合理损耗、入库前的挑选整理费用等。

对于采购过程中发生的物资毁损、短缺等，除运输途中发生的合理损耗计入存货的采购成本外，应区别不同情况进行会计处理。其中，属于过失人造成的损失，应向过失人索取赔偿；属于自然灾害造成的非常损失，应当扣除保险赔款及可收回残值后的净损失计入"营业外收入"；属于暂时无法查明原因的途中损耗，应先转入"待处理财产损溢"核算，待查明原因后再做相应处理。

存货的采购成本一般不包括按规定可予以抵扣的增值税、市内零星货物的运杂费、采购人员的差旅费、采购机构的经费，以及供应部门经费等。

商品流通企业在采购商品的过程中发生的运输费、装卸费、保险费，以及其他可归属于存货采购成本的进货费用等，应计入所购商品成本。在实务中，企业也可以将发生的运输费、装卸费、保险费以及其他可归属于存货采购成本的进货费用先进行归集，期末按照所购商品的存销情况进行分摊。对于已销售商品的进货费用，计入主营业务成本；对于未售商品的进货费用，计入期末存货成本。商品流通企业采购商品的进货费用金额较小的，可以在发生时直接计入当期销售费用。

（二）外购存货的会计处理

▶ 1. 存货验收入库和货款结算同时进行

这种情况下，企业应于支付货款或开出、承兑商业汇票，并且存货验收入库后，根据发票账单等结算凭证确定存货采购成本。

【例 3-1】 2020 年 12 月 5 日，集思公司向 A 公司购入甲材料一批，增值税专用发票上注明的材料价款为 10 000 元，增值税税额为 1 300 元。货款已通过银行转账支付，材料已验收入库。入库前的挑选整理费 500 元以现金支付。

借：原材料——甲材料　　　　　　　　　　　　　　　　　　　　　10 500
　　应交税费——应交增值税（进项税额）　　　　　　　　　　　　 1 300
　　贷：银行存款　　　　　　　　　　　　　　　　　　　　　　　11 300
　　　　库存现金　　　　　　　　　　　　　　　　　　　　　　　　　500

▶ 2. 货款已结算但存货尚在运输途中

这种情况下，企业应于支付货款或开出、承兑商业汇票时，按发票账单等结算凭证确定的存货成本入账。

【例 3-2】 2020 年 12 月 6 日，集思公司向 B 公司购入乙材料一批，增值税专用发票注明的材料价款为 50 000 元，增值税税额为 6 500 元，B 公司代垫运杂费 300 元（其中，运输费用 200 元，其他杂费 100 元，未取得增值税专用发票），价税费款已通过银行转账支付。12 月 10 日，所购材料如数验收入库。

(1) 2020 年 12 月 6 日：

借：在途物资——B 公司　　　　　　　　　　　　　　　　　　　　50 300
　　应交税费——应交增值税（进项税额）　　　　　　　　　　　　 6 500
　　贷：银行存款　　　　　　　　　　　　　　　　　　　　　　　56 800

(2) 2020 年 12 月 10 日：

借：原材料——乙材料　　　　　　　　　　　　　　　　　　　　　50 300
　　贷：在途物资——B 公司　　　　　　　　　　　　　　　　　　50 300

▶ 3. 存货已验收入库但货款尚未结算

这种情况下，企业在收到存货时可先不进行会计处理。待结算凭证到达，企业支付货款或开出商业承兑汇票后，按发票账单等结算凭证确定的存货成本入账。如果月末发票账单仍未收到，企业应按合同价等暂估入账，下月初做相反分录冲回原来的暂估价值，待下月收到发票金额，再按正常的购货业务进行账务处理。

【例 3-3】 2020 年 11 月 8 日，集思公司购入丙材料一批，材料已验收入库，但发票等结算凭证尚未收到，货款尚未支付。月末仍未收到发票等结算凭证，估价 49 000 元入账。12 月 6 日，该批材料的结算凭证到达公司，增值税专用发票注明的材料价款为 50 000 元，增值税税额为 6 500 元，货款通过银行存款支付。

(1) 2020 年 11 月 8 日，暂不做会计处理。

(2) 2020 年 11 月 30 日：

借：原材料——丙材料　　　　　　　　　　　　　　　　　　　　　49 000
　　贷：应付账款——暂估应付账款　　　　　　　　　　　　　　　49 000

(3) 2020 年 12 月 1 日：

借：应付账款——暂估应付账款　　　　　　　　　　　　　　　　　49 000

贷：原材料——丙材料　　　　　　　　　　　　　　　　　　　　　　　49 000
（4）2020 年 12 月 6 日：
　　借：原材料——丙材料　　　　　　　　　　　　　　　　　　　　　　　50 000
　　　　应交税费——应交增值税（进项税额）　　　　　　　　　　　　　　　6 500
　　　贷：银行存款　　　　　　　　　　　　　　　　　　　　　　　　　　56 500

▶ **4. 预付货款购入存货**

　　这种情况下，企业应在预付货款时按照实际预付金额借记"预付账款"科目，贷记"银行存款"科目；收到购入存货的发票账单等结算凭证并将存货验收入库时，按发票账单等结算凭证确定的采购成本借记"原材料""周转材料""库存商品"等科目，按增值税专用发票注明的增值税税额借记"应交税费——应交增值税（进项税额）"科目，按采购成本与增值税进项税额之和贷记"预付账款"科目；补付预付存款不足的差额款时，按照实际补付的金额借记"预付账款"科目，贷记"银行存款"科目，或退回预付货款多付的差额款时，按照实际收到的金额借记"银行存款"科目，贷记"预付账款"科目。

　　【例 3-4】2020 年 11 月 11 日，集思公司与 D 公司签订购销合同，合同规定：集思公司向 D 公司购买丁材料一批，总价款 20 000 元，合同生效时预付价款的 50%，其余款项待收到货物后 3 日内结清。2020 年 11 月 11 日，以转账方式支付货款 10 000 元。2020 年 12 月 3 日，收到 D 公司开来的增值税专用发票，发票标明材料价款为 20 000 元，增值税税额为 2 600 元，B 公司代垫运输费用 1 000 元，取得增值税专用发票，适用税率为 9%，所购材料如数验收入库。2020 年 12 月 8 日，以转账方式补付差额款 13 690 元。

（1）2020 年 11 月 11 日：
　　借：预付账款——D 公司　　　　　　　　　　　　　　　　　　　　　　10 000
　　　贷：银行存款　　　　　　　　　　　　　　　　　　　　　　　　　　10 000
（2）2020 年 12 月 3 日：
　　增值税进项税额＝2 600＋1 000×9%＝2690（元）
　　原材料采购成本＝20 000＋10 00＝1 000（元）
　　借：原材料——丁材料　　　　　　　　　　　　　　　　　　　　　　　21 000
　　　　应交税费——应交增值税（进项税额）　　　　　　　　　　　　　　　2 690
　　　贷：预付账款——D 公司　　　　　　　　　　　　　　　　　　　　　23 690
（3）2020 年 12 月 8 日：
　　借：预付账款——D 公司　　　　　　　　　　　　　　　　　　　　　　13 690
　　　贷：银行存款　　　　　　　　　　　　　　　　　　　　　　　　　　13 690

▶ **5. 赊购存货**

　　在采用赊购方式购入存货的情况下，企业应在存货验收入库后按照发票账单等结算凭证确定的采购成本借记"原材料""周转材料""库存商品"等科目，按增值税专用发票上注明的增值税税额借记"应交税费——应交增值税（进项税额）"科目，按应付货款贷记"应付账款"科目；按照信用期限的规定实际支付款项或开出、承兑商业汇票后，按实际支付的货款金额或应付票据面值借记"应付账款"科目，贷记"银行存款""应付票据"等科目。

【例3-5】2020年12月10日,集思公司从E公司赊购丙材料一批,增值税专用发票上注明的原材料价款为60 000元,增值税税额为7 800元。根据购货合同约定的信用期限,2019年1月20日结算货款。

(1) 2020年12月10日:

借:原材料——丙材料　　　　　　　　　　　　　　　　　　　　　60 000
　　应交税费——应交增值税(进项税额)　　　　　　　　　　　　　 7 800
　　贷:应付账款——E公司　　　　　　　　　　　　　　　　　　　67 800

(2) 2021年1月20日:

借:应付账款——E公司　　　　　　　　　　　　　　　　　　　　67 800
　　贷:银行存款　　　　　　　　　　　　　　　　　　　　　　　　67 800

因赊购所发生的应付账款如果是附有现金折扣条件的,应选择总价法或净价法进行核算。在总价法下,应付账款按实际交易金额入账,如果购货方在现金折扣期内付款,则取得的现金折扣视为一项理财收入,冲减当期财务费用;在净价法下,应付账款按实际交易额扣除现金折扣后的净额入账,如果购货方超过现金折扣期限付款,其丧失的现金折扣视为一项理财损失,计入当期财务费用。我国《企业会计准则》规定使用总价法核算现金折扣。

【例3-6】承例3-5,假定双方约定的付款条件为"2/10, 1/20, n/30",现金折扣采用总价法核算。集思公司于2020年12月15日付款。

借:应付账款——E公司　　　　　　　　　　　　　　　　　　　　67 800
　　贷:银行存款　　　　　　　　　　　　　　　　　　　　　　　　66 444
　　　　财务费用——其他　　　　　　　　　　　　　　　　　　　　 1 356

▶ 6. 外购存货的短缺和毁损

如果企业在存货采购过程中发生短缺或毁损的,应及时查明原因并进行相应的会计处理。

(1) 属于运输中的合理损耗,应计入有关存货的采购成本。

(2) 属于供货单位或运输单位的责任造成的存货短缺,应由责任人补足存货或赔偿货款,不计入存货的采购成本。

(3) 属于自然灾害或意外事故等非常原因造成的存货毁损,先转入"待处理财产损溢"科目核算,待报批准处理后,将扣除保险公司和过失人赔偿的净损失计入"营业外支出"。

(4) 尚待查明原因的存货短缺,先转入"待处理财产损溢"科目核算,待查明原因后,再按上述要求进行会计处理。

短缺或毁损存货涉及增值税的,应一并进行相应处理。

【例3-7】2020年12月8日,集思公司从F公司购入丁材料2 000 kg,单位不含税进价为30元,增值税税率为13%。根据发票账单等结算凭证,通过银行转账方式支付全部款项,材料尚在运输途中。12月16日,所购丁材料运达企业后,验收时发现短缺310 kg,原因尚需进一步调查,其余材料验收入库。12月20日,短缺丁材料原因已查明并做出了相应的处理,其中:200 kg为F公司少发,F公司已承诺补发;100 kg系运输途中被盗,运输公司已同意照价赔偿;10 kg系运输途中的合理损耗,经批准计入采购成本。12月22日,收到F公司补发的丁材料。

(1) 2020年12月8日:

借:在途物资——F公司　　　　　　　　　　　　　　　　　　　60 000
　　应交税费——应交增值税(进项税额)　　　　　　　　　　　 7 800
　　贷:银行存款　　　　　　　　　　　　　　　　　　　　　　67 800

(2) 2020年12月16日:

借:原材料——丁材料　　　　　　　　　　　　　　　　　　　　50 700
　　待处理财产损溢——待处理流动资产损益　　　　　　　　　　10 509
　　贷:在途物资——F公司　　　　　　　　　　　　　　　　　 60 000
　　　　应交税费——应交增值税(进项税额转出)　　　　　　　　1 209

(3) 2020年12月20日:

借:原材料——丁材料　　　　　　　　　　　　　　　　　　　　　 300
　　应交税费——应交增值税(进项税额)　　　　　　　　　　　　　 39
　　应付账款——F公司　　　　　　　　　　　　　　　　　　　 6 780
　　其他应收款——运输公司　　　　　　　　　　　　　　　　　 3 390
　　贷:待处理财产损溢——待处理流动资产损溢　　　　　　　　 10 509

(4) 2020年12月22日:

借:原材料——丁材料　　　　　　　　　　　　　　　　　　　　 6 000
　　应交税费——应交增值税(进项税额)　　　　　　　　　　　　 780
　　贷:应付账款——F公司　　　　　　　　　　　　　　　　　　6 780

二、加工取得的存货

(一)自制存货

企业通过进一步加工取得的存货主要包括产成品、在产品、半成品、委托加工物资等,其成本由采购成本、加工成本构成。某些存货还包括使存货达到目前场所和状态所发生的其他成本,如可直接认定的产品设计费用等。通过进一步加工取得的存货的成本中,采购成本是由所使用或消耗的原材料采购成本转移而来的,因此,计量加工取得的存货成本,重点是确定存货的加工成本。

存货加工成本由直接人工和制造费用构成,其实质是企业在进一步加工存货的过程中追加发生的生产成本,因此,不包括直接由材料存货转移来的价值。其中,直接人工是指企业在生产产品过程中,直接从事产品生产的工人的职工薪酬。直接人工和间接人工的划分依据通常是生产工人是否与所生产的产品直接相关(即可否直接确定其服务的产品对象)。制造费用是指企业为生产产品和提供劳务而发生的各项间接费用。制造费用是一项间接生产成本,包括企业生产部门(如生产车间)管理人员的职工薪酬、折旧费、办公费、水电费、机物料消耗、劳动保护费、季节性和修理期间的停工损失等。

通常，产成品成本＝原材料＋人工费用＋制造费用。

【例3-8】2020年12月20日，集思公司的基本生产车间制造完成一批产成品，已经验收入库，其实际生产成本为600 000元。

借：库存商品　　　　　　　　　　　　　　　　　　　　　　　　　　600 000
　　贷：生产成本　　　　　　　　　　　　　　　　　　　　　　　　　600 000

(二) 委托加工存货

委托加工存货的成本，一般包括加工过程中实际耗用的原材料或半成品成本、加工费、运输费、装卸费等，以及按规定应计入加工成本的税金。这里的税金主要是指增值税和消费税。

委托方支付的增值税应根据以下情况分别进行处理：如果委托方和受托方均为一般纳税人，则委托方支付的增值税可作为进项税抵扣；如果委托方和受托方有一方不是一般纳税人，则委托方支付的增值税不能作为进项税抵扣，应计入加工成本。

委托方委托加工应税消费品应由委托方缴纳的、由受托方代收代交的消费税，应根据以下情况分别进行处理。

(1) 委托方将委托加工的应税消费品收回后，直接用于销售的，应将受托方代收代缴的消费税随同支付的加工费一并计入委托加工的应税消费品成本。企业销售委托加工存货时，不再缴纳消费税。

(2) 委托方将委托加工的应税消费品收回后用于连续生产应税消费品的，其支付的由受托方代收代缴的消费税可以抵扣。

【例3-9】2020年12月1日，集思公司与G公司签订合同，委托G公司加工一批应税消费品Y，当日将丙材料90 000元(实际成本)运送至G公司，并以银行存款支付运杂费2 000元。2020年12月18日，集思公司以银行存款支付加工费16 000元和增值税2 080元。2020年12月24日，以银行存款支付G公司代收代缴的消费税12 000元。2020年12月28日，G公司将委托加工存货送到集思公司。集思公司适用的增值税税率为13%，应税消费品Y适用的消费税税率为10%。

(1) 委托加工的产品Y作为原材料收回后继续加工应税消费品。

① 2020年12月1日：

借：委托加工物资——G公司　　　　　　　　　　　　　　　　　　　92 000
　　贷：原材料——丙材料　　　　　　　　　　　　　　　　　　　　　90 000
　　　　银行存款　　　　　　　　　　　　　　　　　　　　　　　　　 2 000

② 2020年12月18日：

借：委托加工物资——G公司　　　　　　　　　　　　　　　　　　　16 000
　　应交税费——应交增值税(进项税额)　　　　　　　　　　　　　　 2 080
　　贷：银行存款　　　　　　　　　　　　　　　　　　　　　　　　　18 080

③ 2020年12月24日：

消费税组成计税价格＝(拨付材料的成本＋支付的加工费＋其他相关税费)÷(1－适用

消费税税率)＝(90 000＋2 000＋16 000)÷(1－10%)＝120 000(元)

应交消费税＝120 000×10%＝12 000(元)

借：应交税费——应交消费税　　　　　　　　　　　　　　　12 000
　　贷：银行存款　　　　　　　　　　　　　　　　　　　　　　12 000

④ 2020 年 12 月 28 日：

Y 材料加工成本＝90 000＋2 000＋16 000＝108 000(元)

借：原材料——丙材料　　　　　　　　　　　　　　　　　　108 000
　　贷：委托加工物资——G 公司　　　　　　　　　　　　　　108 000

(2) 委托加工的产品 Y 作为库存商品直接对外出售。

① 2020 年 12 月 1 日的会计处理同上。

② 2020 年 12 月 18 日的会计处理同上。

③ 2020 年 12 月 24 日：

借：委托加工物资——G 公司　　　　　　　　　　　　　　　12 000
　　贷：银行存款　　　　　　　　　　　　　　　　　　　　　　12 000

④ 2020 年 12 月 28 日：

Y 商品加工成本＝90 000＋2 000＋16 000＋12 000＝120 000(元)

借：库存商品——Y 产品　　　　　　　　　　　　　　　　　120 000
　　贷：委托加工物资——G 公司　　　　　　　　　　　　　　120 000

三、其他方式取得的存货

企业取得存货的其他方式主要包括投资者投入的存货，接受捐赠取得的存货，通过非货币性资产交换、债务重组、企业合并等方式取得的存货，以及盘盈的存货等。

(一) 投资者投入的存货

投资者投入存货的成本，应当按照投资合同或协议约定的价值确定，但合同或协议约定价值不公允的除外。在投资合同或协议约定价值不公允的情况下，按照该项存货的公允价值作为其入账价值。

【例 3-10】2020 年 12 月 15 日，集思公司收到成贤公司作为资本投入的一批戊材料，该批材料的公允价值为 2 000 000 元。集思公司取得的增值税专用发票上注明的不含税价款为 2 000 000 元，增值税税额为 320 000 元。成贤公司因该项投资在集思公司注册资本中占有 2 000 000 元的份额。

借：原材料——戊材料　　　　　　　　　　　　　　　　　2 000 000
　　应交税费——应交增值税(进项税额)　　　　　　　　　　260 000
　　贷：实收资本——成贤公司　　　　　　　　　　　　　　2 000 000
　　　　资本公积——资本溢价　　　　　　　　　　　　　　　260 000

(二) 接受捐赠取得的存货

企业接受捐赠取得的存货，应根据以下情况分别确定入账成本。

(1) 捐赠方提供了有关凭证(如发票、报关单、有关协议)的，按凭证上标明的金额加上支付的相关税费作为入账成本。

(2) 捐赠方没有提供有关凭证的,按以下顺序确定入账成本。

① 同类或类似存货存在活跃市场的,按同类或类似存货的市场价格估计的金额,加上应支付的相关税费,作为入账成本。

② 同类或类似存货不存在活跃市场的,按该捐赠存货预计未来现金流量的现值,作为入账成本。

【例 3-11】2020 年 12 月 11 日,集思公司接受捐赠丁材料一批,捐赠方提供的发票上注明的价值为 280 000 元,集思公司支付运杂费 2 000 元。

  借:原材料——丁材料   282 000
    贷:银行存款   2 000
      营业外收入   200 000

(三) 通过非货币性资产交换、债务重组、企业合并等方式取得的存货

企业通过非货币性资产交换、债务重组、企业合并等方式取得的存货,其成本应当分别按照《企业会计准则第 7 号——非货币性资产交换》《企业会计准则第 12 号——债务重组》和《企业会计准则第 20 号——企业合并》等的规定确定。但是,其后续计量和披露应当执行《企业会计准则第 1 号——存货》(以下简称存货准则)的规定。

(四) 盘盈的存货

盘盈的存货应按其重置成本作为入账价值,并通过"待处理财产损溢"科目进行会计处理,按管理权限报经批准后,冲减当期管理费用。

第三节 存货发出的计量

一、发出存货成本的确定方法

企业应当根据各类存货的实物流转方式、企业管理的要求、存货的性质等实际情况,合理地选择发出存货成本的计算方法,以合理确定当期发出存货的实际成本。

对于性质和用途相似的存货,应当采用相同的成本计算方法确定发出存货的成本。企业在确定发出存货的成本时,可以采用先进先出法、月末一次加权平均法、移动加权平均法和个别计价法等方法。企业不得采用后进先出法确定发出存货的成本。

(一) 先进先出法

先进先出法是以先购入的存货应先发出(销售或耗用)这样一种存货实物流转假设为前提,对发出存货进行计价。采用这种方法,先购入的存货成本在后购入存货成本之前转出,据此确定发出存货和期末存货的成本。

【例 3-12】2020 年 6 月,集思公司甲材料的期初结存和本期购销情况如下。

(1) 6 月 1 日,期初结存 100 件,单价 80 元,计 8 000 元。

(2) 6月15日，购进150件，单价82元，计12 300元。

(3) 6月20日，发出120件。

(4) 6月28日，购进200件，单价88元，计17 600元。

(5) 6月30日，发出150件。

采用先进先出法计算甲材料的本月发出和月末结存成本如下。

6月20日发出甲材料成本＝100×80＋20×82＝9 640(元)

6月30日发出甲材料成本＝130×82＋20×88＝12 420(元)

期末甲材料的结存成本＝180×88＝15 840(元)

原材料明细分类账如表3-1所示。

表3-1 原材料明细分类账(先进先出法)

原材料名称：甲材料

2018年		摘要	收入			发出			结存		
月	日		数量/件	单价/元	金额/元	数量/件	单价/元	金额/元	数量/件	单价/元	金额/元
6	1	期初结存							100	80	8 000
	15	购进	150	82	12 300				100	80	8 000
									150	82	12 300
	20	发出				100	80	8 000	130	82	10 660
						20	82	1 640			
	28	购进	250	88	22 000				130	82	10 660
									250	88	22 000
	30	发出				130	82	10 660	230	88	20 240
						20	88	1 760			
	30	本期发生额及余额	400		34 300	270		22 060	230	88	20 240

采用先进先出法进行存货计价，可以随时确定发出存货的成本，从而保证产品成本和销售成本计算的及时性，并且期末存货成本是按最近购货成本确定的，比较接近现行的市场价值。但采用该方法计价，有时对同一批发出的存货要采用两种或两种以上的单位成本计价，核算工作量繁重，明细账记录较为复杂，对存货进出频繁的企业尤为明显。从该方法对财务报告的影响来看，在物价上涨期间，会高估当期利润和存货价值；反之，会低估当期利润和存货价值。

(二) 月末一次加权平均法

月末一次加权平均法是指以当月全部进货数量加上月初存货数量作为权数，除以当月全部进货成本加上月初存货成本，计算出存货的加权平均单位成本，以此为基础计算当月发出存货的成本和期末存货的成本。

$$存货单位成本 = \frac{月初库存存货的实际成本 + \sum 本月某批进货的实际单位成本 \times 本月某批进货的数量}{月初库存存货数量 + 本月各批进货数量之和}$$

本月发出存货的成本＝本月发出存货的数量×存货单位成本

本月月末库存存货成本＝月末库存存货的数量×存货单位成本

【例3-13】承例3-12，计算甲材料的加权平均单位成本：

$$单位成本=\frac{8\,000+12\,300+22\,000}{100+150+250}=84.6(元/件)$$

再根据单位成本计算期末结存甲材料成本和本期发出甲材料成本：

期末结存甲材料成本＝(100＋150＋250－120－150)×84.6＝19 458(元)

本期发出甲材料成本＝8 000＋12 300＋22 000－19 458＝22 842(元)

原材料明细分类账如表3-2所示。

表3-2 原材料明细分类账(月末一次加权平均法)

原材料名称：甲材料

2018年		摘要	收入			发出			结存		
月	日		数量/件	单价/元	金额/元	数量/件	单价/元	金额/元	数量/件	单价/元	金额/元
6	1	期初结存							100	80	8 000
	15	购进	150	82	12 300				250		
	20	发出				120			130		
	28	购进	250	88	22 000				380		
	30	发出				150			230		
	30	本期发生额及余额	400		34 300	270	84.6	22 842	230	84.6	19 458

采用月末一次加权平均法，由于发出存货的单位成本要到月末才能计算出来，因此存货的发出只记数量，不记金额，月末结账时一次登记存货的发出成本和结存金额。这一方法在核算上比较简便，工作量小，适用于存货收发比较频繁的企业，但这种方法平时不能及时提供存货的发出成本和结存金额，不利于加强成本控制和对存货的管理。

(三) 移动加权平均法

移动加权平均法是指以每次进货的成本加上原有库存存货的成本，除以每次进货数量与原有库存存货的数量之和，据以计算加权平均单位成本，作为在下次进货前计算各次发出存货成本的依据。计算公式如下：

$$存货单位成本=\frac{原有库存存货的实际成本+本次进货的实际成本}{原有库存存货数量+本次进货数量}$$

本次发出存货的成本＝本次发出存货数量×本次发货前的存货单位成本

本月月末库存存货成本＝月初库存存货的实际成本＋本月收入存货的实际成本－
本月发出存货的成本

【例3-14】承例3-12，采用移动加权平均法计算甲材料的成本计算过程如下。

6月15日购入后，甲材料的移动加权平均单位成本＝$\frac{8\,000+12\,300}{100+150}$＝81.20(元/件)

6月20日结存甲材料成本＝130×81.2＝10 556(元)

6月20日发出甲材料成本=120×81.2=9 744(元)

6月28日购入后，甲材料的移动加权平均单位成本=$\frac{10\ 556+22\ 000}{130+250}$≈85.67(元/件)

6月30日结存甲材料成本=230×85.67=19 740.1(元)

6月30日发出甲材料成本=10 556+22 000-19 740.1=12 851.9(元)

原材料明细分类账如表3-3所示。

表3-3 原材料明细分类账(移动加权平均法)

原材料名称：甲材料

2018年		摘要	收入			发出			结存		
月	日		数量/件	单价/元	金额/元	数量/件	单价/元	金额/元	数量/件	单价/元	金额/元
6	1	期初结存							100	80	8 000
	15	购进	150	82	12 300				250	81.2	20 300
	20	发出				120	81.2	9 744	130	81.2	10 556
	28	购进	250	88	22 000				380	85.67	32 556
	30	发出				150	85.67	12 851.9	230	85.67	19 740.1
	30	本期发生额及余额	400		34 300	270		22 595.9	230	85.67	19 740.1

移动加权平均法能及时提供发出存货的成本和存货的结余情况，有利于成本控制和存货的管理，但由于每次存货入库后几乎都要重新计算一次平均单价，会计核算工作量较大，不适合存货收发比较频繁的企业使用。

(四) 个别计价法

个别计价法也称个别认定法、具体辨认法、分批实际法，其特征是注重所发出存货具体项目的实物流转与成本流转之间的联系，逐一辨认各批发出存货和期末存货所属的购进批别或生产批别，分别按其购入或生产时所确定的单位成本计算各批发出存货和期末存货的成本，即把每一种存货的实际成本作为计算发出存货成本和期末存货成本的基础。

【例3-15】承例3-12，经具体辨认，6月20日发出的120件甲材料中，有80件属于期初结存的甲材料，有40件属于6月15日购进的甲材料；6月30日发出的150件甲材料中，有20件属于期初结存的甲材料，有30件属于6月15日购进的甲材料，有100件属于6月28日购进的甲材料。该公司采用个别计价法计算的甲材料当月发出和月末结存成本如下。

6月20日发出甲材料成本=80×80+40×82=9 680(元)

6月30日发出甲材料成本=20×80+30×82+100×88=12 860(元)

月末结存甲材料成本=80×82+150×88=19 760(元)

对于不能替代使用的存货、为特定项目专门购入或制造的存货，以及提供的劳务，通常采用个别计价法确定发出存货的成本。在实际工作中，越来越多的企业采用计算机信息系统进行会计处理，个别计价法可以广泛应用于发出存货的计价，并且该方法确定的存货成本最为准确。

二、发出存货的会计处理

存货是为了满足企业生产经营的各种需要而储备的,其经济用途各异,消耗方式也各不相同。因此,企业应当根据各类存货的用途及特点,选择适当的会计处理方法,对发出的存货进行会计处理。

(一) 原材料按实际成本计价的会计处理

"原材料"科目按照实际成本记录的情况下,发出原材料的实际成本应按一定的存货计价方法计算确定。在会计核算上,原材料发出时,应按其具体用途反映原材料的实际耗用情况。

▶ 1. 生产经营领用原材料

原材料在生产经营过程中领用后,其原有实物形态会发生改变乃至消失,其成本也随之形成产品成本或直接转化为费用。根据原材料的消耗特点,企业按照发出原材料的用途,将其成本直接计入产品成本或当期费用。企业应根据材料的用途和计算确定的实际成本,做如下的会计分录:

借:生产成本　　　　　　　　　　　　　产品生产耗用的材料成本
　　制造费用　　　　　　　　　　　　　生产车间一般消耗用的材料成本
　　委托加工物资　　　　　　　　　　　发出加工用的材料成本
　　销售费用　　　　　　　　　　　　　销售商品耗用的材料成本
　　管理费用　　　　　　　　　　　　　管理部门耗用的材料成本
　贷:原材料

【例3-16】6月,集思公司的发料凭证汇总表中列明生产车间生产产品领用材料40 000千克,车间管理部门一般耗用材料600千克,行政管理部门领用材料2 000千克,加权平均单位成本为20元/千克。

借:生产成本　　　　　　　　　　　　　　　　　　　　　　　800 000
　　制造费用　　　　　　　　　　　　　　　　　　　　　　　 12 000
　　管理费用　　　　　　　　　　　　　　　　　　　　　　　 40 000
　贷:原材料　　　　　　　　　　　　　　　　　　　　　　　852 000

▶ 2. 出售的原材料

企业对外销售原材料,取得的销售收入作为其他业务收入,相应的原材料成本计入其他业务成本。

【例3-17】集思公司出售材料一批,获得货款50 000元,增值税税额为6 500元。该批材料账面成本为45 000元。

借:银行存款　　　　　　　　　　　　　　　　　　　　　　　56 500
　贷:其他业务收入　　　　　　　　　　　　　　　　　　　　50 000
　　　应交税费——应交增值税(销项税额)　　　　　　　　　　6 500
借:其他业务成本　　　　　　　　　　　　　　　　　　　　　45 000

贷：原材料　　　　　　　　　　　　　　　　　　　　　　　　　　　　　45 000

▶ 3. 在建工程领用的原材料

　　在建工程领用的原材料，相应的增值税进项税额准予抵扣的，应按其领用原材料的账面价值计入有关工程项目成本。如果相应的增值税进项税额按规定不予抵扣的，应按其领用原材料的账面价值和相应的增值税进项税额计入有关工程项目成本。

　　【例 3-18】集思公司将购入的原材料用于建造厂房，该批原材料的购入成本为 50 000 元，增值税税额为 6 500 元。

　　借：在建工程——厂房　　　　　　　　　　　　　　　　　　　　　　　50 000
　　　贷：原材料　　　　　　　　　　　　　　　　　　　　　　　　　　　50 000

（二）原材料按计划成本计价的会计处理

　　存货采用实际成本进行日常核算，要求存货的收入和发出凭证、明细分类账、总分类账全部按实际成本计价，这对于存货品种、规格、数量繁多，收发频繁的企业来说，工作量大，核算成本较高，也会影响会计信息的及时性。

　　为了简化存货的核算，企业可以采用计划成本法对存货的收入、发出及结存进行日常核算。

▶ 1. 计划成本法的概念和特点

　　计划成本法是指存货的日常收入、发出和结存均按照预先制定的计划成本计价，并设置"材料成本差异"科目登记实际成本与计划成本之间的差异，月末，再通过对存货成本差异的分摊，将发出存货的计划成本和结存存货的计划成本调整为实际成本进行反映的一种核算方法。

　　按计划成本计价进行原材料收发核算，即从原材料收发凭证的计价到原材料的明细账、二级账、总账的核算全部按计划成本进行。这种核算方法的主要特点如下。

　　（1）材料采购采用实际成本计价，材料入库、发出采用计划成本计价，材料实际成本与计划成本的差异通过"材料成本差异"科目单独核算。

　　（2）材料明细账可以只记录收入、发出和结存的数量，不记录材料金额。需要材料金额时，将材料数量乘以计划成本，随时求得材料收、发、存的金额，并通过"材料成本差异"科目计算、调整发出材料和结存材料的实际成本。该方法的材料核算比按实际成本计价简便易行，特别是材料明细核算相当简单。

　　（3）材料发出采用计划成本结转也很简便，避免采用先进先出、加权平均等复杂的计算方法来确定发出材料的成本。

　　（4）有了合理的材料计划成本之后，将实际成本与计划成本对比，可对材料采购部门进行考核，促使其降低材料采购成本。

　　因此，材料核算的计划成本法是我国制造企业中广泛采用的一种存货计价方法。

▶ 2. 计划成本法的账户设置

　　"材料采购"账户核算企业收入材料的实际成本以及实际成本与计划成本的差额，属于资产类账户。该账户的借方登记采购材料的实际成本以及月末结转的实际成本小于计划成本的节约差额;贷方登记验收入库材料的计划成本以及月末结转的实际成本大于计划成本的超支差额。月末结转后,借方余额表示已经付款但尚未验收入库的在途材料的实际成本。本账户应按照材料品种和类别设置明细账户。

"原材料"科目的结构、用途与材料按实际成本计价情况下设置的"原材料"科目相同,不同的是该科目的借方、贷方和余额均按计划成本记账。原材料按计划成本进行核算时,材料的收入、发出和结存均按材料的计划成本计价。

"材料成本差异"科目核算企业各种材料的实际成本与计划成本的差异。该科目借方登记从"材料采购"贷方转入的购入材料成本的超支差异及发出材料应负担的节约差异;贷方登记从"材料采购"借方转入的购入材料成本的节约差异,以及发出材料应负担的超支差异。期末,如为借方余额,反映企业库存材料(包括原材料、包装物、低值易耗品)的超支差异;如为贷方余额,反映企业库存材料(包括原材料、包装物、低值易耗品)的节约差异。

▶ 3. 计划成本法购进材料的会计处理

【例3-19】甲公司的存货采用计划成本法核算。某年5月,发生下列材料采购业务。

(1) 5月2日,甲公司从A公司购入一批原材料,增值税专用发票上注明的材料价款为10 000元,增值税税额为1 300元。货款已通过银行转账支付,材料已验收入库。该批原材料的计划成本为10 500元。

借:材料采购 10 000
　　应交税费——应交增值税(进项税额) 1 300
　　贷:银行存款 11 300
借:原材料 10 500
　　贷:材料采购 10 500
借:材料采购 5 00
　　贷:材料成本差异 5 00

(2) 5月8日,甲公司向B公司购入一批原材料,增值税专用发票注明的材料价款为50 000元,增值税税额为6 500元,B公司代垫运杂费300元(其中,运输费用200元,其他杂费100元,未取得增值税专用发票),价税费款已通过银行转账支付。材料尚在运输途中。

借:材料采购 50 300
　　应交税费——应交增值税(进项税额) 6 500
　　贷:银行存款 56 800

(3) 5月12日,甲公司购入一批原材料,材料已验收入库,但发票等结算凭证尚未收到,货款尚未支付。暂不做会计处理。

(4) 5月16日,收到5月8日购进的原材料并验收入库,该批原材料的计划成本为50 000元。

借:原材料 50 000
　　贷:材料采购 50 000
借:材料成本差异 300

贷：材料采购　　　　　　　　　　　　　　　　　　　　　　　　　　　　300

(5) 5月25日，甲公司购入一批原材料，增值税专用发票注明的材料价款为80 000元，增值税税额为10 400元，开出一张商业汇票抵付。材料尚在运输途中。

　　　借：材料采购　　　　　　　　　　　　　　　　　　　　　　　　　　80 000
　　　　　应交税费——应交增值税（进项税额）　　　　　　　　　　　　　10 400
　　　贷：应付票据　　　　　　　　　　　　　　　　　　　　　　　　　　90 400

(6) 5月31日，5月12日购入原材料的结算凭证仍未到达，企业按照该批材料的计划成本60 000元估价入账。

　　　借：原材料　　　　　　　　　　　　　　　　　　　　　　　　　　　60 000
　　　贷：应付账款——暂估应付账款　　　　　　　　　　　　　　　　　　60 000

(7) 6月1日，用相反分录将上述分录予以冲回。

　　　借：应付账款——暂估应付账款　　　　　　　　　　　　　　　　　　60 000
　　　贷：原材料　　　　　　　　　　　　　　　　　　　　　　　　　　　60 000

(8) 6月8日，收到5月25日购进的原材料并验收入库。该批原材料的计划成本为81 000元。

　　　借：原材料　　　　　　　　　　　　　　　　　　　　　　　　　　　81 000
　　　贷：材料采购　　　　　　　　　　　　　　　　　　　　　　　　　　81 000
　　　借：材料采购　　　　　　　　　　　　　　　　　　　　　　　　　　 1 000
　　　贷：材料成本差异　　　　　　　　　　　　　　　　　　　　　　　　　1 000

在会计实务中，为了简化收入存货和结转存货成本差异的核算手续，企业平时收到存货时，也可以先不记录存货的增加，也不结转形成的存货成本差异。月末，再将本月已付款或已开出商业承兑汇票并已验收入库的存货，按实际成本和计划成本分别进行汇总，一次登记本月存货的增加，并计算和结转本月存货成本的差异。

▶ 4. 计划成本法发出存货和分摊材料成本差异的会计处理

采用计划成本法对存货进行日常核算，发出存货时先按计划成本计价。月末，再将月初结存存货的成本差异和本月取得存货形成的成本差异，在本月发出存货和期末结存存货之间进行分摊，将本月发出存货和期末结存存货的计划成本调整为实际成本。

计划成本、成本差异与实际成本之间的关系如下：

$$实际成本＝计划成本＋超支差异$$

或

$$实际成本＝计划成本－节约差异$$

为了方便存货成本差异的分摊，企业应当计算材料成本差异率，作为分摊存货成本差异的依据。材料成本差异率包括本期材料差异率和期初材料成本差异率两种，其计算公式如下：

$$本月材料成本差异率=\frac{月初结存材料成本的差异＋本月收入材料成本的差异}{月初结存材料的计划成本＋本月收入材料的计划成本}\times100\%$$

$$月初材料成本差异率=\frac{月初结存材料成本的差异}{月初结存材料的计划成本}\times100\%$$

企业应分别对原材料、包装物、低值易耗品等，按照类别或品种对存货成本差异进行明细核算，并计算出相应的材料成本差异率，不能使用一个综合差异率。在计算发出存货应负担的成本差异时，除委托外部加工发出存货可按期初成本差异率计算外，一般应使用当期的实际差异率计算。如果期初的成本差异率与本期成本差异率相差不大，也可按上期的成本差异率计算。该计算方法一经确定，不得随意变更。如果确需变更，应在会计报表附注中予以说明。

本月发出存货应负担的成本差异及实际成本和月末结存存货应负担的成本差异及实际成本，可按以下公式计算：

本月发出存货应负担的差异＝发出存货的计划成本×材料成本差异

本月发出存货的实际成本＝发出存货的计划成本＋发出存货应负担的差异

月末结存存货应负担的成本差异＝结存存货的计划成本×材料成本差异率

月末结存存货的实际成本＝结存存货的计划成本＋结存存货应负担的差异

发出存货应负担的成本差异必须按月分摊，不得在季末分摊或年末一次分摊。

【例3-20】5月1日，甲公司结存原材料的计划成本为39 500元，"材料成本差异——原材料"科目的贷方余额为300元。5月份的材料采购业务见例3-19。经汇总，5月份已经付款或已开出、承兑商业汇票并已验收入库的原材料计划成本为60 500元，实际成本为60 300元，材料成本差异为节约200元。5月份领用原材料的计划成本为73 000元，其中，生产领用40 000元，车间一般耗用10 000元，管理部门领用8 000元，对外销售15 000元。

(1) 按计划成本发出原材料：

借：生产成本 40 000
　　制造费用 10 000
　　管理费用 8 000
　　其他业务成本 15 000
　　贷：原材料 73 000

(2) 计算本月材料成本差异率：

本月材料成本差异率＝$\dfrac{-300-200}{39\,500+60\,500}\times 100\%=-0.5\%$

计算本月材料成本差异率时，本月收入存货的计划成本金额不包括已验收入库但发票等结算凭证月末时尚未到达，企业按计划成本估价入账的原材料金额。

(3) 分摊材料成本差异：

生产成本＝40 000×(－0.5%)＝－200(元)
制造费用＝10 000×(－0.5%)＝－50(元)
管理费用＝8 000×(－0.5%)＝－40(元)
其他业务成本＝15 000×(－0.5%)＝－75(元)

借：材料成本差异——原材料 365
　　贷：生产成本 200

　　　　制造费用　　　　　　　　　　　　　　　　　　　　　　　　　50
　　　　管理费用　　　　　　　　　　　　　　　　　　　　　　　　　40
　　　　其他业务成本　　　　　　　　　　　　　　　　　　　　　　　75

（4）月末，计算结存原材料实际成本，据以编制资产负债表。

"原材料"科目期末余额＝（39 500＋60 500＋60 000）－73 000＝87 000（元）

"材料成本差异——原材料"科目期末余额＝（－300－200）＋365＝－135（元）

结存原材料实际成本＝87 000－135＝86 865（元）

月末编制资产负债表时，存货项目中的原材料存货应按结存原材料的实际成本85 650元列示。

（三）发出商品的会计处理

库存商品通常用于对外销售，但也有可能用于在建工程、对外投资、债务重组、非货币性交易等。企业用于不同用途的库存商品，会计处理也会有所不同。

▶ 1. 对外销售库存商品

企业对外销售库存商品取得销售收入作为主营业务收入，相应的库存商品成本作为主营业务成本。

【例3-21】12月18日，集思公司销售一批X产品，价款为300 000元，实际成本为240 000元，增值税税率为13％，款项已全部存入银行。

　　借：银行存款　　　　　　　　　　　　　　　　　　　　　　339 000
　　　　贷：主营业务收入　　　　　　　　　　　　　　　　　　　300 000
　　　　　　应交税费——应交增值税（销项税额）　　　　　　　　 39 000
　　借：主营业务成本　　　　　　　　　　　　　　　　　　　　240 000
　　　　贷：库存商品　　　　　　　　　　　　　　　　　　　　　240 000

▶ 2. 在建工程领用库存商品

在建工程领用的库存商品，相应的增值税进项税额准予抵扣的，应按其领用库存商品的账面价值计入有关工程项目成本。如果相应的增值税进项税额按规定不予抵扣的，应按其领用库存商品的账面价值和相应的增值税进项税额计入有关工程项目成本。

【例3-22】集思公司将自产的S产品用于建造厂房，该批产品的成本为80 000元，计税价格为100 000元，适用增值税税率为13％。

　　借：在建工程——厂房　　　　　　　　　　　　　　　　　　 80 000
　　　　贷：库存商品　　　　　　　　　　　　　　　　　　　　　 80 000

▶ 3. 以库存商品进行非货币性交易、债务重组等

以库存商品进行非货币性交易、债务重组等时，其核算应分别按照相关准则的规定进行。

（四）发出包装物的会计处理

包装物指在生产流通过程中，为包装本企业的产品或商品，并随同它们一起出售、出借或出租给购货方的各种包装容器，如桶、箱、瓶、坛、筐、罐、袋等，包括：①生产过

程中用于包装产品作为产品组成部分的包装物；②随同商品出售而不单独计价的包装物；③随同商品出售而单独计价的包装物；④出租或出借给购买单位使用的包装物。

包装物还可按其储存保管地点，分为库存包装物和使用中包装物两大类。

为了反映和监督包装物的增减变动及其价值损耗、结存等情况，企业应设置"周转材料——包装物"科目，在采用五五摊销法计算出租出借包装物摊销价值的情况下，本科目应设置"库存未用包装物""库存已用包装物""出租包装物""出借包装物""包装物摊销"五个明细科目，本科目的期末余额为期末库存未用包装物的实际成本或计划成本和出租、出借以及库存已用包装物的摊余价值。

企业购入、自制、委托外单位加工完成验收入库的包装物的核算，与原材料收入的核算相同，可以比照原材料的核算方法进行核算。

企业发出包装物的核算，应按发出包装物的不同用途分别进行处理。

▶ 1. 生产领用的包装物

企业生产部门领用的用于包装产品的包装物，构成了产品的组成部分，因此应将包装物的成本计入产品生产成本，借记"生产成本"科目，贷记"周转材料——包装物"科目。按计划成本核算的，月末还应结转领用包装物应负担的成本差异。

▶ 2. 随同商品出售的包装物

随同商品出售但不单独计价的包装物，应于包装物发出时，按其实际成本作为包装费用，计入销售费用中，借记"销售费用"科目，贷记"周转材料——包装物"科目。

▶ 3. 随同商品出售但单独计价的包装物

随同商品出售时要单独计价的包装物，应单独反映其销售收入与销售成本。因此，应于销售发出时，视同材料销售处理，借记"其他业务成本"科目，贷记"周转材料——包装物"科目。

▶ 4. 出租、出借包装物

对于出租的包装物，首先，应在包装物出租时，将出租包装物成本从"库存未用包装物"明细科目转入"出租包装物"明细科目，并将所收取的押金计入"其他应付款"科目，将所收取的租金计入"其他业务收入"科目；其次，所摊销的包装物成本应计入"其他业务成本"科目；最后，当出租包装物收回时，应将其成本从"出租包装物"明细科目转入"库存已用包装物"明细科目，向租入方退回押金时，应减少其他应付款和银行存款。

出借包装物的核算方法与出租包装物的核算方法基本相同，其区别是出借包装物不存在押金收入，因此，包装物成本的摊销应作为销售费用处理。

（五）发出低值易耗品的会计处理

低值易耗品是指不作为固定资产核算的各种用具和物品，如工具、管理用具、玻璃器皿，以及在经营过程中周转使用的包装容器等。它与固定资产一样，也属于劳动资料，但由于价值较低或使用期限较短、容易破损等原因，在核算和管理上通常作为存货对待，一般划分为一般工具、专用工具、替换设备、管理用具、劳动保护用品、其他用具等。

为了反映和监督低值易耗品的增减变动及其结存情况，应设置"周转材料——低值易耗品"科目。

企业应根据低值易耗品的消耗方式、价值大小、耐用程度等，选择适当的摊销方法，将其账面价值一次或分期计入有关成本费用。常用的周转材料摊销有一次转销法、分次摊销法等。

▶ 1. 一次转销法

一次转销法是指在领用低值易耗品时，将其账面价值一次计入有关成本费用的一种方法。

采用这种方法领用低值易耗品时，企业应按其耗用部门及领用的周转材料的账面价值，做如下会计分录：

借：生产成本　　　　　　　　　　产品生产领用低值易耗品的成本
　　其他业务成本　　　　　　　　出租低值易耗品的成本
　　销售费用　　　　　　　　　　出借低值易耗品的成本
　　管理费用　　　　　　　　　　管理部门领用低值易耗品的成本
　　制造费用等　　　　　　　　　生产车间领用低值易耗品的成本
　　贷：周转材料——低值易耗品

低值易耗品报废时，应按其残料价值冲减有关资产成本或当期损益。

一次转销法通常适用于价值较低或极易损坏的管理用具、小型工具和卡具、在单件小批生产方式下为制造某批订货所用的专用工具等低值易耗品，以及生产领用的包装物和随同商品出售的包装物。数量不多、金额较小且业务不频繁的出租或出借包装物，也可以采用一次转销法，但应加强实物管理，并在备查簿上进行登记。

▶ 2. 分次摊销法

分次摊销法是指根据周转材料可供使用的估计次数，将其成本分期计入有关成本费的一种摊销方法。各期周转材料摊销额的计算公式如下：

$$某期周转材料摊销额 = \frac{周转材料账面价值}{预计可使用次数} \times 该期实际使用次数$$

分次摊销法的核算原理与五五摊销法相同，只是周转材料的价值是分期计算摊销的，而不是在领用和报废时各摊销一半。具体账务处理如下。

(1) 领用周转材料时，按其账面价值，做如下会计分录：

借：周转材料——在用
　　贷：周转材料——在库

分期摊销其账面价值时，按计算的本期摊销额做如下会计分录：

借：管理费用
　　制造费用
　　管理费用
　　其他业务成本
　　贷：周转材料——摊销

(2) 周转材料报废时，应将其账面摊余价值一次摊销，应做如下会计分录：

借：管理费用
　　制造费用
　　管理费用
　　其他业务成本
　　　贷：周转材料——摊销
同时，转销周转材料全部已提摊销额。
借：周转材料——摊销　　　　　　　　　　　　　　　　（报废周转材料的成本）
　　　贷：周转材料——在用
报废周转材料的残料价值冲减有关资产成本或当期损益。

第四节　存货清查

一、存货数量的盘存

企业的存货品种规格多、数量大、收发频繁，在存货的收发和保管过程中，由于计量误差、管理不善、核算差错、检验疏忽、自然损耗等原因，常会发生账务不符的现象。为保证存货的安全完整，对存货进行定期或不定期的清查是保证账实相符的必要手段。

企业存货清查通常可以采用实际盘点和技术推算的方法。实际盘点是通过盘点确定各种存货的实际库存数，并与账面结存数相核对；技术推算是对那些大量的、成堆的、难以逐一清点的存货，采用量方、计尺等技术方法，对存货的实存数进行推算。企业存货平时可以进行不定期清查，年末编制年报前进行定期、全面清查。常用的盘存制度有实地盘存制和永续盘存制两种。

（一）实地盘存制

实地盘存制是指会计期末通过对存货进行实地盘点，确定期末存货的结存数量，并据以倒挤本期发出存货数量，然后用存货的结存单价计算期末存货的金额，最后计算本期耗用或销售存货成本的一种盘存制度。实地盘存制又称定期盘存制或"以存计销"（商品流通企业）、"以存计耗"（制造企业）。

采用实地盘存制，平时只登记存货的增加数，不登记减少数，期末根据清点所得的实存数，计算发出存货的成本。因此，平时的核算工作比较简便。但是，这种方法不能随时反映各种物资的收、付、存情况，不能随时结转成本，缺乏连续性资料，不利于对存货进行全面控制。而且，它将所有未列入期末结存数量中的存货皆视同发出存货，势必造成将损失、浪费、失窃、差误等短缺数隐含于发出数量之中，从而影响企业成本与收益计算的准确性。实地盘存制下，本期耗用或销货的计算公式如下：

本期耗用或销货＝期初存货＋本期收货－期末存货

实地盘存制只适用于单位价值较低、自然损耗大、数量不稳定、进出频繁的特定物资。

（二）永续盘存制

永续盘存制是指企业设置既记录数量又记录金额的存货明细账，根据相关凭证，逐日逐笔登记存货的收发、领退情况，随时结出账面结存数量和金额的一种盘存制度。

采用永续盘存制，可以及时掌握各种存货的动态，有利于存货的各项管理，对于大多数企业具有广泛的适用性。

实行永续盘存制，亦要求进行存货的实物盘点，盘点可以定期或不定期进行。企业通常在生产经营活动的间隙盘点部分或全部存货，年终应进行全面的盘点清查并编制盘点表，保证账实相符。

存货的清查、盘亏、毁损，通过"待处理财产损溢"账户核算。存货盘点结果如与账面记录不符，应于期末前查明原因，并根据企业的管理权限，经股东大会、董事会、经理（厂长）会议或类似机构批准后，在期末结账前处理完毕。

二、存货盘盈盘亏的会计处理

（一）存货盘盈

存货盘盈是指存货的实存数量超过账面结存数量的差额。存货发生盘盈，应按其重置成本作为入账价值，及时登记入账，在调整"原材料""周转材料""库存商品"等产品的账面价值的同时，将盘盈存货的价值先计入"待处理财产损溢——待处理流动资产损溢"账户。待查明原因，按管理权限报经批准处理后，冲减当期管理费用。

【例3-23】集思公司在存货清查中发现盘盈一批A材料，市场价格为5 000元。

发现盘盈时，应做如下会计分录：

借：原材料　　　　　　　　　　　　　　　　　　　　　　　　5 000
　　贷：待处理财产损溢——待处理流动资产损益　　　　　　　　　5 000

报经批准处理后，应做如下会计分录：

借：待处理财产损溢——待处理流动资产损益　　　　　　　　　　5 000
　　贷：管理费用　　　　　　　　　　　　　　　　　　　　　　5 000

（二）存货盘亏

存货盘亏是指存货的实存数量少于账面结存数量的差额。存货发生盘亏，应将其账面成本及时转销，将盘亏存货的价值先计入"待处理财产损溢——待处理流动资产损溢"账户，并调整"原材料""周转材料""库存商品"等账户的账面价值。盘亏存货涉及增值税的，还应进行相应处理。待查明原因，按管理权限报经批准处理后，根据造成盘亏的原因，根据以下情况分别进行会计处理。

（1）属于定额内自然损耗或收发计量差错造成的短缺，计入管理费用。

（2）属于管理不善等原因造成的短缺或毁损，将扣除过失人赔款及残料价值后的净损失，计入管理费用。

（3）属于自然灾害或意外事故等非常原因造成的毁损，将扣除可收回的保险公司和过失人赔款，以及残料价值后的净损失，计入营业外支出。

【例3-24】集思公司在存货清查中发现盘亏一批B材料,账面成本6 000元。

发生盘亏时,应做如下会计分录:

借:待处理财产损溢——待处理流动资产损益　　　　　　　　6 000
　　贷:原材料　　　　　　　　　　　　　　　　　　　　　　　　　　6 000

查明原因,报经批准处理后,应做如下会计分录:

借:管理费用　　　　　　　　　　　　　　　　　　　　　　　6 000
　　贷:待处理财产损溢——待处理流动资产损益　　　　　　　　　6 000

假定属于非常原因造成的毁损,收到保险公司赔款5 000元。

借:银行存款　　　　　　　　　　　　　　　　　　　　　　　5 000
　　营业外支出　　　　　　　　　　　　　　　　　　　　　　　1 780
　　贷:待处理财产损溢——待处理流动资产损益　　　　　　　　　6 000
　　　　应交税费——应交增值税(进项税额转出)　　　　　　　　　780

第五节　存货的期末计量

一、存货期末计量原则

存货的期末计量是指存货在期末资产负债表上应列示金额的确定。我国《企业会计准则》规定:"资产负债表日,存货应当按照成本与可变现净值孰低法进行计量。"

成本与可变现净值孰低法是指按照存货的成本与可变现净值之中较低者对期末存货进行计量的一种方法,当存货成本低于可变现净值时,存货按成本计量;当存货成本高于可变现净值时,存货按可变现净值计量,同时按照成本高于可变现净值的差额计提存货跌价准备,计入当期损益。

成本与可变现净值孰低法计量的理论基础主要是使存货符合资产的定义。当存货的可变现净值下跌至成本以下时,表明该存货会给企业带来的未来经济利益低于其账面成本,因此应将这部分损失从资产价值中扣除,计入当期损益。否则,存货的可变现净值低于成本时,如果仍然以其成本计量,就会出现虚计资产的现象。

二、存货的可变现净值

存货的可变现净值是指在日常活动中,存货的估计售价减去至完工时估计将要发生的成本、估计的销售费用以及相关税费后的金额。存货的可变现净值由存货的估计售价、至完工时将要发生的成本、估计的销售费用和估计的相关税费等内容构成。

(一)可变现净值的基本特征

▶1. 确定存货可变现净值的前提是企业在进行日常活动

如果企业不是在进行正常的生产经营活动,如企业处于清算过程,那么不能按照《企业会计准则第1号——存货》的规定确定存货的可变现净值。

▶2. 可变现净值为存货的预计未来净现金流量，而不是简单地等于存货的售价或合同价

企业预计的销售存货现金流量，并不完全等于存货的可变现净值。存货在销售过程中可能发生的销售费用和相关税费，以及为达到预定可销售状态还可能发生的加工成本等相关支出，构成现金流入的抵减项目。企业预计的销售存货现金流量，扣除这些抵减项目后，才能确定存货的可变现净值。

▶3. 不同存货可变现净值的构成不同

（1）在正常生产经营过程中，产成品、商品和用于出售的材料等直接用于出售的商品存货，应以该存货的估计售价减去估计的销售费用和相关税费后的金额，确定其可变现净值。

（2）在正常生产经营过程中，需要经过加工的材料存货，应以所生产的产成品的估计售价减去至完工时估计将要发生的成本、估计的销售费用和相关税费后的金额，确定其可变现净值。

（二）确定存货的可变现净值时应考虑的因素

企业在确定存货的可变现净值时，应以取得的确凿证据为基础，并且考虑持有存货的目的、资产负债表日后事项的影响等因素。

▶1. 确定存货的可变现净值应当以取得确凿证据为基础

确定存货的可变现净值必须建立在取得确凿证据的基础上。这里所讲的"确凿证据"是指对确定存货的可变现净值和成本有直接影响的客观证明。

（1）存货成本的确凿证据，是指存货的采购成本、加工成本和其他成本，以及以其他方式取得存货的成本，应当以取得外来原始凭证、生产成本账簿记录等作为确凿证据。

（2）存货可变现净值的确凿证据，是指对确定存货的可变现净值有直接影响的确凿证明，如产成品或商品的市场销售价格、与产成品或商品相同或类似的商品的市场销售价格、销货方提供的有关资料和生产成本资料等。

▶2. 确定存货的可变现净值应当考虑持有存货的目的

由于企业持有存货的目的不同，确定存货可变现净值的计算方法也不同。例如，用于出售的存货和用于继续加工的存货，其可变现净值的计算就不相同，因此，企业在确定存货的可变现净值时，应考虑持有存货的目的。企业持有存货的目的通常可以分为以下两种：

（1）持有以备出售的存货，如商品、产成品，其中又分为有合同约定的存货和没有合同约定的存货；

（2）将在生产过程或提供劳务过程中耗用的存货，如材料等。

▶3. 确定存货的可变现净值应当考虑资产负债表日后事项等的影响

资产负债表日后事项应当能够确定资产负债表日存货的存在状况。确定存货的可变现净值时，应当根据资产负债表日存货所处状况应估计的售价为基础，资产负债表日后事项期间发生的有关价格波动，如果有确凿证据表明是对资产负债表日的存货存在状况提供进

一步证明的,在计算可变现净值时应当考虑资产负债表日后事项的影响。

三、存货期末计量的具体方法

(一)存货估计售价的确定

对于企业持有的各类存货,在确定其可变现净值时,最关键的问题是确定估计售价。企业应当区别以下情况确定存货的估计售价。

(1)为执行销售合同或者劳务合同而持有的存货,通常应当以产成品或商品的合同价格作为其可变现净值的计算基础。如果企业与购买方签订了销售合同(或劳务合同,下同),并且销售合同订购的数量等于企业持有存货的数量,在这种情况下,在确定与该项销售合同直接相关存货的可变现净值时,应当以销售合同价格作为其可变现净值的计算基础。也就是说,如果企业就其产成品或商品签订了销售合同,则该批产成品或商品的可变现净值应当以合同价格作为计算基础;如果企业销售合同所规定的标的物还没有生产出来,但持有专门用于该标的物生产的原材料,其可变现净值也应当以合同价格作为计算基础。

【例3-25】2019年8月1日,甲公司与乙公司签订了一份不可撤销的销售合同,双方约定,2020年1月25日,甲公司应按每台5 000元的价格(假定本章中所称销售价格和成本均不含增值税)向乙公司提供A1型机器100台。

2019年12月31日,甲公司A1型机器的成本为470 000元,数量为100台,单位成本为4 700元。

2019年12月31日,A1型机器的市场销售价格为6 000元/台。假定不考虑相关税费和销售费用。

根据甲公司与乙公司签订的销售合同,该批A1型机器的销售价格已由销售合同约定,并且其库存数量等于销售合同约定的数量,因此,在这种情况下,计算A1型机器的可变现净值应以销售合同约定的价格500 000(5 000×100)元作为计算基础。

(2)如果企业持有存货的数量多于销售合同订购数量,超出部分的存货可变现净值应当以产成品或商品的一般销售价格(即市场销售价格)作为计算基础。

【例3-26】2019年11月1日,甲公司与丙公司签订了一份不可撤销的销售合同,双方约定,2020年3月31日,甲公司应按每台1 500元的价格向丙公司提供A2型机器120台。

2019年12月31日,甲公司幸存A2型机器的总成本为210 000元,数量为150台,单位成本为1 400元/台。

根据甲公司销售部门提供的资料表明,向丙公司销售的A2型机器的平均运杂费等销售费用为120元/台;向其他客户销售A2型机器的平均运杂费等销售费用为100元/台。

2019年12月31日,A2型机器的市场销售价格为1 600元/台。

在本例中,能够证明A2型机器的可变现净值的确凿证据是甲公司与丙公司签订的有关A2型机器的销售合同、市场销售价格资料、账簿记录和公司销售部门提供的有关销售费用的资料等。

根据该销售合同,库存的A2型机器中的120台的销售价格已由销售合同约定,其余

30 台并没有由销售合同约定。因此,在这种情况下,对于销售合同约定数量(120 台)的 A2 型机器的可变现净值应以销售合同约定的价格 1 500 元/台作为计算基础,而对于超出部分(30 台)的 A2 型机器的可变现净值应以市场销售价格 1 600 元/台作为计算基础。

合同约定的 120 台 A2 型机器的可变现净值 = 1 500×120 − 120×120 = 165 600(元)

没有合同约定的 30 台 A2 型机器的可变现净值 = 1 600×30 − 100×30 = 45 000(元)

应该注意的是,持有的同一项存货数量多于销售合同订购数量的,应分别确定其可变现净值,并与其相对应的成本比较,分别确定存货跌价准备的计提或转回的金额。

(3) 如果企业持有存货的数量少于销售合同的订购数量,实际持有与该销售合同相关的存货应以销售合同所规定的价格作为可变现净值的计算基础。如果该合同为亏损合同,还应同时按照《企业会计准则第 13 号——或有事项》的规定处理。

(4) 没有销售合同约定的存货(不包括用于出售的材料),其可变现净值应当以产成品或商品一般销售价格(即市场销售价格)作为计算基础。

【例 3-27】2019 年 12 月 31 日,甲公司 A3 型机器的账面成本为 60 000 元,数量为 10 台,单位成本为 6 000 元/台。

2019 年 12 月 31 日,A3 型机器的市场销售价格为 6 400 元/台。预计发生的相关税费和销售费用合计为 300 元/台。

甲公司没有签订有关 A3 型机器的销售合同。

由于甲公司没有就 A3 型机器签订销售合同,因此,在这种情况下,计算 A3 型机器的可变现净值应以一般销售价格总额 61 000[(6 400−300)×10]元作为计算基础。

(5) 用于出售的材料等,通常以市场价格作为其可变现净值的计算基础。这里的市场价格是指材料等的市场销售价格。如果用于出售的材料存在销售合同约定,应按合同价格作为其可变现净值的计算基础。

【例 3-28】2019 年 11 月 1 日,甲公司根据市场需求的变化,决定停止生产 A4 型机器。为减少不必要的损失,决定将库存原材料中专门用于生产 A4 型机器的外购原材料——M 材料全部出售。2019 年 12 月 31 日,M 材料的账面成本为 500 万元,数量为 10 吨。据市场调查,M 材料的市场销售价格为 30 万元/吨,同时可能发生的销售费用及相关税费共计 5 万元。

在本例中,由于企业已决定不再生产 A4 型机器,因此,该批 A 材料的可变现净值不能再以 A4 型机器的销售价格作为其计算基础,而应按其本身的市场销售价格作为计算基础,即该批 M 材料的可变现净值 = 30×10 − 5 = 295(万元)。

(二) 材料存货的期末计量

材料存货的期末价值应当以所生产的产成品的可变现净值与成本的比较为基础加以确定。

(1) 对于为生产而持有的材料等,如果用其生产的产成品的可变现净值预计高于成本,则该材料仍然应当按照成本计量。其中,"材料"指原材料、在产品、委托加工材料等,"可变现净值高于成本"中的成本是指产成品的生产成本。

【例 3-29】2019 年 12 月 31 日,甲公司库存原材料——N 材料的账面成本为 3 000 万元,市场销售价格总额为2 800万元,假定不发生其他销售费用。用N材料生产的产成品——A5型机器的可变现净值高于成本。

根据上述资料可知,2019年12月31日,N材料的账面成本高于其市场价格,但是由于用其生产的产成品——A5型机器的可变现净值高于成本,也就是用该原材料生产的最终产品此时并没有发生价值减损,因此,N材料即使其账面成本已高于市场价格,也不应计提存货跌价准备,仍应按3 000万元列示在2019年12月31日的资产负债表的存货项目之中。

(2) 如果材料价格的下降表明产成品的可变现净值低于成本,则该材料应当按可变现净值计量,按其差额计提存货跌价准备。

【例3-30】2019年12月31日,甲公司库存原材料——P材料的账面成本为600万元,单位成本为6万元,数量为100件,可用于生产100台A6型机器。P材料的市场销售价格为5万元/件。

P材料市场销售价格下跌,导致用P材料生产的A6型机器的市场销售价格也下跌,由此造成A6型机器的市场销售价格由15万元/台降为13.5万元/台,但生产成本仍为14万元/台。将每件P材料加工成A6型机器尚需投入8万元,估计发生运杂费等销售费用0.5万元/台。

根据上述资料,可按照以下步骤确定P材料的可变现净值。

(1) 计算用该原材料所生产的产成品的可变现净值。

A6型机器的可变现净值＝A6型机器估计售价－估计销售费用－估计相关税费
$$=13.5\times100-0.5\times100=1\ 300(万元)$$

(2) 将用该原材料所生产的产成品的可变现净值与其成本进行比较。

A6型机器的可变现净值1 300万元小于其成本1 400万元,即P材料价格的下降表明A6型机器的可变现净值低于成本,因此,P材料应当按可变现净值计量。

(3) 计算该原材料的可变现净值。

P材料的可变现净值＝A6型机器的售价总额－将P材料加工成A6型机器尚需投入的成本－估计销售费用－估计相关税费
$$=13.5\times100.8\times100-0.5\times100=500(万元)$$

P材料的可变现净值500万元小于其成本600万元,因此,P材料的期末价值应为其可变现净值500万元,即P材料应按500万元列示在2017年12月31日资产负债表的存货项目之中。

(三) 计提存货跌价准备的方法

(1) 企业通常应当按照单个存货项目计提存货跌价准备。

企业在计提存货跌价准备时,通常应当以单个存货项目为基础。在企业采用计算机信息系统进行会计处理的情况下,完全有可能做到按单个存货项目计提存货跌价准备。在这种方式下,企业应当将每个存货项目的成本与其可变现净值逐一进行比较,按较低者计量存货,并且按成本高于可变现净值的差额,计提存货跌价准备。这就要求企业应当根据管理要求和存货的特点,明确规定存货项目的确定标准。例如,将某一型号和规格的材料作为一个存货项目,将某一品牌和规格的商品作为一个存货项目,等等。

(2) 对于数量繁多、单价较低的存货,可以按照存货类别计提存货跌价准备。

如果某一类存货的数量繁多并且单价较低,企业可以按存货类别计量成本与可变现净值,即按存货类别的成本的总额与可变现净值的总额进行比较,每个存货类别均取较低者确定存货期末价值。

(3) 与在同一地区生产和销售的产品系列相关、具有相同或类似最终用途或目的,且难以与其他项目分开计量的存货,可以合并计提存货跌价准备。

存货具有相同或类似最终用途或目的,并在同一地区生产和销售,意味着存货所处的经济环境、法律环境、市场环境等相同,具有相同的风险和报酬。因此,在这种情况下,可以对该存货进行合并计提存货跌价准备。

(4) 存货存在下列情形之一的,通常表明存货的可变现净值低于成本:
① 该存货的市场价格持续下跌,并且在可预见的未来无回升的希望;
② 企业使用该项原材料生产的产品的成本大于产品的销售价格;
③ 企业因产品更新换代,原有库存原材料已不适应新产品的需要,而该原材料的市场价格又低于其账面成本;
④ 因企业所提供的商品因劳务过时或消费者偏好改变而使市场的需求发生变化,导致市场价格逐渐下跌;
⑤ 其他足以证明该项存货实质上已经发生减值的情形。

(5) 存货存在下列情形之一的,通常表明存货的可变现净值为零:
① 已霉烂变质的存货;
② 已过期且无转让价值的存货;
③ 生产中已不再需要,并且已无使用价值和转让价值的存货;
④ 其他足以证明已无使用价值和转让价值的存货。

需要注意的是,资产负债表日,同一项存货中一部分有合同价格约定、其他部分不存在合同价格的,应当分别确定其可变现净值,并与其相对应的成本进行比较,分别确定存货跌价准备的计提或转回的金额,由此计提的存货跌价准备不得相互抵销。

(四) 存货跌价准备转回的处理

(1) 资产负债表日,企业应当确定存货的可变现净值。企业确定存货的可变现净值,应当以资产负债表日的状况为基础确定,既不能提前确定存货的可变现净值,也不能延后确定存货的可变现净值,并且在每一个资产负债表日都应当重新确定存货的可变现净值。

(2) 企业的存货在符合条件的情况下,可以转回计提的存货跌价准备。存货跌价准备转回的条件是以前减记存货价值的影响因素已经消失,而不是在当期造成存货可变现净值高于成本的其他影响因素。

(3) 当符合存货跌价准备转回的条件时,应在原已计提的存货跌价准备的金额内转回,即在对该项存货、该类存货或该合并存货已计提的存货跌价准备的金额内转回。转回的存货跌价准备与计提该准备的存货项目或类别应当存在直接对应关系,但转回的金额以将存货跌价准备余额冲减至零为限。

【例 3-31】2019 年 12 月 31 日，甲公司 A7 型机器的账面成本为 500 万元，但由于 A7 型机器的市场价格下跌，预计可变现净值为 400 万元，由此计提存货跌价准备 100 万元。

（1）2020 年 6 月 30 日，A7 型机器的账面成本仍为 500 万元，但由于 A7 型机器市场价格有所上升，使得 A7 型机器的预计可变现净值变为 475 万元。

由于 A7 型机器市场价格上升，A7 型机器的可变现净值有所恢复，应计提的存货跌价准备为 25（500－475）万元，则当期应冲减已计提的存货跌价准备为 75（100－25）万元，且小于已计提的存货跌价准备 100 万元，因此，应转回的存货跌价准备为 75 万元。会计分录如下：

借：存货跌价准备　　　　　　　　　　　　　　　　　　　　　750 000
　　贷：资产减值损失——存货减值损失　　　　　　　　　　　　　　　750 000

（2）2020 年 12 月 31 日，A7 型机器的账面成本仍为 500 万元，由于 A7 型机器的市场价格进一步上升，预计 A7 型机器的可变现净值为 555 万元。

A7 型机器的可变现净值又有所恢复，应冲减存货跌价准备为 55（500－555）万元，但是对 A7 型机器已计提的存货跌价准备的余额为 25 万元，因此，当期应转回的存货跌价准备为 25 万元而不是 55 万元，即以将对 A7 型机器已计提的"存货跌价准备"余额冲减至零为限。会计分录如下：

借：存货跌价准备　　　　　　　　　　　　　　　　　　　　　250 000
　　贷：资产减值损失——存货减值损失　　　　　　　　　　　　　　　250 000

（五）存货跌价准备的结转

企业计提了存货跌价准备，如果其中有部分存货已经销售，则企业在结转销售成本时，应同时结转对其已计提的存货跌价准备。对于因债务重组、非货币性资产交换转出的存货，也应同时结转已计提的存货跌价准备。如果按存货类别计提存货跌价准备的，应当按照发生销售、债务重组、非货币性资产交换等而转出存货的成本占该存货未转出前该类别存货成本的比例结转相应的存货跌价准备。

本章小结

本章主要介绍存货的概念、特征、确认条件和种类，围绕材料、产品、商品存货及周转物资的取得、消耗和期末计量来展开分析，重点介绍材料收入、发出、期末计量及账务处理。在存货的收入、发出、期末结存方面列举了大量的例题。

复习思考题

1. 确定存货范围的意义是什么？确定存货的范围应当遵循什么原则？
2. 制造业企业存货的主要种类有哪些？

3. 外购存货的成本由哪些内容构成？

4. 企业在确定发出存货的成本时有哪些计价方法？当物价水平发生变动时，这些计价方法对存货成本的确定有何影响？

5. 与实际成本法相比，计划成本法有哪些优点？

6. 为什么要计提存货跌价准备？计提存货跌价准备对于财务报告使用者来说具有相关性吗？

7. 周转材料应如何进行摊销？

8. 企业应如何确定存货的可变现净值？

9. 企业应怎样计提存货跌价准备？

第四章 金融资产

知识目标

1. 了解金融资产的定义、种类和分类标准，以及不同类型金融资产核算的科目设置。

2. 掌握以公允价值计量且其变动计入当期损益的金融资产的核算、以摊余成本计量的金融资产的核算以及以公允价值计量且其变动计入其他综合收益的金融资产的核算。

第一节 金融资产的定义和分类

金融资产属于企业资产的重要组成部分，主要包括库存现金、银行存款、应收账款、应收票据、其他应收款项、股权投资、债权投资、衍生工具形成的资产等。

本章不涉及以下金融资产的会计处理：①货币资金，其会计处理见"货币资金"相关内容；②对子公司、联营企业、合营企业投资，以及在活跃市场上没有报价的长期股权投资，其会计处理见"长期股权投资"相关内容。

企业应当根据其管理金融资产的业务模式和金融资产的合同现金流量特征，将取得的金融资产在初始确认时划分为以下三类：

(1) 以公允价值计量且其变动计入当期损益的金融资产；

(2) 以摊余成本计量的金融资产；

(3) 以公允价值计量且其变动计入其他综合收益的金融资产。

第二节 以公允价值计量且其变动计入当期损益的金融资产

一、以公允价值计量且其变动计入当期损益的金融资产概述

按照准则分类为以摊余成本计量的金融资产和分类为以公允价值计量且其变动计入其他综合收益的金融资产之外的金融资产,企业应当将其分类为以公允价值计量且其变动计入当期损益的金融资产。

此外,在初始确认时,如果能够消除或显著减少会计错配,企业可以将金融资产指定为以公允价值计量且其变动计入当期损益的金融资产。该指定一经作出,不得撤销。

金融资产满足下列条件之一的,表明企业持有该金融资产的目的是交易性的:

(一)取得相关金融资产的目的,主要是为了近期出售或回购。

(二)相关金融资产在初始确认时属于集中管理的可辨认金融工具组合的一部分,且有客观证据表明近期实际存在短期获利模式。

(三)相关金融资产属于衍生工具。但符合财务担保合同定义的衍生工具以及被指定为有效套期工具的衍生工具除外。

二、以公允价值计量且其变动计入当期损益的金融资产的会计处理

企业应设置"交易性金融资产"科目核算该类资产,并按其类别和品种,分别按"成本""公允价值变动"进行明细核算。

(一)交易性金融资产的初始计量

以公允价值计量且其变动计入当期损益的金融资产初始确认时,应按公允价值计量,相关交易费用应当直接计入当期损益。其中,交易费用是指可直接归属于购买、发行或处置金融工具新增的外部费用。所谓新增的外部费用,是指企业不购买、发行或处置金融工具就不会发生的费用。交易费用包括支付给代理机构、咨询公司、券商等的手续费和佣金及其他必要支出,不包括债券溢价、折价、融资费用、内部管理成本及其他与交易不直接相关的费用。企业为发行金融工具所发生的差旅费等,不属于此处所讲的交易费用。

企业取得以公允价值计量且其变动计入当期损益的金融资产所支付的价款中,包含已宣告但尚未发放的现金股利或已到付息期但尚未领取的债券利息的,应当单独确认为应收项目。在持有期间取得的利息或现金股利,应当确认为投资收益。

【例4-1】2020年3月5日,甲公司从二级市场购入乙公司发行的股票50 000股,每股价格6.60元(含已宣告但尚未发放的现金股利0.60元),另支付交易费用1 200元。甲公司将持有的乙公司股权划分为交易性金融资产,且持有乙公司股权后对其无重大影响。5月20日,甲公司收到乙公司发放的现金股利。

(1) 3月5日，购入乙公司股票：

借：交易性金融资产——成本	300 000	
应收股利	30 000	
投资收益	1 200	
贷：银行存款		331 200

(2) 5月20日，收到乙公司发放的现金股利：

借：银行存款	30 000	
贷：应收股利		30 000

（二）交易性金融资产的后续计量

企业持有交易性金融资产至处置期间获得的现金股利或债券利息（不包括取得该项交易性金融资产时支付价款中包含应得但未实际收取部分），应确认为投资收益。

被投资企业宣告发放现金股利或本企业对一次还本分次付息债券按期计提利息时，应借记"应收股利（利息）"科目，贷记"投资收益"科目；实际收到时，借记"银行存款"科目，贷记"应收股利（利息）"科目。

资产负债表日，企业应将以公允价值计量且其变动计入当期损益的金融资产公允价值变动计入当期损益。

【例4-2】 承例4-1，2020年6月30日，乙公司股票价格为每股8元。

企业应做如下会计处理：

借：交易性金融资产——公允价值变动	100 000	
贷：公允价值变动损益		100 000

（三）交易性金融资产的处置

处置交易性金融资产时，其公允价值与初始入账金额之间的差额应确认为投资收益，同时调整公允价值变动损益。

具体做法如下：按实际收到的处置价款，借记"银行存款"科目，按初始入账金额，贷记"交易性金融资产——成本"科目，按已确认为应收项目但未实际收到的现金股利或债券利息，贷记"应收股利（利息）"科目，按该资产累计公允价值变动，借记或贷记"交易性金融资产——公允价值变动"科目，按其差额计入"投资收益"科目。

【例4-3】 承例4-2，2020年8月15日，甲公司将持有的乙公司股票全部售出，每股售价10元。

借：银行存款	500 000	
贷：交易性金融资产——成本		300 000
——公允价值变动		100 000
投资收益		100 000

【例4-4】 2020年1月1日，A企业从二级市场支付价款1 020 000元（含已到付息期但尚未领取的利息20 000元）购入某公司发行的债券，另发生交易费用20 000元。该债券面值1 000 000元，剩余期限为2年，票面年利率为4%，每半年付息一次，A企业将其划分为交易性金融资产。

(1) 2020年1月5日，收到该债券2019年下半年利息20 000元。
(2) 2020年6月30日，该债券的公允价值为1 150 000元（不含利息）。
(3) 2020年7月5日，收到该债券2020年上半年利息。
(4) 2020年12月31日，该债券的公允价值为1 100 000元（不含利息）。
(5) 2021年1月5日，收到该债券2020年下半年利息。
(6) 2021年3月31日，A企业将该债券出售，取得价款1 180 000元（含2021年第一季度利息10 000元）。

假定不考虑其他因素，则A企业的账务处理如下。
(1) 2020年1月1日，购入债券：
借：交易性金融资产——成本　　　　　　　　　　　　　　　　1 000 000
　　应收利息　　　　　　　　　　　　　　　　　　　　　　　　　20 000
　　投资收益　　　　　　　　　　　　　　　　　　　　　　　　　20 000
　　贷：银行存款　　　　　　　　　　　　　　　　　　　　　　1 040 000

(2) 2020年1月5日，收到该债券2019年下半年利息：
借：银行存款　　　　　　　　　　　　　　　　　　　　　　　　　20 000
　　贷：应收利息　　　　　　　　　　　　　　　　　　　　　　　20 000

(3) 2020年6月30日，确认债券公允价值变动和投资收益：
借：交易性金融资产——公允价值变动　　　　　　　　　　　　　150 000
　　贷：公允价值变动损益　　　　　　　　　　　　　　　　　　150 000
借：应收利息　　　　　　　　　　　　　　　　　　　　　　　　　20 000
　　贷：投资收益　　　　　　　　　　　　　　　　　　　　　　　20 000

(4) 2020年7月5日，收到该债券2020年上半年利息：
借：银行存款　　　　　　　　　　　　　　　　　　　　　　　　　20 000
　　贷：应收利息　　　　　　　　　　　　　　　　　　　　　　　20 000

(5) 2020年12月31日，确认债券公允价值变动和投资收益：
借：公允价值变动损益　　　　　　　　　　　　　　　　　　　　　50 000
　　贷：交易性金融资产——公允价值变动　　　　　　　　　　　　50 000
借：应收利息　　　　　　　　　　　　　　　　　　　　　　　　　20 000
　　贷：投资收益　　　　　　　　　　　　　　　　　　　　　　　20 000

(6) 2021年1月5日，收到该债券2020年下半年利息：
借：银行存款　　　　　　　　　　　　　　　　　　　　　　　　　20 000
　　贷：应收利息　　　　　　　　　　　　　　　　　　　　　　　20 000

(7) 2021年3月31日，将该债券予以出售：
借：银行存款　　　　　　　　　　　　　　　　　　　　　　　　1 180 000
　　贷：交易性金融资产——成本　　　　　　　　　　　　　　　1 000 000
　　　　　　　　　　　　——公允价值变动　　　　　　　　　　　100 000
　　　　投资收益　　　　　　　　　　　　　　　　　　　　　　　80 000

第三节 以摊余成本计量的金融资产

一、以摊余成本计量的金融资产概述

金融资产同时符合下列条件的,应当分类为以摊余成本计量的金融资产:

(一)企业管理该金融资产的业务模式是以收取合同现金流量为目标。

(二)该金融资产的合同条款规定,在特定日期产生的现金流量,仅为对本金和以未偿付本金金额为基础的利息的支付。

二、以摊余成本计量的金融资产的会计处理

企业应当设置"债权投资"科目,核算以摊余成本计量的债权投资,并按照债权投资的类别和品种,分别按"成本""利息调整""应计利息"等进行明细核算。

(一)以摊余成本计量的债权投资的初始计量

以摊余成本计量的债权投资初始确认时,应当按照公允价值计量和相关交易费用之和作为初始入账金额。实际支付的价款中包括的已到付息期但尚未领取的债券利息,应单独确认为应收项目。

以摊余成本计量的债权投资初始确认时,应当计算确定其实际利率,并在该持有至到期投资预期存续期间或适用的更短期间内保持不变。

实际利率是指将金融资产或金融负债在预期存续期间或适用的更短期间内的未来现金流量,折现为该金融资产或金融负债当前账面价值所使用的利率。企业在确定实际利率时,应当在考虑有关合同条款的基础上预计未来现金流量,但不应考虑预期信用损失。

金融资产合同各方之间支付或收取的、属于实际利率组成部分的各项收费、交易费用及溢价或折价等,应当在确定实际利率时予以考虑。金融资产的未来现金流量或存续期间无法可靠预计时,应当采用该金融资产在整个合同期内的合同现金流量。

【例4-5】2016年1月1日,A公司支付价款1 000元(含交易费用)从活跃市场上购入某公司3年期债券,面值1 250元,票面利率4.72%,按年支付利息(即每年59元),本金最后一次支付。A公司将购入的该公司债券划分为以摊余成本计量的金融资产,应做会计处理如下:

借:债权投资——成本　　　　　　　　　　　　　　　　　　　　　　1 250
　　贷:银行存款　　　　　　　　　　　　　　　　　　　　　　　　1 000
　　　　债权投资——利息调整　　　　　　　　　　　　　　　　　　　250

(二)以摊余成本计量的债权投资的后续计量

企业应当采用实际利率法,按摊余成本对以摊余成本计量的债权投资进行后续计量。其中,实际利率法是指按照金融资产或金融负债(含一组金融资产或金融负债)的实际利率计算

其摊余成本及各期利息收入或利息费用的方法。摊余成本是指该金融资产的初始确认金额经下列调整后的结果：①扣除已偿还的本金；②加上或减去采用实际利率法将该初始确认金额与到期日金额之间的差额进行摊销形成的累计摊销额；③扣除已发生的减值损失。

企业应在以摊余成本计量的债权投资持有期间，采用实际利率法，按照摊余成本和实际利率计算确认利息收入，计入投资收益。实际利率应当在取得持有至到期投资时确定，实际利率与票面利率差别较小的，也可按票面利率计算利息收入，计入投资收益。

处置该项投资时，应将所取得价款与该项投资账面价值之间的差额，计入当期损益。

【例 4-6】承例 4-5，A 公司在初始确认时先计算确定该债券的实际利率。

设该债券的实际利率为 r，则可列出如下等式：

$$59\times(1+r)^{-1}+59\times(1+r)^{-2}+59\times(1+r)^{-3}+59\times(1+r)^{-4}+(59+1\,250)\times(1+r)^{-5}=1\,000(元)$$

采用插值法，可以计算得出 $r=10\%$，由此可编制表 4-1。

表 4-1　A 公司持有债券的期末摊余成本　　　　　　　　　　　单位：元

年份	期初摊余成本①	实际利息 （按 10% 计算）②	现金流入③	期末摊余成本 ④=①+②-③
2016 年	1 000	100	59	1 041
2017 年	1 041	104	59	1 086
2018 年	1 086	109	59	1 136
2019 年	1 136	114*	59	1 191
2020 年	1 191	118**	1 309	0

注：*数字四舍五入取整；

**数字考虑了计算过程中出现的尾差。

根据上述数据，A 公司的有关账务处理如下。

(1) 2016 年 12 月 31 日，确认实际利息收入、收到票面利息等：

借：应收利息　　　　　　　　　　　　　　　　　　　　　　　　　59

　　债权投资——利息调整　　　　　　　　　　　　　　　　　　　41

　　贷：投资收益　　　　　　　　　　　　　　　　　　　　　　　　　100

借：银行存款　　　　　　　　　　　　　　　　　　　　　　　　　59

　　贷：应收利息　　　　　　　　　　　　　　　　　　　　　　　　　59

(2) 2017 年 12 月 31 日，确认实际利息收入、收到票面利息等：

借：应收利息　　　　　　　　　　　　　　　　　　　　　　　　　59

　　债权投资——利息调整　　　　　　　　　　　　　　　　　　　45

　　贷：投资收益　　　　　　　　　　　　　　　　　　　　　　　　　104

借：银行存款　　　　　　　　　　　　　　　　　　　　　　　　　59

　　贷：应收利息　　　　　　　　　　　　　　　　　　　　　　　　　59

(3) 2018 年 12 月 31 日，确认实际利息收入、收到票面利息等：

借：应收利息　　　　　　　　　　　　　　　　　　　　　　　59
　　　　债权投资——利息调整　　　　　　　　　　　　　　　　　50
　　　　贷：投资收益　　　　　　　　　　　　　　　　　　　　　109
　　借：银行存款　　　　　　　　　　　　　　　　　　　　　　　59
　　　　贷：应收利息　　　　　　　　　　　　　　　　　　　　　59
(4) 2019年12月31日，确认实际利息、收到票面利息等：
　　借：应收利息　　　　　　　　　　　　　　　　　　　　　　　59
　　　　债权投资——利息调整　　　　　　　　　　　　　　　　　55
　　　　贷：投资收益　　　　　　　　　　　　　　　　　　　　　114
　　借：银行存款　　　　　　　　　　　　　　　　　　　　　　　59
　　　　贷：应收利息　　　　　　　　　　　　　　　　　　　　　59
(5) 2020年12月31日，确认实际利息、收到票面利息和本金等：
　　借：应收利息　　　　　　　　　　　　　　　　　　　　　　　59
　　　　债权投资——利息调整　　　　　　　　　　　　　　　　　59
　　　　贷：投资收益　　　　　　　　　　　　　　　　　　　　　118
　　借：银行存款　　　　　　　　　　　　　　　　　　　　　　　59
　　　　贷：应收利息　　　　　　　　　　　　　　　　　　　　　59
　　借：银行存款等　　　　　　　　　　　　　　　　　　　　　1 250
　　　　贷：债权投资——成本　　　　　　　　　　　　　　　　1 250

(三) 以摊余成本计量的金融资产处置

　　企业持有的以摊余成本计量的金融资产处置时，应当将取得价款与该项投资账面价值之间的差额，计入投资收益。债权投资已计提损失准备的，处置时应一并结转。
　　一般会计处理如下：
　　借：银行存款等
　　　　债权投资损失准备
　　　　贷：债权投资——成本
　　　　　　　　　　——利息调整
　　　　　　　　　　——应计利息（到期一次还本付息债券有此项）
　　　　　　投资收益（也可能在借方）

第四节　以公允价值计量且变动计入其他综合收益的金融资产

一、以公允价值计量且变动计入其他综合收益的金融资产概述

　　金融资产同时符合下列条件的，应当分类为以公允价值计量且其变动计入其他综合收

益的金融资产：

（一）企业管理该金融资产的业务模式既以收取合同现金流量为目标又以出售该金融资产为目标。

（二）该金融资产的合同条款规定，在特定日期产生的现金流量，仅为对本金和以未偿付本金金额为基础的利息的支付。

权益工具投资一般不符合本金加利息的合同现金流量特征，因此应当将其分类为以公允价值计量且其变动计入当期损益的金融资产。然而在初始确认时，企业可以将非交易性权益工具投资指定为以公允价值计量且其变动计入其他综合收益的金融资产，并按规定确认股利收入。该指定一经做出，不得撤销。企业投资其他上市公司股票或非上市公司股权的，都可能属于这种情形。

二、以公允价值计量且变动计入其他综合收益的金融资产的会计处理

（一）企业应当设置"其他债权投资"科目，核算以公允价值计量且其变动计入其他综合收益的债权投资，并按其类别和品种，分别按"成本""利息调整""应计利息""公允价值变动"等进行明细核算。

1. 初始确认时，按公允价值计量，相关交易费用应计入初始入账金额；企业取得以公允价值计量且其变动计入其他综合收益的金融资产所支付的价款中，包含已到付息期但尚未领取的债券利息的，应当单独确认为应收项目。

2. 在持有期间应按实际利率法确认当期利息收入，确认为投资收益。

3. 资产负债表日，按公允价值反映其他债权投资的价值，公允价值的变动计入其他综合收益。

4. 处置时，按取得价款与账面价值差额，计入投资收益，同时将原直接计入其他综合收益的累计公允价值变动对应处置部分的金额转出，计入投资收益。

【例4-7】20×7年1月1日甲保险公司支付价款1 028.24元购入某公司发行的3年期公司债券，该公司债券的票面总金额为1 000元，票面利率4％，实际利率为3％，利息每年末支付，本金到期支付。甲保险公司将该公司债券划分为以公允价值计量且其变动计入其他综合收益的金融资产。20×7年12月31日，该债券的市场价格为1 000.094元。假定无交易费用和其他因素的影响，甲保险公司的账务处理如下：

(1)20×7年1月1日，购入债券：

借：其他债权投资——成本　　　　　　　　　　　　　　　　　　1 000
　　　　　　　　——利息调整　　　　　　　　　　　　　　　　　28.244
　　贷：银行存款　　　　　　　　　　　　　　　　　　　　　　1 028.244

(2)20×7年12月31日，收到债券利息、确认公允价值变动：

实际利息＝1 028.24×3％＝30.8472≈30.85(元)

年末摊余成本＝1 028.24＋30.85－40＝1 019.094(元)

借：应收利息　　　　　　　　　　　　　　　　　　　　　　　　　40
　　贷：投资收益　　　　　　　　　　　　　　　　　　　　　　　30.85

其他债权投资——利息调整		9.15
借：银行存款	40	
贷：应收利息		40
借：其他综合收益	19	
贷：其他债权投资——公允价值变动		19

　　(二)企业应当设置"其他权益工具投资"科目,核算持有的指定为以公允价值计量且其变动计入其他综合收益的非交易性权益工具投资,并按其类别和品种,分别按"成本""公允价值变动"等进行明细核算。

　　1. 初始确认时,按公允价值计量,相关交易费用应计入初始入账金额;企业取得以公允价值计量且其变动计入其他综合收益的金融资产所支付的价款中,包含已宣告发放但尚未领取的股利的,应当单独确认为应收项目。

　　2. 其他权益工具投资在持有期间获得的现金股利,确认为投资收益。

　　3. 资产负债表日,按公允价值反映其他权益工具投资的价值,公允价值的变动计入其他综合收益。

　　4. 处置时,按取得价款与账面价值差额,计入留存收益,同时将原直接计入其他综合收益的累计利得或损失对应处置部分的金额转出,计入留存收益。

　　【例4-8】20×1年5月6日,甲公司支付价款10 160 000元(含交易费用10 000元和已宣告但尚未发放的现金股利150 000元),购入乙公司发行的股票2 000 000股,占乙公司有表决权股份的0.5%。甲公司将其指定为以公允价值计量且其变动计入其他综合收益的权益工具。其他资料如下:

　　(1)20×1年5月10日,甲公司收到乙公司发放的现金股利150 000元。
　　(2)20×1年6月30日,该股票市价为每股5.2元。
　　(3)20×1年12月31日,甲公司仍持有该股票;当日,该股票市价为每股5元。
　　(4)20×2年5月9日,乙公司宣告发放股利40 000 000元。
　　(5)20×2年5月13日,甲公司收到乙公司发放的现金股利。
　　(6)20×2年5月20日,甲公司以每股4.9元的价格将该股票全部转让。
　　假定不考虑其他因素的影响,甲公司的账务处理如下:
　　(1)20×1年5月6日,购入股票:

借：应收股利	150 000
其他权益工具投资——成本	10 010 000
贷：银行存款	10 160 000

　　(2)20×1年5月10日,收到现金股利:

借：银行存款	150 000
贷：应收股利	150 000

　　(3)20×1年6月30日,确认股票的价格变动:

借：其他权益工具投资——公允价值变动	390 000

贷：其他综合收益　　　　　　　　　　　　　　　　　　　390 000
(4)20×1年12月31日，确认股票价格变动：
　借：其他综合收益　　　　　　　　　　　　　　　　　　　400 000
　　贷：其他权益工具投资——公允价值变动　　　　　　　　　400 000
(5)20×2年5月9日，确认应收现金股利：
　借：应收股利　　　　　　　　　　　　　　　　　　　　　200 000
　　贷：投资收益　　　　　　　　　　　　　　　　　　　　200 000
(6)20×2年5月13日，收到现金股利：
　借：银行存款　　　　　　　　　　　　　　　　　　　　　200 000
　　贷：应收股利　　　　　　　　　　　　　　　　　　　　200 000
(7)20×2年5月20日，出售股票：
　借：银行存款　　　　　　　　　　　　　　　　　　　　9 800 000
　　　盈余公积　　　　　　　　　　　　　　　　　　　　　210 00
　　　利润分配——未分配利润　　　　　　　　　　　　　　189000
　　　其他权益工具投资——公允价值变动　　　　　　　　　10 000
　　贷：其他权益工具投资——成本　　　　　　　　　　　10 010 000
　　　　其他综合收益　　　　　　　　　　　　　　　　　　10 000

第五节　金融资产减值和重分类

一、金融资产减值损失

　　企业应当以预期信用损失法为基础，对下列项目进行减值会计处理并确认损失准备：
　　(1)分类为以摊余成本计量的金融资产(包括债权投资和应收款项)和分类为以公允价值计量且其变动计入其他综合收益的金融资产(其他债权投资)。以公允价值计量且其变动计入其他综合收益的金融资产(权益工具)和公允价值计量且其变动计入当期损益的金融资产，不计提减值准备。
　　(2)租赁应收款。
　　(3)合同资产。合同资产是指《企业会计准则第14号——收入》定义的合同资产。
　　(4)部分贷款承诺和财务担保合同。
　　预期信用损失与过去规定的根据实际已发生减值损失确认损失准备的方法有着根本不同。在预期信用损失法下，减值准备的计提不以减值的实际发生为前提，而是以未来可能的违约事件造成的损失的期望值来计量当前(资产负债表日)应当确认的损失准备。
　　损失准备是指针对按照以摊余成本计量的金融资产、租赁应收款和合同资产的预期信用损失计提的准备，按照以公允价值计量且其变动计入其他综合收益的金融资产的累计减值金额以及针对贷款承诺和财务担保合同的预期信用损失计提的准备。

预期信用损失是指以发生违约的风险为权重的金融工具信用损失的加权平均值。

信用损失是指企业按照原实际利率折现的、根据合同应收的所有合同现金流量与预期收取的所有现金流量之间的差额,即全部现金短缺的现值。其中,对于企业购买或源生的以发生信用减值的金融资产,应按照该金融资产经信用调整的实际利率折现。由于预期信用损失考虑付款的金额和时间分布,因此即使企业预计可以全额收款但收款时间晚于合同规定的到期期限,也会产生信用损失。

在估计现金流量时,企业应当考虑金融工具在整个预计存续期的所有合同条款(如提前还款、展期、看涨期权或其他类似期权等)。企业所考虑的现金流量应当包括出售所持担保品获得的现金流量,以及属于合同条款组成部分的其他信用增级所产生的现金流量。

企业通常能够可靠估计金融工具的预计存续期。在极少数情况下,金融工具预计存续期无法可靠估计的,企业在计算确定预期信用损失时,应当基于该金融工具的剩余合同期间。

企业应当在资产负债表日计算金融工具(或金融工具组合)预期信用损失。如果该预期信用损失大于该工具(或组合)当前减值准备的账面金额,企业应当将其差额确认为减值损失,借记"信用减值损失"科目,根据金融工具的种类,贷记"贷款损失准备""债权投资减值准备""坏账准备""合同资产减值准备""租赁应收款减值准备""预计负债"(用于贷款承诺及财务担保合同)或"其他综合收益"(用于以公允价值计量且其变动计入其他综合收益的债权类资产,企业可以设置二级科目"其他综合收益——信用减值准备"核算此类工具的减值准备)等科目(上述贷记科目,以下统称"债权投资减值准备"等科目);如果资产负债表日计算的预期信用损失小于该工具(或组合)当前减值准备的账面金额(例如,从按照整个存续期预期信用损失计量损失准备转为按照未来12个月预期信用损失计量损失准备时,可能出现这一情况),则应当将差额确认为减值利得,做相反的会计分录。

企业实际发生信用损失,认定相关金融资产无法收回,经批准予以核销的,应当根据批准的核销金额,借记"债券投资减值准备"等科目,贷记相应的资产科目,如"债权投资""合同资产""应收租赁款"等。若核销金额大于已计提的损失准备,还应按其差额借记"信用减值损失"科目。

二、金融资产重分类

企业改变其管理金融资产的业务模式时,应当对所有受影响的相关金融资产进行重分类。

(1)企业将一项以摊余成本计量的金融资产重分类为以公允价值计量且其变动计入当期损益的金融资产的,应当按照该资产在重分类日的公允价值进行计量。原账面价值与公允价值之间的差额计入当期损益。

企业将一项以摊余成本计量的金融资产重分类为以公允价值计量且其变动计入其他综合收益的金融资产的,应当按照该金融资产在重分类日的公允价值进行计量。原账面价值与公允价值之间的差额计入其他综合收益。该金融资产重分类不影响其实际利率和预期信用损失的计量。

（2）企业将一项以公允价值计量且其变动计入其他综合收益的金融资产重分类为以摊余成本计量的金融资产的，应当将之前计入其他综合收益的累计利得或损失转出，调整该金融资产在重分类日的公允价值，并以调整后的金额作为新的账面价值，即视同该金融资产一直以摊余成本计量。该金融资产重分类不影响其实际利率和预期信用损失的计量。

企业将一项以公允价值计量且其变动计入其他综合收益的金融资产重分类为以公允价值计量且其变动计入当期损益的金融资产的，应当继续以公允价值计量该金融资产。同时，企业应当将之前计入其他综合收益的累计利得或损失从其他综合收益转入当期损益。

（3）企业将一项以公允价值计量且其变动计入当期损益的金融资产重分类为以摊余成本计量的金融资产的，应当以其在重分类日的公允价值作为新的账面余额。

企业将一项以公允价值计量且其变动计入当期损益的金融资产重分类为以公允价值计量且其变动计入其他综合收益的金融资产的，应当继续以公允价值计量该金融资产。

企业应当根据该金融资产在重分类日的公允价值确定其实际利率。同时，企业应当自重分类日起对该金融资产适用本准则关于金融资产减值的相关规定，并将重分类日视为初始确认日。

本章小结

本章主要介绍公允价值计量且其变动计入当期损益的金融资产、以摊余成本计量的金融资产、以公允价值计量且其变动计入其他综合收益的金融资产等三类金融资产的取得、持有期间的期末计量，以及处置的会计核算。举例说明了每种情况的账务处理，对金融资产的减值也进行了说明。

复习思考题

1. 金融资产是如何进行分类的？
2. 金融资产的重分类有什么要求？
3. 划分为持有至到期投资的金融资产有哪些特征？
4. 如何确定某类金融资产为可供出售金融资产？

第五章 长期股权投资

> **知识目标**
> 1. 了解长期股权投资的概念和内容、成本法和权益法的转换。
> 2. 了解成本法和权益法的适用范围。
> 3. 掌握长期股权投资初始投资成本的确定、长期股权投资成本法和权益法的会计处理。

第一节 长期股权投资概述

一、长期股权投资的含义

股权投资又称权益性投资,是指通过付出现金或非现金资产等取得被投资企业的股份或股权,享有一定比例的权益份额代表的资产。投资企业取得被投资企业的股权,相应地享有被投资企业净资产有关份额,通过被投资企业分得现金股利或利润,以及待被投资企业增值后出售而获利。

《企业会计准则》将股权投资分为两种情况:一是应当按照金融工具确认和计量准则进行核算;二是应当按照《企业会计准则——长期股权投资》进行核算。其中,属于《企业会计准则——长期股权投资》范围的股权投资,是根据投资方在获取投资以后,能够对被投资企业施加影响的程度来划分的,而不是一定要求持有投资的期限长短。会计意义上的长期股权投资包括投资方持有的对联营企业、合营企业,以及子公司的投资。

长期股权投资的目的往往并非单纯是攫取短期利益,多数情况是通过对被投资企业的财务和经营决策施加控制、共同控制或重大影响,来强化与被投资企业之间的商业关系。

二、长期股权投资的内容

本章涉及的长期股权投资是指应当按照《企业会计准则第 2 号——长期股权投资》进行核算的权益性投资。按照投资企业对被投资企业的影响程度,长期股权投资主要包括以下三个方面。

(1) 投资企业能够对被投资企业实施控制的权益性投资,即对子公司投资。控制是指投资方拥有对被投资企业的权力,通过参与被投资企业的相关活动而享有可变回报,并且有能力运用对被投资企业的权力影响其回报金额。

(2) 投资企业与其他合营方一同对被投资企业实施共同控制的权益性投资,即对合营企业投资。合营企业是指在企业成立之初,出资人以契约的方式约定对合营企业的财务经营政策进行共同控制。共同控制是指按照相关约定对某项安排所共有的控制,并且该安排的相关活动必须经过分享控制权的参与方一致同意后才能决策。

(3) 投资企业对被投资企业具有重大影响的权益性投资,即对联营企业投资。重大影响是指投资方对被投资企业的财务和生产经营决策有参与决策的权力,但并不能控制或与其他方一起共同控制这些政策的制定。投资企业只要能够参与被投资企业的生产经营决策即可称为"重大影响",而不用衡量影响的重大程度如何。实务中较为常见的重大影响体现为在被投资企业的董事会或类似权力机构中派有代表,通过在被投资企业财务和经营决策制定过程中的发言权实施重大影响。从股权比例来看,投资方直接或是通过子公司间接持有被投资企业 20% 以上但低于 50% 的表决权股份时,一般认为对被投资企业具有重大影响,除非有明确的证据表明该情况下不能参与被投资企业的生产经营决策,则不形成重大影响。在确定能否对被投资企业施加重大影响时,还应当考虑投资方和其他方持有的被投资企业当期可转换公司债券、当期可执行认股权证等潜在表决权因素。企业通常可以通过以下一种或几种情形来判断是否对被投资企业具有重大影响:①在被投资企业的董事会或类似权力机构中派有代表;②参与被投资企业财务和经营政策制定过程;③与被投资企业之间发生重要交易;④向被投资企业派出管理人员;⑤向被投资企业提供关键技术资料。

第二节 长期股权投资的初始计量

一、长期股权投资初始计量的原则

企业在取得长期股权投资时,应按初始投资成本入账。长期股权投资可以通过企业合并形成,也可以通过支付现金、发行权益证券、投资者投入、非货币性资产交换、债务重组等企业合并以外的其他方式取得,在不同的取得方式下,初始投资成本的确定方法有所不同,企业应当分别按企业合并和非企业合并两种情况确定长期股权投资的初始投资成本。

企业在取得长期股权投资时，如果实际支付的价款或其对价中包含已宣告但尚未领取的现金股利或利润，则该现金股利或利润在性质上属于暂付应收款项，应作为应收项目单独入账，不构成长期股权投资的初始投资成本。长期股权投资的初始确认和计量如表5-1所示。

表5-1　长期股权投资的初始确认和计量

长期股权投资		初始确认	计量
企业合并中取得的长期股权投资（对子公司的投资）	同一控制下企业合并	按照取得被合并方所有者权益账面价值的份额作为长期股权投资的初始投资成本	合并直接相关费用计入当期损益
	非同一控制下企业合并	以支付对价的公允价值作为长期股权投资的初始投资成本	合并直接相关费用计入当期损益
企业合并以外取得的长期股权投资（对联营/合营企业投资）		一般以支付对价的公允价值作为长期股权投资的初始投资成本；在交易不具有商业实质或公允价值无法取得时，以投出资产账面价值确认	取得投资直接相关费用计入投资成本

二、企业合并形成的长期股权投资

企业合并是指将两个或两个以上单独的企业合并形成一个报告主体的交易或事项。企业合并通常包括吸收合并、新设合并和控股合并三种形式。其中，吸收合并和新设合并均不形成投资关系，唯有控股合并形成投资关系。

企业合并形成的长期股权投资，初始投资成本的确定应区分企业合并的类型，分为同一控制下企业合并与非同一控制下企业合并两种情况，分别确定形成长期股权投资的初始投资成本。

（一）同一控制下企业合并形成的长期股权投资

同一控制下是指参与合并的各方在合并前后均受同一方或相同的多方最终控制，且该控制并非暂时性的。对于同一控制下的企业合并，从能够对参与合并各方在合并前及合并后均实施最终控制的一方来看，最终控制方在企业合并前及合并后能够控制的资产并没有发生变化。合并方通过企业合并形成的对被合并方的长期股权投资，其成本代表的是被合并方账面所有者权益中享有的份额。

（1）合并方以支付现金、转让非现金资产或承担债务方式作为合并对价的，应当在合并日按照取得被合并方所有者权益账面价值的份额作为长期股权投资的初始投资成本。长期股权投资的初始投资成本与支付的现金、转让的非现金资产及所承担债务账面价值之间的差额，应当调整资本公积（资本溢价或股本溢价）；资本公积（资本溢价或股本溢价）的余额不足冲减的，调整留存收益。

具体进行会计处理时，合并方在合并日按取得被合并方所有者权益账面价值的份额借记"长期股权投资"科目，按应享有被投资企业已宣告但尚未发放的现金股利或利润借记"应收股利"科目，按支付的合并对价的账面价值贷记有关资产科目或借记有关负债科目，按其差额贷记"资本公积——资本溢价或股本溢价"科目；如为借方差额，应借记"资本公积——资本溢价或股本溢价"科目，资本公积(资本溢价或股本溢价)不足冲减的，借记"盈余公积""利润分配——未分配利润"科目。

【例5-1】方为公司是集思公司的母公司，2018年1月1日，方为公司将其持有的A公司60%的股权转让给集思公司，双方协商确定的价格为600万元，以银行存款支付。合并日，A公司所有者权益的账面价值为800万元。集思公司"资本公积——资本溢价"科目余额为80万元，盈余公积余额为20万元。此外，集思公司还以银行存款支付审计、评估费1万元。方为公司和集思公司的会计年度和采用的会计政策相同，假定不考虑相关税费。

(1) 集思公司长期股权投资的成本为480万元(800×60%)，会计分录如下：

借：长期股权投资　　　　　　　　　　　　　　4 800 000
　　资本公积——资本溢价　　　　　　　　　　　800 000
　　盈余公积　　　　　　　　　　　　　　　　　200 000
　　利润分配——未分配利润　　　　　　　　　　200 000
　　　贷：银行存款　　　　　　　　　　　　　　　　　6 000 000

(2) 支付直接合并费用，会计分录如下：

借：管理费用　　　　　　　　　　　　　　　　　10 000
　　　贷：银行存款　　　　　　　　　　　　　　　　　　10 000

(2) 合并方以发行权益性证券作为合并对价的，应按发行权益性证券的面值总额作为股本，长期股权投资初始投资成本与所发行权益性证券面值总额之间有差额的，应当调整资本公积(资本溢价或股本溢价)；资本公积(资本溢价或股本溢价)不足冲减的，调整留存收益。

具体进行会计处理时，在合并日应按取得被合并方所有者权益账面价值的份额借记"长期股权投资"科目，按应享有被投资企业已宣告但尚未发放的现金股利或利润借记"应收股利"科目，按发行权益性证券的面值贷记"股本"科目，按其差额贷记"资本公积——资本溢价或股本溢价"科目；如为借方差额，应借记"资本公积——资本溢价或股本溢价"科目，资本公积(资本溢价或股本溢价)不足冲减的，借记"盈余公积""利润分配——未分配利润"科目。

上述在按照合并日应享有被合并方账面所有者权益的份额确定长期股权投资的初始投资成本时，前提是合并前合并方与被合并方采用的会计政策应当一致。企业合并前，合并方与被合并方采用的会计政策不同的，应首先按照合并方的会计政策对被合并方资产、负债的账面价值进行调整，在此基础上计算确定形成长期股权投资的初始投资成本。

【例5-2】方为公司是集思公司和B公司的母公司，根据集思公司和B公司达成的合并协议，2018年6月30日，集思公司向B公司的原股东定向增发500万股普通股(每股面值为1元)，取得B公司80%的股权，并于当日起能够对B公司实施控制。合并后，B公司仍维持其独立法人资格继续经营。两公司在企业合并前采用的会计政策相同。合并日，B

公司的账面所有者权益总额为1 500万元。B公司在合并后维持其法人资格继续经营。

长期股权投资的成本为1 200万元(1 500×80%)，会计分录如下：

借：长期股权投资　　　　　　　　　　　　　　　　　12 000 000
　　贷：股本　　　　　　　　　　　　　　　　　　　　 5 000 000
　　　　资本公积——股本溢价　　　　　　　　　　　　 7 000 000

(3) 对于被合并方账面的所有者权益，应该在考虑以下几个因素的基础上计算并确定形成长期股权投资的投资成本。

① 被合并方与合并方的会计政策、会计期间是否一致。如果合并前合并方与被合并方的会计政策、会计期间不同，应首先按照合并方的会计政策、会计期间对被合并方资产、负债的账面价值进行调整，在此基础上计算确定被合并方的账面所有者权益，并计算确定长期股权投资的初始投资成本。

② 被合并方账面所有者权益是指被合并方的所有者权益相对于最终控制方而言的账面价值。

③ 如果被合并方本身编制合并财务报表的，被合并方的账面所有者权益的价值应当以其合并财务报表为基础确定。

(4) 合并的直接费用及证券发行费用的会计处理原则如下。

① 同一控制下的企业合并中，合并方发生的审计、法律服务、评估咨询等中介费用，以及其他相关直接费用，应当于发生时直接计入管理费用。

② 股票发行费用应冲减"资本公积——股本溢价"，如果溢价不够冲减或无溢价时，则冲减留存收益。

③ 债券发行费用应冲减"应付债券——利息调整"，即冲减溢价或追加折价。

④ 合并直接费用和证券发行费用无论同一控制还是非同一控制，做法是相同的。

(5) 无论是同一控制下的企业合并还是非同一控制下的企业合并形成的长期股权投资，实际支付的价款或对价中包含的已宣告但未发放的现金股利或利润，应作为应收项目处理。

(二) 非同一控制下企业合并形成的长期股权投资

非同一控制是指参与合并的各方在合并前后不属于同一方或相同的多方最终控制。非同一控制下的控股合并中，购买方应当按照确定的企业合并成本作为长期股权投资的初始投资成本。企业合并成本包括购买方付出的资产、发生或承担的负债发行的权益性证券的公允价值之和。

具体进行会计处理时，对于非同一控制下企业合并形成的长期股权投资，应在购买日按企业合并成本(不含应向被投资企业收取的现金股利或利润)借记"长期股权投资"科目，按享有被投资企业已宣告但尚未发放的现金股利或利润借记"应收股利"科目，按支付合并对价的账面价值贷记有关资产或借记有关负债科目，按其差额贷记"营业外收入"或借记"营业外支出"等科目。

非同一控制下企业合并涉及以库存商品等作为合并对价的，应按库存商品的公允价值贷记"主营业务收入"科目，并同时结转相关的成本。

【例5-3】2018年5月30日，集思公司以账面余额为400万元，累计摊销150万元，减值准备20万元，公允价值500万元的一项土地使用权作为对价，取得C公司70%的股权。合并日，C公司账面净资产为600万元。集思公司和C公司的会计年度和采用的会计政策相同。合并前，集思公司和C公司不存在任何关联方关系，假定不考虑相关税费。

借：长期股权投资　　　　　　　　　　　　　　　　　　　5 000 000
　　累计摊销　　　　　　　　　　　　　　　　　　　　　1 500 000
　　无形资产减值准备　　　　　　　　　　　　　　　　　　 200 000
　　贷：无形资产　　　　　　　　　　　　　　　　　　　　4 000 000
　　　　营业外收入　　　　　　　　　　　　　　　　　　　2 700 000

【例5-4】2019年7月30日，集思公司以账面余额为600万元，存货跌价准备50万元，公允价值800万元的库存商品作为对价，取得D公司80%的股权，该商品适用的增值税税率为13%。合并日，D公司账面净资产为1 000万元。集思公司和D公司的会计年度和采用的会计政策相同。合并前，集思公司和D公司不存在任何关联方关系。

借：长期股权投资　　　　　　　　　　　　　　　　　　　9 040 000
　　贷：主营业务收入　　　　　　　　　　　　　　　　　　8 000 000
　　　　应交税费——应交增值税（销项税额）　　　　　　　1 040 000
借：主营业务成本　　　　　　　　　　　　　　　　　　　5 500 000
　　存货跌价准备　　　　　　　　　　　　　　　　　　　　 500 000
　　贷：库存商品　　　　　　　　　　　　　　　　　　　　6 000 000

三、企业合并以外的其他方式取得的长期股权投资

除企业合并形成的长期股权投资应遵循特定的会计处理原则外，以其他方式取得的长期股权投资取得时，初始投资成本的确定应遵循以下规定。

(1) 以支付现金取得的长期股权投资，应当按照实际支付的购买价款作为长期股权投资的初始投资成本，包括购买过程中支付的手续费等必要支出。但所支付价款中包含的被投资企业已宣告但尚未发放的现金股利或利润应作为应收项目核算，不构成取得长期股权投资的成本。

【例5-5】集思公司于2018年5月10日，自公开市场中买入D公司20%的股份，实际支付价款3 000万元。另外，在购买过程中支付手续费等相关费用200万元。集思公司取得该部分股权后，能够对D公司的生产经营决策施加重大影响。

集思公司应当按照实际支付的购买价款和相关费用作为取得长期股权投资的成本，其账务处理如下：

借：长期股权投资　　　　　　　　　　　　　　　　　　　32 000 000
　　贷：银行存款　　　　　　　　　　　　　　　　　　　　32 000 000

(2) 以发行权益性证券方式取得的长期股权投资，其成本为所发行权益性证券的公允价值，但不包括应向被投资企业收取的已宣告但尚未发放的现金股利或利润。

为发行权益性证券支付给有关证券承销机构等的手续费、佣金等与权益性证券发行直

接相关的费用,不构成取得长期股权投资的成本。该部分费用应自权益性证券的溢价发行收入中扣除,权益性证券的溢价收入不足冲减的,应冲减盈余公积和未分配利润。

【例5-6】2018年3月5日,集思公司通过增发5 000万股本公司普通股(每股面值1元)取得E公司20%的股权,该5 000万股股份的公允价值为9 000万元。为增发该部分股份,集思公司向证券承销机构等支付了400万元的佣金和手续费。假定集思公司取得该部分股权后,能够对E公司的财务和生产经营决策施加重大影响。

集思公司应当以所发行股份的公允价值作为取得长期股权投资的成本,账务处理如下:

借:长期股权投资　　　　　　　　　　　　　　　　　　　　90 000 000
　　贷:股本　　　　　　　　　　　　　　　　　　　　　　　50 000 000
　　　　资本公积——股本溢价　　　　　　　　　　　　　　　40 000 000

发行权益性证券过程中支付的佣金和手续费,应冲减权益性证券的溢价发行收入,账务处理如下:

借:资本公积——股本溢价　　　　　　　　　　　　　　　　4 000 000
　　贷:银行存款　　　　　　　　　　　　　　　　　　　　　4 000 000

(3) 以债务重组、非货币性资产交换等方式取得的长期股权投资,其初始投资成本应按照《企业会计准则第12号——债务重组》和《企业会计准则第7号——非货币性资产交换》的规定确定。

四、投资成本中包含的已宣告但尚未发放的现金股利或利润的处理

企业无论以何种方式取得长期股权投资,取得投资时,对于投资成本中包含的应享有被投资企业已经宣告但尚未发放的现金股利或利润应作为应收项目单独核算,不构成取得长期股权投资的初始投资成本。即企业在支付对价取得长期股权投资时,对于实际支付的价款中包含的对方已经宣告但尚未发放的现金股利或利润,应作为预付款,构成企业的一项债权,该债权与取得的对被投资企业的长期股权投资应作为两项金融资产。

【例5-7】承例5-5,假定集思公司取得该项投资时,D公司已经宣告但尚未发放现金股利,集思公司按其持股比例计算确定可分得300万元。则集思公司在确认该长期股权投资时,应将包含的现金股利部分单独核算,相应的账务处理如下:

借:长期股权投资　　　　　　　　　　　　　　　　　　　　29 000 000
　　应收股利　　　　　　　　　　　　　　　　　　　　　　3 000 000
　　贷:银行存款　　　　　　　　　　　　　　　　　　　　32 000 000

第三节　长期股权投资的后续计量

长期股权投资在持有期间,根据投资企业对被投资企业的影响程度进行划分,应当分

别采用成本法及权益法进行核算。对子公司的长期股权投资应当采用成本法核算,对合营公司、联营公司的长期股权投资应当采用权益法进行核算。

一、长期股权投资的成本法

成本法适用于投资企业持有的对子公司的长期股权投资。采用成本法核算的长期股权投资,核算方法如下。

(1)初始投资或追加投资时,按照初始投资或追加投资时的成本增加长期股权投资的账面价值。

(2)除取得投资时实际支付的价款或对价中包含的已宣告但尚未发放的现金股利或利润外,投资企业应当按照享有被投资企业宣告发放的现金股利或利润确认投资收益,不管有关利润分配是属于对取得投资前还是取得投资后被投资企业实现净利润的分配。

投资企业在确认自被投资企业应分得的现金股利或利润后,应当考虑有关长期股权投资是否发生减值。在判断该类长期股权投资是否存在减值迹象时,应当关注长期股权投资的账面价值是否大于享有被投资企业净资产(包括相关商誉)账面价值的份额等情况。出现类似情况时,企业应当按照《企业会计准则第 8 号——资产减值》的规定对长期股权投资进行减值测试,可收回金额低于长期股权投资账面价值的,应当计提减值准备。

(3)子公司将未分配利润或盈余公积转增股本(实收资本),且未向投资企业提供等值现金股利或利润的选择权时,投资企业并没有获得收取现金或者利润的权力,该项交易通常属于子公司自身权益结构的重分类,投资企业不应确认相关的投资收益。

【例 5-8】2017 年 10 月 20 日,集思公司以 1 500 万元购入 F 公司 80%的股权。相关手续于当日完成,并能够对 F 公司实施控制。2018 年 3 月 30 日,F 公司宣告分派现金股利,集思公司按照其持有比例确定可分得 200 万元。

集思公司对 F 公司长期股权投资应进行的账务处理如下:

借:长期股权投资 15 000 000
　　贷:银行存款 15 000 000
借:应收股利 2 000 000
　　贷:投资收益 2 000 000

二、长期股权投资的权益法

权益法是指投资以初始投资成本计量后,在投资持有期间根据投资企业享有被投资企业所有者权益的份额的变动对投资的账面价值进行调整的方法。

投资企业对被投资企业具有共同控制或重大影响的长期股权投资,即对合营企业投资及联营企业投资,应当采用权益法核算。

(一)初始投资成本的调整

投资企业取得对联营企业或合营企业的投资以后,对于取得投资时投资成本与应享有被投资企业可辨认净资产公允价值份额之间的差额,应根据不同情况分别处理。

(1)初始投资成本大于取得投资时应享有被投资企业可辨认净资产公允价值份额的,

该部分差额的本质是投资企业在取得投资过程中通过购买作价体现出的与所取得股权份额相对应的商誉及被投资企业不符合确认条件的资产价值。初始投资成本大于投资时应享有被投资企业可辨认净资产公允价值的份额时,两者之间的差额不要求对长期股权投资的成本进行调整。

(2) 初始投资成本小于取得投资时应享有被投资企业可辨认净资产公允价值份额的,两者之间的差额体现为双方在交易作价过程中转让方的让步。该部分经济利益流入应作为收益处理,计入取得投资当期的营业外收入,同时调整增加长期股权投资的账面价值。

【例5-9】2018年1月1日,集思公司以860万元购入G公司40%普通股权,并对G公司有重大影响。2018年1月1日,G公司可辨认净资产的公允价值为2 000万元,款项已经以银行存款支付。假定被投资企业各项可辨认资产、负债的公允价值与其账面价值相同。

在G公司的生产经营决策过程中,所有股东均按持股比例行使表决权。集思公司在取得G公司的股权后,派人参与了G公司的生产经营决策。因能够对G公司施加重大影响,集思公司应当对该投资采用权益法核算。取得投资时,集思公司应进行以下账务处理:

借:长期股权投资——成本　　　　　　　　　　　　　　8 600 000
　　贷:银行存款　　　　　　　　　　　　　　　　　　　8 600 000

长期股权投资的初始投资成本860万元大于取得投资时应享有被投资企业可辨认净资产公允价值的份额800(2 000×40%)万元,两者的差额不调整长期股权投资的账面价值。

如果本例中取得投资时被投资企业可辨认净资产的公允价值为2 400万元,A企业按持股比例40%计算确定应享有960万元,则初始投资成本与应享有被投资企业可辨认净资产公允价值份额之间的差额100万元应计入取得投资当期的营业外收入,账务处理如下:

借:长期股权投资——成本　　　　　　　　　　　　　　9 600 000
　　贷:银行存款　　　　　　　　　　　　　　　　　　　8 600 000
　　　　营业外收入　　　　　　　　　　　　　　　　　　1 000 000

(二) 投资损益的确认

投资企业取得长期股权投资后,应当按照应享有或应分担被投资企业实现净利润或发生净亏损的份额(法规或章程规定不属于投资企业的净损益除外),调整长期股权投资的账面价值,并确认为当期投资损益。

在确认应享有或应分担被投资企业的净利润或净亏损时,在被投资企业账面净利润的基础上,应考虑以下因素的影响进行适当调整。

(1) 被投资企业采用的会计政策及会计期间与投资企业不一致的,应按投资企业的会计政策及会计期间,对被投资企业的财务报表进行调整。

(2) 以取得投资时被投资企业固定资产、无形资产的公允价值为基础计提的折旧额或摊销额,以及以投资企业取得投资时的公允价值为基础计算确定的资产减值准备金额等对被投资企业净利润的影响。

被投资企业个别利润表中的净利润是以其持有的资产、负债账面价值为基础持续计算的,而投资企业在取得投资时,是以被投资企业有关资产、负债的公允价值为基础确定投资成本，长期股权投资的投资收益所代表的是被投资企业资产、负债在公允价值计量的情况下在未来期间通过经营产生的损益中归属于投资企业的部分。取得投资时，有关资产、负债的公允价值与其账面价值不同的，未来期间，在计算归属于投资企业应享有的净利润或应承担的净亏损时，应以投资时被投资企业有关资产对投资企业的成本即取得投资时的公允价值为基础计算确定，从而产生了需要对被投资企业账面净利润进行调整的情况。

在针对上述事项对被投资企业实现的净利润进行调整时，应考虑重要性原则，不具有重要性的项目可不予调整。符合下列条件之一的，投资企业可以被投资企业的账面净利润为基础，计算确认投资损益，同时应在会计报表附注中说明不能按照相关准则规定进行核算的原因：①投资企业无法合理确定取得投资时被投资企业各项可辨认资产等的公允价值；②投资时，被投资企业可辨认资产的公允价值与其账面价值相比，两者之间的差额不具有重要性的；③其他原因导致无法取得被投资企业的有关资料，不能按照相关准则中规定的原则对被投资企业的净损益进行调整的。

【例 5-10】承例 5-9，假定长期股权投资的成本大于取得投资时被投资企业可辨认净资产公允价值份额的情况下，取得投资当年，被投资企业实现净利润 2 000 万元。投资企业与被投资企业均以公历年度作为会计年度，两者采用的会计政策相同。由于投资时，被投资企业各项资产、负债的账面价值与其公允价值相同，且假定投资企业与被投资企业未发生任何内部交易，不需要对被投资企业实现的净损益进行调整，投资企业应确认的投资收益为 800（2 000×40%）万元。

  借：长期股权投资——损益调整   8 000 000
    贷：投资收益   8 000 000

【例 5-11】集思公司于 2018 年 1 月 10 日购入 H 公司 30% 的股份，购买价款为 3 000 万元，并自取得投资之日起派人参与 H 公司的财务和生产经营决策。取得投资当日，H 公司可辨认净资产公允价值为 9 900 万元，除表 5-2 所列项目外，H 公司其他资产、负债的公允价值与账面价值相同。

表 5-2 H 公司资产情况

项目	账面原价/万元	已提折旧或摊销/万元	公允价值/万元	原预计使用年限/年	剩余使用年限/年
存货	750		1 000		
固定资产	1 600	320	2 400	20	16
无形资产	1 200	240	1 600	10	8
合计	3 550	560	6 000		

假定 H 公司于 2018 年实现净利润 900 万元，其中，集思公司取得投资时的账面存货有 80% 对外出售。集思公司与 H 公司的会计年度及采用的会计政策相同。固定资产、无形资产均按直线法提取折旧或摊销，预计净残值均为 0。假定集思公司与 H 公司之间未发生任何内部交易。

集思公司在确定其应享有的投资收益时,应在H公司实现净利润的基础上,根据取得投资时H公司有关资产的账面价值与其公允价值差额的影响进行调整(假定不考虑所得税影响)。

存货账面价值与公允价值的差额应调减的利润=(1 000-750)×80%=200(万元)

固定资产公允价值与账面价值的差额应调整增加的折旧额=2 400÷16-1 600÷20
=70(万元)

无形资产公允价值与账面价值的差额应调整增加的折旧额=1 600÷8-1 200÷10
=80(万元)

调整后的净利润=900-200-70-80=550(万元)

集思公司应享有份额=550×30%=165(万元)

确认投资收益的账务处理如下:

借:长期股权投资——损益调整　　　　　　　　　　　1 650 000
　　贷:投资收益　　　　　　　　　　　　　　　　　　　　　1 650 000

(3) 在确认投资收益时,除考虑公允价值的调整外,对于投资企业与其联营企业及合营企业之间发生的未实现内部交易损益应予抵销。即投资企业与其联营企业及合营企业之间发生的未实现内部交易损益按照持股比例计算归属于投资企业的部分应当予以抵销,在此基础上确认投资损益。投资企业与被投资企业发生的内部交易损失,按照《企业会计准则第8号——资产减值》的规定属于资产减值损失的,应当全额确认。投资企业对于纳入其合并范围的子公司与其联营企业及合营企业之间发生的内部交易损益,也应当按照上述原则进行抵销,在此基础上确认投资损益。

应当注意的是,该未实现内部交易损益的抵销既包括顺流交易也包括逆流交易。其中,顺流交易是指投资企业向其联营企业或合营企业出售资产,逆流交易是指联营企业或合营企业向投资企业出售资产。当该未实现内部交易损益体现在投资企业或其联营企业、合营企业持有的资产账面价值中时,相关的损益在计算确认投资损益时应予抵销。

① 对于联营企业或合营企业向投资企业出售资产的逆流交易,在该交易存在未实现内部交易损益的情况下(即有关资产未对外部独立第三方出售),投资企业在采用权益法计算确认应享有联营企业或合营企业的投资损益时,应抵销该未实现内部交易损益的影响。当投资企业自其联营企业或合营企业购买资产时,在将该资产出售给外部独立的第三方之前,不应确认联营企业或合营企业因该交易产生的损益中本企业应享有的部分。

因逆流交易产生的未实现内部交易损益,在未对外部独立第三方出售之前,体现在投资企业持有资产的账面价值当中。投资企业对外编制合并财务报表的,应在合并财务报表中对长期股权投资及包含未实现内部交易损益的资产账面价值进行调整,抵销有关资产账面价值中包含的未实现内部交易损益,并相应调整对联营企业或合营企业的长期股权投资。

【例5-12】 集思公司于20×8年1月取得J公司20%的有表决权股份,能够对J公司施加重大影响。假定集思公司取得该项投资时,J公司各项可辨认资产、负债的公允价值与其账面价值相同。20×8年8月,J公司将其成本为600万元的某商品以800万元的价格出售给集思公司，集思公司将取得的商品作为存货。截至20×8年资产负债表日，集思公司仍未对外出售该存货。J公司20×8年实现净利润3 200万元。假定不考虑所得税因素。

集思公司在按照权益法确认应享有J公司2017年净损益时，应进行以下账务处理：

借：长期股权投资——损益调整　　　　　　　　　　　　　6 000 000
　　贷：投资收益　　　　　　　　　　　　　　　　　　　　6 000 000

假定在20×9年，集思公司将该商品以1 000万元的价格向外部独立第三方出售，因该部分内部交易损益已经实现，集思公司在确认应享有J公司20×9年净损益时，应考虑将原未确认的该部分内部交易损益计入投资损益，即应在考虑其他因素计算确定的投资损益的基础上调整增加80万元。假定20×9年J公司实现的净利润为3 500万元，集思公司的账务处理如下：

借：长期股权投资——损益调整　　　　　　　　　　　　　7 400 000
　　贷：投资收益　　　　　　　　　　　　　　　　　　　　7 400 000

② 对于投资企业向联营企业或合营企业出售资产的顺流交易，在该交易存在未实现内部交易损益的情况下（即有关资产未向外部独立第三方出售），投资企业在采用权益法计算确认应享有联营企业或合营企业的投资损益时，应抵销该未实现内部交易损益的影响，同时调整对联营企业或合营企业长期股权投资的账面价值。当投资企业向联营企业或合营企业出售资产，同时有关资产由联营企业或合营企业持有时，投资方因出售资产应确认的损益仅限于与联营企业或合营企业其他投资者交易的部分。即在顺流交易中，投资方投入资产或出售资产对其联营企业或合营企业产生的损益中，按照持股比例计算确定归属于本企业的部分不予确认。

【例5-13】集思公司于20×7年1月取得J公司20%有表决权股份，能够对J公司施加重大影响。20×7年，集思公司将其账面价值为600万元的商品以1 000万元的价格出售给J公司。截至20×7年资产负债表日，该批商品尚未对外部第三方出售。假定集思公司取得该项投资时，J公司各项可辨认资产、负债的公允价值与其账面价值相同，两者在以前期间未发生过内部交易。J公司20×7年实现净利润2 000万元。假定不考虑所得税因素。

集思公司在该项交易中实现利润400万元，其中的80（400×20%）万元是针对本企业持有的对联营企业的权益份额，在采用权益法计算确认投资损益时应予抵销，集思公司应当进行的账务处理如下：

借：长期股权投资——损益调整　　　　　　　　　　　　　3 200 000
　　贷：投资收益　　　　　　　　　　　　　　　　　　　　3 200 000

应当说明的是，投资企业与其联营企业及合营企业之间发生的无论是顺流交易还是逆流交易产生的未实现内部交易损失，属于所转让资产发生减值损失的，有关的未实现内部交易损失不应予以抵销。

（三）被投资企业其他综合收益变动的处理

被投资企业其他综合收益发生变动的，投资方应当按照归属于本企业的部分，相应调整长期股权投资的账面价值，同时增加或减少其他综合收益。

【例 5-14】集思公司持有 K 公司 40% 的股份，能够对 K 公司施加重大影响。2017 年，K 公司持有的以公允价值计量变动计入其他综合收益的金融资产发生公允价值变动，计入其他综合收益的金额为 450 万元，除该事项外，K 公司当期实现的净利润为 2 000 万元。假定集思公司和 K 公司的会计年度及采用的会计政策相同，两者在当期未发生任何内部交易。集思公司取得该项投资时，K 公司各项可辨认资产、负债的公允价值与其账面价值相同。假定不考虑相关税费等其他因素影响。

集思公司应进行以下账务处理：

借：长期股权投资——损益调整　　　　　　　　　　　　　800
　　　　　　　——其他综合收益　　　　　　　　　　　　　 90
　　贷：投资收益　　　　　　　　　　　　　　　　　　　　800
　　　　其他综合收益　　　　　　　　　　　　　　　　　　 90

（四）取得现金股利或利润的处理

按照权益法核算的长期股权投资，投资企业自被投资企业取得的现金股利或利润，应抵减长期股权投资的账面价值。在被投资企业宣告分派现金股利或利润时，借记"应收股利"科目，贷记"长期股权投资（损益调整）"科目；自被投资企业取得的现金股利或利润超过已确认损益调整的部分应视同投资成本的收回，冲减长期股权投资的账面价值。

（五）超额亏损的确认

按照权益法核算的长期股权投资，投资企业确认应分担被投资企业发生的损失，原则上应以长期股权投资及其他实质上构成对被投资企业净投资的长期权益减记至零为限，投资企业负有承担额外损失义务的除外。这里所讲的"其他实质上构成对被投资企业净投资的长期权益"通常是指长期应收项目，例如，企业对被投资企业的长期债权，该债权没有明确的清收计划，且在可预见的未来期间不准备收回的，实质上构成对被投资企业的净投资，但不包括投资企业与被投资企业之间因销售商品、提供劳务等日常活动所产生的长期债权。

投资企业在确认应分担被投资企业发生的亏损时，具体应按照以下顺序处理。

(1) 减记长期股权投资的账面价值。

(2) 在长期股权投资的账面价值减记至零的情况下，对于未确认的投资损失，考虑除长期股权投资以外，账面上是否有其他实质上构成对被投资企业净投资的长期权益项目，如果有，则应以其他长期权益的账面价值为限，继续确认投资损失，冲减长期应收项目等的账面价值。

(3) 经过上述处理，按照投资合同或协议约定，投资企业仍需要承担额外损失弥补等义务的，应按预计将承担的义务金额确认预计负债，计入当期投资损失。

企业在实务操作过程中，在发生投资损失时，应借记"投资收益"科目，贷记"长期股权投资——损益调整"科目。在长期股权投资的账面价值减记至零以后，考虑其他实质上构成对被投资企业净投资的长期权益，继续确认的投资损失，应借记"投资收益"科目，贷记"长期应收款"等科目；因投资合同或协议约定导致投资企业需要承担额外义务的，按照《企业会计准则第 13 号——或有事项》的规定，对于符合确认条件的义务，应确认为当期损失,同时确认预计负债,借记"投资收益"科目,贷记"预计负债"科目。除上述情况仍未确认的应分担被投资企业的损失,应在账外进行备查登记。

在确认了有关的投资损失以后,被投资企业于以后期间实现盈利的,应按以上相反顺序分别减记账外备查登记的金额、已确认的预计负债、恢复其他长期权益及长期股权投资的账面价值,同时确认投资收益。即应当按顺序分别借记"预计负债""长期应收款""长期股权投资"等科目,贷记"投资收益"科目。

【例5-15】集思公司持有L企业40%的股权,能够对L企业施加重大影响。2016年12月31日,该项长期股权投资的账面价值为6 000万元。L企业2017年由于一项主营业务市场条件发生变化,当年亏损8 000万元。假定集思公司在取得该投资时,L企业各项可辨认资产、负债的公允价值与其账面价值相等,双方所采用的会计政策及会计期间也相同。则集思公司当年应确认的投资损失为3 200万元。确认上述投资损失后,长期股权投资的账面价值变为2 400万元。

如果L企业当年的亏损额为20 000万元,则集思公司按其持股比例确认应分担的损失为8 000万元,但长期股权投资的账面价值仅为6 000万元,如果没有其他实质上构成对被投资企业净投资的长期权益项目,则集思公司应确认的投资损失仅为6 000万元,超额损失在账外进行备查登记;在确认了6 000万元的投资损失,长期股权投资的账面价值减记至零以后,如果集思公司账上仍有应收L企业的长期应收款1 400万元,该款项从目前情况来看,没有明确的清偿计划(并非产生于商品购销等日常活动),应以长期应收款的账面价值为限进一步确认投资损失1 400万元。集思公司应进行的账务处理如下:

借:投资收益   60 000 000
    贷:长期股权投资——损益调整   60 000 000
借:投资收益   14 000 000
    贷:长期应收款——超额亏损   14 000 000

(六)被投资企业除净损益、其他综合收益和利润分配以外的所有者权益的其他变动

采用权益法核算时,投资企业对于被投资企业除净损益、其他综合收益和利润分配以外所有者权益的其他变动,在持股比例不变的情况下,应按照持股比例与被投资企业除净损益以外所有者权益的其他变动中归属于本企业的部分,相应调整长期股权投资的账面价值,同时增加或减少资本公积,并在备查簿中予以登记。投资企业在后续处置股权投资但对剩余股权依然采用权益法核算时,应按处置比例将这部分资本公积转入当期损益;对于剩余股权终止权益法核算时,应将这部分资本公积全部转入当期投资收益。

【例5-16】集思公司持有M公司30%的股份,能够对M公司施加重大影响。当期M公司的母公司向M公司捐赠600万元,该捐赠实质上是资本性投入,M公司将其计入"资本公积——股本溢价"科目。假定不考虑其他因素,集思公司应进行的账务处理如下:

借:长期股权投资——其他权益变动   180
    贷:资本公积——其他资本公积   180

（七）股票股利的处理

被投资企业分派的股票股利，投资企业不做账务处理，但应于除权日注明所增加的股数，以反映股份的变化情况。

三、长期股权投资的减值

长期股权投资在按照规定进行核算确定其账面价值的基础上，如果存在减值迹象的，应当按照《企业会计准则第 8 号——资产减值》的规定确定其可收回金额及应予计提的减值准备。上述有关长期股权投资的减值准备在提取以后，均不允许转回。

第四节 长期股权投资核算方法的转换

长期股权投资在持有期间，因各方面情况（如追加投资或减少投资）的变化，可能导致其核算需要由一种方法转换为其他的方法。

一、公允价值计量转权益法核算

企业原持有的被投资企业的股权不具有控制、共同控制或重大影响，按照《企业会计准则第 22 号——金融工具确认和计量》进行会计处理的，因追加投资等原因导致持股比例增加，使其能够对被投资企业实施共同控制或重大影响时，应转换为按权益法核算。应在转换日按照原股权的公允价值加上为取得新增投资而应支付对价的公允价值，作为改按权益法核算的初始投资成本；原股权投资在转换日的公允价值与账面价值之间的差额，以及原计入其他综合收益的累计公允价值变动转入改按权益法核算的当期损益。在此基础上，企业还应比较初始投资成本与获得被投资企业共同控制或重大影响时应享有被投资企业可辨认净资产份额之间的差额，前者大于后者的，不调整长期股权投资的账面价值；前者小于后者的，调整长期股权投资的账面价值，并将差额计入当期营业外收入。

【例 5-17】集思公司于 2019 年 2 月取得 N 公司 10% 的股权，成本为 900 万元。取得时，N 公司可辨认净资产公允价值总额为 8 000 万元（假定公允价值与账面价值相同）。因对被投资企业不具有控制、共同控制和重大影响，公司将其分类为其他权益工具投资。

2020 年 1 月 1 日，集思公司又以 1 440 万元取得 N 公司 12% 的股权，当日 N 公司可辨认净资产公允价值总额为 15 000 万元。取得该部分股权后，按照 N 公司章程规定，集思公司能够派人参与 N 公司的财务和生产经营决策，对该项长期股权投资转换为采用权益法核算。假定集思公司在取得对 N 公司原 10% 的股权后，双方未发生任何内部交易。2018 年，N 公司通过生产经营活动实现的净利润为 900 万元，未派发现金股利或利润。除所实现的净利润外，未发生其他计入资本公积的交易或事项。2020 年 1 月 1 日，集思公司对N公司投资原10%股权的公允价值为1 200万元,原计入其他综合收益的累计公允价值变动收益为100万元。

2020年1月1日,集思公司对N公司投资原10%股权的公允价值为1 200万元,账面价值为1 000万元,差额应计入当期损益。同时,因追加投资改按权益法核算,原计入其他综合收益的累计公允价值变动收益100万元也应转入当期损益。

集思公司对N公司股权增持后,持股比例改为22%,初始投资成本为2 640(1 200+1 440)万元,应享有N公司可辨认净资产公允价值份额为3 300(15 000×22%)万元,后者大于前者660万元,调整长期股权投资的账面价值。

集思公司对上述交易的会计处理如下:

借:长期股权投资——成本　　　　　　　　　　　　　　　　33 000 000
　　贷:银行存款　　　　　　　　　　　　　　　　　　　　14 400 000
　　　　投资收益　　　　　　　　　　　　　　　　　　　　 2 000 000
　　　　其他权益工具——成本　　　　　　　　　　　　　　 9 000 000
　　　　　　　　　　——公允价值变动　　　　　　　　　　 1 000 000
　　　　营业外收入　　　　　　　　　　　　　　　　　　　 6 600 000
借:其他综合收益　　　　　　　　　　　　　　　　　　　　 1 000 000
　　贷:投资收益　　　　　　　　　　　　　　　　　　　　 1 000 000

二、公允价值计量转成本法核算

企业原持有的被投资企业的股权不具有控制、共同控制或重大影响,按照《企业会计准则第22号——金融工具确认和计量》进行会计处理的,因追加投资等原因导致持股比例增加,使其能够对被投资企业实施控制的,应转换为按成本法核算。此时,合并方应当按照原持有的股权投资账面价值加上新增投资成本之和,作为改按成本法核算的长期股权投资初始投资成本。原计入其他综合收益的累计公允价值变动应当在改按成本法核算时转入当期损益。

【例5-18】2018年5月1日,集思公司以银行存款1 200万元购入P公司10%的股权,对P公司无重大影响,集思公司将其计入可供出售金融资产。2018年7月8日,该笔投资的公允价值为1 400万元,当日集思公司又以银行存款8 400万元从其他投资者手中购得P公司60%的股份,对P公司实现了非同一控制下企业合并。2018年7月8日,原计入其他综合收益的累计公允价值变动收益为50万元。

2018年7月1日,集思公司的会计处理如下:

借:长期股权投资　　　　　　　　　　　　　　　　　　　 98 000 000
　　贷:其他权益工具—成本　　　　　　　　　　　　　　　12 000 000
　　　　银行存款　　　　　　　　　　　　　　　　　　　　84 000 000
　　　　公允价值变动　　　　　　　　　　　　　　　　　　 2 000 000
借:其他综合收益　　　　　　　　　　　　　　　　　　　　　 500 000
　　贷:投资收益　　　　　　　　　　　　　　　　　　　　　 500 000

三、权益法转成本法核算

因追加投资等原因导致原持有的对联营企业或合营企业的投资转变为对子公司投资的,应转换为按成本法核算。在非同一控制下合并方应当按照原持有的股权投资账面价值加上新增投资成本之和,作为改按成本法核算的初始投资成本,也就是不用再追溯调整了。购买日之前持有的股权投资因采用权益法核算而确认的其他综合收益,应当在处置该项投资时采用与被投资企业直接处置相关资产或负债相同的基础进行会计处理。

【例5-19】2019年1月1日,集思公司购入Q公司30%的股权。初始投资成本为500万元,当日Q公司可辨认净资产公允价值为1 500万元。2018年,Q公司分红40万元,实现净利润100万元,其他综合收益80万元。2020年2月1日,集思公司以800万元从其他非关联方投资者手中购入Q公司40%的股份完成对Q公司的非同一控制下的控股合并。

2020年2月1日,集思公司的会计处理如下:

借:长期股权投资　　　　　　　　　　　　　　　　　　　8 000 000
　　贷:银行存款　　　　　　　　　　　　　　　　　　　　8 000 000
借:长期股权投资　　　　　　　　　　　　　　　　　　　5 540 000
　　贷:长期股权投资——成本　　　　　　　　　　　　　　5 000 000
　　　　　　　　　　——损益调整　　　　　　　　　　　　　300 000
　　　　　　　　　　——其他综合收益　　　　　　　　　　　240 000

四、权益法转公允价值计量核算

原持有的对被投资企业具有共同控制或重大影响的长期股权投资,因为部分处置等原因导致持股比例下降,不能再对被投资企业实施共同控制或重大影响的,应改为按《企业会计准则第22号——金融工具确认和计量》的规定对剩余股权进行会计处理。在转换日,剩余股权当日的公允价值与其原账面价值的差额计入当期损益。同时,原采用权益法核算的相关其他综合收益应当在终止采用权益法核算时,采用与被投资企业直接处置相关资产或负债相同的基础进行会计处理。因被投资企业除净损益、其他综合收益和利润分配以外的其他所有者权益变动而确认的所有者权益,应当在终止采用权益法时全部转入当期损益。

【例5-20】集思公司持有R公司40%有表决权的股份,能够对R公司施加重大影响,对该股权投资采用权益法核算。2019年8月,集思公司将该项投资中的70%对外出售,取得价款2 100万元,相关股权划转手续于当日完成。集思公司无法再对R公司施加重大影响,将剩余股权转为可供出售金融资产核算。

出售该股权时,该长期股权投资的账面价值为2 800万元,其中投资成本为2 400万元,损益调整300万元,因被投资企业的可供出售金融资产的累计公允价值变动享有部分为80万元,除净损益、其他综合收益和利润分配以外的其他所有者权益变动享有部分为20万元。假定不考虑相关税费等其他因素影响,集思公司的会计处理如下。

(1) 确认有关股权投资的处置损益:
借: 银行存款　　　　　　　　　　　　　　　　　21 000 000
　　贷: 长期股权投资——成本　　　　　　　　　　16 800 000
　　　　　　　　　　——损益调整　　　　　　　　 2 100 000
　　　　　　　　　　——其他综合收益　　　　　　　 560 000
　　　　　　　　　　——其他权益变动　　　　　　　 140 000
　　　　　　投资收益　　　　　　　　　　　　　　 1 400 000
(2) 由于终止采用权益法核算,将原确认的相关其他综合收益全部转入当期损益:
借: 其他综合收益　　　　　　　　　　　　　　　　 800 000
　　贷: 投资收益　　　　　　　　　　　　　　　　　 800 000
(3) 由于终止采用权益法核算,将原计入资本公积的其他所有者权益变动全部转入当期损益:
借: 资本公积——其他资本公积　　　　　　　　　　　200 000
　　贷: 投资收益　　　　　　　　　　　　　　　　　 200 000
(4) 剩余股权投资转为可供出售金融资产,当日公允价值为 900 万元,账面价值 840 万元,两者差额计入当期投资收益:
借: 其他权益工具投资　　　　　　　　　　　　　　 9 000 000
　　贷: 长期股权投资——成本　　　　　　　　　　　7 200 000
　　　　　　　　　　——损益调整　　　　　　　　　 900 000
　　　　　　　　　　——其他综合收益　　　　　　　 240 000
　　　　　　　　　　——其他权益变动　　　　　　　 60 000
　　　　　　投资收益　　　　　　　　　　　　　　　 600 000

五、成本法转权益法核算

原持有的对被投资企业能够实施控制的长期股权投资,因部分处置等原因导致对被投资企业的影响能力下降,转为具有重大影响或与其他投资企业一起实施共同控制的,首先应按处置或收回投资的比例结转应终止确认的长期股权投资成本,处置损益作为投资收益。

比较剩余的长期股权投资成本与按照剩余持股比例计算原投资时应享有被投资企业可辨认净资产公允价值的份额,前者大于后者的,不调整长期股权投资的账面价值;前者小于后者的,属于投资成本小于应享有被投资企业可辨认净资产公允价值份额之间的差额,不仅应调整长期股权投资的账面价值,还应同时调整留存收益。

对于原取得投资后至转换为按权益法核算之间被投资企业实现净损益中按照持股比例计算应享有份额,不仅应调整长期股权投资的账面价值,对于原取得投资时至处置投资当期期初被投资企业实现的净损益(扣除已宣告发放的现金股利)中应享有的份额,还应同时调整留存收益;对于处置投资当期期初至处置投资之日被投资企业实现的净损益中享有的份额,则应当计入当期损益。

对于被投资企业在此期间所有者权益的其他变动应享有的份额,在调整长期股权投资的账面价值的同时,应当计入"其他综合收益"或"资本公积——其他资本公积"科目。

【例5-21】集思公司原持有S公司60%的股权,能够对S公司施加控制,其账面余额为900万元,未计提减值准备。2019年6月2日,集思公司将其持有的S公司20%的股权出售给某企业,取得价款540万元,当日被投资企业可辨认净资产公允价值总额为2 400万元,相关手续于当日完成。集思公司原取得对S公司60%的股权时,S公司可辨认净资产公允价值总额为1 350万元(假定可辨认净资产的公允价值与账面价值相同)。自取得对S公司长期股权投资后至处置投资前,S公司实现净利润750万元,自取得对S公司长期股权投资后至2019年年初实现净利润700万元,假定S公司一直未进行利润分配。除所实现净损益外,S公司未发生其他计入资本公积的交易或事项。本例中,集思公司按净利润的10%提取盈余公积。

在出售20%的股权后,集思公司对S公司的持股比例为40%,在被投资企业董事会中派有代表,但不能对S公司的生产经营决策实施控制。对S公司长期股权投资应由成本法改为按照权益法进行核算。

(1)确认长期股权投资处置损益时,账务处理如下:

借:银行存款 5 400 000
  贷:长期股权投资 3 000 000
    投资收益 2 400 000

(2)调整长期股权投资账面价值。剩余长期股权投资的账面价值为600万元,与原投资时应享有被投资企业可辨认净资产公允价值份额之间的差额600(600—1 350×40%)万元为商誉,该部分商誉的价值不需要对长期股权投资的成本进行调整。取得投资以后,被投资企业可辨认净资产公允价值的变动中应享有的份额为420[(2 400—1 350)×40%]万元,其中,280(700×40%)万元为被投资企业自取得对S公司长期股权投资后至2019年年初实现的净损益,应调整增加长期股权投资的账面价值,同时调整留存收益,20(50×40%)万元为处置投资当期期初至处置投资之日实现的净损益,应调整当期损益。企业应进行以下账务处理:

借:长期股权投资——损益调整 3 000 000
  贷:盈余公积 280 000
    利润分配——未分配利润 2 520 000
    投资收益 200 000

六、成本法转公允价值计量核算

原持有的对被投资企业能够实施控制的长期股权投资,因为部分处置等原因导致持股比例下降,不能再对被投资企业实施共同控制或重大影响的,应改为按《企业会计准则第22号——金融工具确认和计量》的规定对剩余股权进行会计处理。应当于转换日将剩余股权按公允价值重新计量,公允价值与其账面价值的差额计入当期损益。

【例5-22】集思公司原持有T公司80%的股权,投资成本为1 600万元,能够对T公司施加控制,按成本法核算。2019年10月9日,集思公司将该项投资中的80%出售给非关联方,所得价款为1 920万元,相关手续于当日完成。集思公司无法再对T公司施加控制,也不能施加共同控制或重大影响,将剩余股权转为可供出售金融资产核算。剩余股权投资当日的公允价值为480万元。假定不考虑其他因素,集思公司2019年10月9日的会计处理如下。

(1) 出售股权:

借:银行存款　　　　　　　　　　　　　　　　　　　　　　19 200 000
　　贷:长期股权投资　　　　　　　　　　　　　　　　　　　　12 800 000
　　　　投资收益　　　　　　　　　　　　　　　　　　　　　　 6 400 000

(2) 剩余股权的处理:

借:其他权益工具投资　　　　　　　　　　　　　　　　　　　 4 800 000
　　贷:长期股权投资　　　　　　　　　　　　　　　　　　　　 3 200 000
　　　　投资收益　　　　　　　　　　　　　　　　　　　　　　 1 600 000

第五节　长期股权投资的处置

企业处置长期股权投资时,应相应结转与所售股权相对应的长期股权投资的账面价值,出售所得价款与处置长期股权投资账面价值之间的差额,应确认为处置损益。

采用权益法核算的长期股权投资,原计入其他综合收益、资本公积中的金额,在处置时亦应进行结转,将与所出售股权相对应的部分在处置时自其他综合收益、资本公积转入当期损益。

【例5-23】集思公司原持有U公司40%的股权,采用权益法核算。2019年12月20日,集思公司决定出售给非关联的第三方10%的U公司股权。出售时,集思公司账面上对U公司长期股权投资的构成为:投资成本1 800万元,损益调整480万元,其他综合收益200万元,其他权益变动300万元。出售取得价款800万元。对剩余的30%股权仍采用权益法核算。假定不考虑相关税费等其他因素影响。

(1) 集思公司确认处置损益的账务处理如下:

借:银行存款　　　　　　　　　　　　　　　　　　　　　　 8 000 000
　　贷:长期股权投资——成本　　　　　　　　　　　　　　　　4 500 000
　　　　　　　　　　——损益调整　　　　　　　　　　　　　　1 200 000
　　　　　　　　　　——其他综合收益　　　　　　　　　　　　　500 000
　　　　　　　　　　——其他权益变动　　　　　　　　　　　　　750 000
　　　　投资收益　　　　　　　　　　　　　　　　　　　　　　1 050 000

(2) 除应将实际取得价款与出售长期股权投资的账面价值进行结转，确认出售损益以外，还应将原计入其他综合收益、资本公积的部分按比例转入当期损益。

借：其他综合收益　　　　　　　　　　　　　　　　　　　　　500 000
　　资本公积——其他资本公积　　　　　　　　　　　　　　　750 000
　　　贷：投资收益　　　　　　　　　　　　　　　　　　　　　1 250 000

本章小结

长期股权投资核算的内容包括：①能够实施控制的权益性投资；②能够实施共同控制的权益性投资；③能够施加重大影响的权益性投资。

企业在取得长期股权投资时，应按初始投资成本入账。长期股权投资的初始计量应当区分企业合并取得的长期股权投资和非企业合并取得的长期股权投资。企业合并形成的长期股权投资，初始投资成本的确定还应区分同一控制下企业合并与非同一控制下企业合并两种情况。

长期股权投资在持有期间，根据投资企业对被投资企业的影响程度进行划分，应当分别采用成本法及权益法进行核算。对子公司的长期股权投资应当采用成本法核算，对合营公司、联营公司的长期股权投资应当采用权益法进行核算。

采用成本法核算的长期股权投资应注意：初始投资或追加投资时，按照初始投资或追加投资时的成本增加长期股权投资的账面价值；除取得投资时实际支付的价款或对价中包含的已宣告但尚未发放的现金股利或利润外，投资企业应当按照享有被投资企业宣告发放的现金股利或利润确认投资收益。不管有关利润分配是属于对取得投资前还是取得投资后被投资企业实现净利润的分配。

在权益法下，长期股权投资的账面价值要随着被投资企业的所有者权益的变动而调整。首先，在取得投资时应比较投资成本与应享有被投资企业可辨认净资产公允价值份额，根据不同情况分别处理；其次，取得投资后，应当按照应享有或应分担被投资企业实现净利润或发生净亏损的份额（法规或章程规定不属于投资企业的净损益除外），调整长期股权投资的账面价值，并确认为当期投资损益，在确认应享有或应分担被投资企业的净利润或净亏损时，在被投资企业账面净利润的基础上，还应考虑相关因素的影响进行适当调整。此外，被投资企业其他综合收益发生变动的，投资方应当按照归属于本企业的部分，相应调整长期股权投资的账面价值，同时增加或减少其他综合收益。投资企业自被投资企业取得的现金股利或利润，还应抵减长期股权投资的账面价值。

长期股权投资在持有期间，因各方面情况（如追加投资或减少投资）的变化可能导致其核算需要由一种方法转换为其他的方法，主要包括公允价值计量转权益法核算、公允价值计量转成本法核算、权益法转成本法核算、权益法转公允价值计量核算、成本法转权益法核算、成本法转公允价值计量核算六种情况。

企业处置长期股权投资时，应相应结转与所售股权相对应的长期股权投资的账面价值，出售所得价款与处置长期股权投资账面价值的差额，应确认为处置损益。采用权益法核算的长期股权投资，原计入其他综合收益、资本公积中的金额，在处置时亦应进行结转。

复习思考题

1. 如何区分控制、共同控制和重大影响？
2. 长期股权投资的初始投资成本如何确定？
3. 长期股权投资的成本法和权益法各自的适用范围是什么？
4. 长期股权投资成本法会计处理的要点是什么？
5. 长期股权投资权益法会计处理的要点是什么？
6. 长期股权投资在权益法下如何确定投资收益？受到哪些因素的影响？
7. 长期股权投资在什么情况下由成本法转为按权益法核算？还有哪些转换？
8. 如何对长期股权投资处置进行相关的会计处理？

第六章 固定资产

> **知识目标**
> 1. 了解固定资产的概念、特征和确认条件，固定资产分类，以及固定资产处置和期末计量。
> 2. 掌握固定资产增加的计量和核算、固定资产折旧的计算和核算、固定资产清理和固定资产后续支出的核算。

第一节 固定资产概述

一、固定资产的定义及特征

固定资产是指同时具有下列特征的有形资产：
（1）为生产商品、提供劳务、出租或经营管理而持有；
（2）使用寿命超过一个会计年度。
从固定资产的定义来看，固定资产具有以下三个特征。

▶ 1. 为生产商品、提供劳务、出租或经营管理而持有

企业持有固定资产的目的是生产商品、提供劳务、出租或经营管理，即企业持有的固定资产是企业的劳动工具或手段，而不是用于出售的产品。其中，出租的固定资产是指企业以经营租赁方式出租的机器设备类固定资产，不包括以经营租赁方式出租的建筑物，后者属于企业的投资性房地产，不属于固定资产。

▶ 2. 使用寿命超过一个会计年度

固定资产的使用寿命是指企业使用固定资产的预计期间，或者该固定资产所能生产产

品或提供劳务的数量。通常情况下，固定资产的使用寿命是指使用固定资产的预计期间，例如，自用房屋建筑物的使用寿命表现为企业对该建筑物的预计使用年限。对于某些机器设备或运输设备等固定资产，其使用寿命表现为以该固定资产所能生产产品或提供劳务的数量，例如，汽车或飞机等按其预计行驶或飞行里程估计使用寿命。

▶ 3. 固定资产是有形资产

固定资产具有实物特征，这一特征将固定资产与无形资产区别开来。有些无形资产可能同时符合固定资产的其他特征，如无形资产为生产商品、提供劳务而持有，使用寿命超过一个会计年度，但是由于其没有实物形态，所以不属于固定资产。

二、固定资产的确认条件

固定资产在符合定义的前提下，同时满足下列条件的，应当予以确认。

（一）与该固定资产有关的经济利益很可能流入企业

资产最重要的特征是预期会给企业带来经济利益。企业在确认固定资产时，需要判断与该项固定资产有关的经济利益是否很可能流入企业。如果与该项固定资产有关的经济利益很可能流入企业，并同时满足固定资产确认的其他条件，那么企业应将其确认为固定资产；否则，不应将其确认为固定资产。

在实务中，判断固定资产包含的经济利益是否很可能流入企业，主要依据与该固定资产所有权相关的风险和报酬是否转移。其中，与固定资产所有权相关的风险是指由于经营情况变化造成的相关收益的变动，以及由于资产闲置、技术陈旧等原因造成的损失；与固定资产所有权相关的报酬是指在固定资产使用年限内直接使用该固定资产而获得的收入，以及处置该固定资产所实现的利得等。凡是所有权已经属于企业的，无论企业是否持有该固定资产，均应作为固定资产；反之，如果没有取得所有权，即使企业持有该资产，也不能作为企业的固定资产。有些情况下，虽然某项固定资产的所有权不属于企业，但是企业能够控制该项固定资产且该固定资产预期能够给企业带来经济利益，此时，可以认为与该固定资产所有权相关的风险和报酬实质上已经转移到企业，应该作为固定资产进行确认计量。例如，对于融资租入的固定资产，企业虽然没有拥有该资产的所有权，但企业能够控制该固定资产并能够使其包含的经济利益流入企业，与该固定资产所有权相关的风险和报酬实质上已经转移给了企业（承租方），因此，符合固定资产确认的第一个条件。

（二）该固定资产的成本能够可靠地计量

成本能够可靠地计量是资产确认的另一项基本条件。固定资产作为企业的重要组成部分要予以确认，则为取得该项固定资产所发生的支出也应能够可靠计量。如果固定资产的成本能可靠计量且同时满足其他确认条件，则应确认为一项固定资产；否则，不应确认为固定资产。

企业在确定固定资产成本时必须取得确凿证据，但是，有时需要根据所获得的最新资料，对固定资产的成本进行合理的估计。例如，企业对于已达到预定可使用状态但尚未办理竣工决算的固定资产，需要根据工程预算、工程造价或者工程实际发生的成本等资料，按估计价值确定其成本，办理竣工决算后，再按照实际成本调整原来的暂估价值。

固定资产在确认时应注意以下几点。

(1) 固定资产的各组成部分具有不同使用年限或者以不同方式为政府会计主体实现服务潜力或提供经济利益，适用不同折旧率或折旧方法，且可以分别确定各自原价的，应当分别将各组成部分确认为单项固定资产。

(2) 工业企业所持有的工具、用具、备品备件、维修设备等资产，施工企业所持有的模板、挡板、架料等周转材料，以及地质勘探企业所持有的管材等资产，尽管该类资产具有固定资产的某些特征，但由于数量众多、单价低，考虑到成本效益原则，在实务中通常确认为存货。但符合固定资产定义和确认条件的，如企业（民用航空运输）的高价周转件等，应当确认为固定资产。

(3) 对于企业购置的环保设备和安全设备等，其使用虽然不能直接为企业带来经济利益，但是有助于企业从其他相关资产的使用中获得未来经济利益或者减少企业未来经济利益的流出。因此，对于这类设备，应将其确认为固定资产。例如，为净化环境或者满足国家有关排污标准的需要购置的环保设备，这些设备的使用虽然不会为企业带来直接的经济利益，却有助于企业提高对废水、废气、废渣的处理能力，有利于净化环境，企业为此将减少未来由于污染环境而需支付的环境净化费或者罚款，因此，企业应将这些设备确认为固定资产。

(4) 固定资产在使用过程中发生的后续支出，符合相关准则规定的确认条件的，应当计入固定资产成本；不符合相关准则规定的确认条件的，应当在发生时计入当期费用或者相关资产成本。将发生的固定资产后续支出计入固定资产成本的，应当同时从固定资产账面价值中扣除被替换部分的账面价值。

第二节 固定资产的初始计量

固定资产的初始计量是指确定固定资产的取得成本。固定资产应当按照成本进行初始计量。固定资产的取得成本包括企业为购建某项固定资产达到预定可使用状态前所发生的一切合理的、必要的支出。

在实务中，企业取得固定资产的方式是多种多样的，包括外购、自行建造、投资者投入，以及非货币性资产交换、债务重组、企业合并和融资租赁等，取得的方式不同，其成本的具体构成内容及确定方法也不尽相同。

一、外购固定资产

企业外购的固定资产，其成本包括购买价款、相关税费，以及使固定资产达到预定可使用状态前所发生的可归属于该项资产的运输费、装卸费、安装费和专业人员服务费等。

外购固定资产是否达到预定可使用状态,需要根据具体情况进行分析判断。如果购入不需安装的固定资产,购入后即可发挥作用,则购入后即可达到预定可使用状态;如果购入需要安装的固定资产,只有在安装调试后达到设计要求或合同规定的标准,才能达到预定可使用状态。

企业购入的固定资产分为不需要安装的固定资产和需要安装的固定资产两种情形。前者的取得成本为企业实际支付的购买价款、包装费、运杂费、保险费、专业人员服务费和相关税费(不含可抵扣的增值税进项税额)等,后者的取得成本是在前者的取得成本的基础上,加上安装调试成本等。

在实务中,企业可能以一笔款项同时购入多项没有单独标价的固定资产,如果这些资产均符合固定资产的定义,并且满足固定资产的确认条件,则应将各单项资产单独确认为固定资产,并按各项固定资产的公允价值的比例对总成本进行分配,分别确定各项固定资产的成本。如果以一笔款项购入的多项资产中还包括固定资产以外的其他资产,也应按类似的方法进行处理。

【例6-1】2020年1月1日,甲公司购入生产用设备一套。买价50 000元,增值税6 500元,包装费600元,运输费800元。款项已通过银行支付,设备不需要安装,已交付使用。账务处理如下:

借:固定资产　　　　　　　　　　　　　　　　　　　　　　　　51 400
　　应交税费——应交增值税(进项税额)　　　　　　　　　　　　8 500
　　贷:银行存款　　　　　　　　　　　　　　　　　　　　　　57 900

【例6-2】2020年1月1日,甲公司购入需要安装的生产用设备一套,买价50 000元,增值税6 500元,包装费和保险费1 400元。款项已通过银行支付,设备投入安装。安装设备时,领用生产用材料实际成本1 000元,安装工人工资400元,另用现金付调试费200元。假定不考虑其他相关税费,账务处理如下。

(1) 购入设备时:

借:在建工程　　　　　　　　　　　　　　　　　　　　　　　　51 400
　　应交税费——应交增值税(进项税额)　　　　　　　　　　　　6 500
　　贷:银行存款　　　　　　　　　　　　　　　　　　　　　　57 900

(2) 领用材料、支付安装工人工资和调试费合计为1 600元:

借:在建工程　　　　　　　　　　　　　　　　　　　　　　　　 1 600
　　贷:原材料　　　　　　　　　　　　　　　　　　　　　　　 1 000
　　　　应付职工薪酬　　　　　　　　　　　　　　　　　　　　　 400
　　　　库存现金　　　　　　　　　　　　　　　　　　　　　　　 200

(3) 设备安装完毕,达到预定可使用状态:

借:固定资产　　　　　　　　　　　　　　　　　　　　　　　　53 000
　　贷:在建工程　　　　　　　　　　　　　　　　　　　　　　53 000

【例6-3】甲公司是一般增值税纳税人，于2020年2月1日向乙公司一次购进三台型号不同且具有不同生产能力的A设备、B设备和C设备，共支付价款4 000万元，增值税税额为520万元，包装费及运输费为30万元。A、B、C三台设备均不需安装，全部款项已通过银行存款支付，三台设备的市场价值分别为2 000万元、1 800万元和1 200万元。财务处理如下：

A设备的入账价值＝(4 000＋30)×2 000/(2 000＋1 800＋1 200)＝1 612(万元)

B设备的入账价值＝(4 000＋30)×1 800/(2 000＋1 800＋1 200)＝1 450.8(万元)

C设备的入账价值＝(4 000＋30)×1 200/(2 000＋1 800＋1 200)＝967.2(万元)

甲公司的账务处理如下：

借：固定资产——A设备　　　　　　　　　　　　　　　　16 120 000
　　　　　　——B设备　　　　　　　　　　　　　　　　14 508 000
　　　　　　——C设备　　　　　　　　　　　　　　　　 9 672 000
　　应交税费——应交增值税(进项税额)　　　　　　　　 5 200 000
　　贷：银行存款　　　　　　　　　　　　　　　　　　45 500 000

企业购买固定资产通常在正常信用条件期限内付款，但是也会发生超过正常信用条件购买固定资产的经济业务，如采用分期付款方式购买固定资产，且在合同中规定的付款期限比较长，超过了正常信用条件。在这种情况下，该项购货合同实质上具有融资性质，购入固定资产的成本不能以各期付款额之和确定，而应以各期付款额的现值之和确定。固定资产购买价款的现值，应当按照各期支付的价款选择恰当的折现率进行折现后的金额加以确定。折现率是反映当前市场货币时间价值和延期付款债务特定风险的利率，该折现率实质上是供货企业的必要报酬率。各期实际支付的价款之和与其现值之间的差额，在达到预定可使用状态之前符合《企业会计准则第17号——借款费用》中规定的符合资本化条件的，应当通过在建工程计入固定资产成本，其余部分应当在信用期间内确认为财务费用，计入当期损益。其账务处理为：购入固定资产时，按购买价款的现值借记"固定资产"或"在建工程"等科目，按应支付的金额贷记"长期应付款"科目，按其差额借记"未确认融资费用"科目。

【例6-4】2017年1月1日，甲公司与乙公司签订一项购货合同，甲公司从乙公司购入一台需要安装的特大型设备。合同约定，甲公司采用分期付款方式支付价款。该设备价款共计900万元(不考虑增值税)，在2017—2021年的5年内每半年支付90万元，每年的付款日期分别为当年的6月30日和12月31日。

2017年1月1日，设备如期运抵甲公司并开始安装。2017年12月31日，设备达到预定可使用状态，发生安装费用398 530.60元，用银行存款付讫。

假定甲公司适用的6个月的折现率为10%。

(1)购买价款的现值＝900 000×(P/A，10%，10)＝900 000×6.144 6＝5 530 140(元)

2017年1月1日的账务处理如下：

借：在建工程——××设备　　　　　　　　　　　　　　　5 530 140
　　未确认融资费用　　　　　　　　　　　　　　　　　　3 469 860

贷：长期应付款——乙公司　　　　　　　　　　　　　　　　　　9 000 000

（2）信用期间，未确认融资费用的分摊额如表6-1所示。

表6-1　未确认融资费用分摊表

2017年1月1日　　　　　　　　　　　　　　　　　　　　　　　　单位：元

日　期	分期付款额	确认的融资费用	应付本金减少额	应付本金余额
①	②	③＝期初⑤×10%	④＝②－③	期末⑤＝期初⑤－④
2017年1月1日				5 530 140
2017年6月30日	900 000	533 014.00	346 986.00	5 183 154.00
2017年12月31日	900 000	518 315.40	381 684.60	4 801 469.40
2018年6月30日	900 000	480 146.94	419 853.06	4 381 616.34
2018年12月31日	900 000	438 161.63	461 838.37	3 919 777.97
2019年6月30日	900 000	391 977.80	508 022.20	3 411 755.77
2019年12月31日	900 000	341 175.58	558 824.42	2 852 931.35
2020年6月30日	900 000	285 293.14	614 706.86	2 238 224.47
2020年12月31日	900 000	223 822.45	676 177.55	1 562 046.92
2021年6月30日	900 000	156 204.69	743 795.31	818 251.61
2021年12月31日	900 000	81 748.39*	818 251.61	0
合计	9 000 000	3 469 860	5 530 140	0

注：*尾数调整：81 748.39＝900 000－818 251.61，818 251.61为最后一期应付本金金额。

（3）2017年1月1日—2017年12月31日为设备的安装期间，未确认融资费用的分摊符合资本化条件，计入固定资产成本。

2017年6月30日，甲公司的账务处理如下：

借：在建工程——××设备　　　　　　　　　　　　　　　　　　553 014
　　贷：未确认融资费用　　　　　　　　　　　　　　　　　　　　　553 014
借：长期应付款——乙公司　　　　　　　　　　　　　　　　　　900 000
　　贷：银行存款　　　　　　　　　　　　　　　　　　　　　　　　900 000

2017年12月31日，甲公司的账务处理如下：

借：在建工程——××设备　　　　　　　　　　　　　　　　　　518 315.40
　　贷：未确认融资费用　　　　　　　　　　　　　　　　　　　　　518 315.40
借：长期应付款——乙公司　　　　　　　　　　　　　　　　　　900 000
　　贷：银行存款　　　　　　　　　　　　　　　　　　　　　　　　900 000
借：在建工程——××设备　　　　　　　　　　　　　　　　　　398 530.60
　　贷：银行存款等　　　　　　　　　　　　　　　　　　　　　　　398 530.60
借：固定资产——××设备　　　　　　　　　　　　　　　　　　7 000 000
　　贷：在建工程——××设备　　　　　　　　　　　　　　　　　　7 000 000

固定资产的成本＝5 530 140＋553 014＋518 315.40＋398 530.60＝7 000 000(元)

(4) 2018年1月1日—2021年12月31日，该设备已经达到预定可使用状态，未确认融资费用的分摊额不再符合资本化条件，应计入当期损益。

2018年6月30日，甲公司的账务处理如下：

借：财务费用　　　　　　　　　　　　　　　　　　　　　480 146.94
　　贷：未确认融资费用　　　　　　　　　　　　　　　　　　　480 146.94
借：长期应付款——乙公司　　　　　　　　　　　　　　　　900 000
　　贷：银行存款　　　　　　　　　　　　　　　　　　　　　　900 000

以后期间的账务处理与2018年6月30日相同，此处略。

二、自行建造固定资产

企业自行建造的固定资产，其成本包括该项资产至交付使用前所发生的全部必要支出。在原有固定资产基础上进行改建、扩建、修缮后的固定资产，其成本按照原固定资产账面价值加上改建、扩建、修缮发生的支出，再扣除固定资产被替换部分的账面价值后的金额确定。为建造固定资产借入的专门借款的利息，属于建设期间发生的，计入在建工程成本；不属于建设期间发生的，计入当期费用。已交付使用但尚未办理竣工决算手续的固定资产，应当按照估计价值入账，待办理竣工决算后再按实际成本调整原来的暂估价值。

自行建造固定资产按照营建方式的不同，可分为自营建造和出包建造。无论采用哪种方式建造固定资产，都应当按照实际发生的支出确定其工程成本并单独核算。

（一）以自营方式建造固定资产

企业以自营方式建造固定资产，意味着企业自行组织工程物资采购、自行组织施工人员从事工程施工。实务中，企业较少采用自营方式建造固定资产，多数情况下采用出包方式。企业如以自营方式建造固定资产，其成本应当按照直接材料、直接人工、直接机械施工费等建造固定资产达到预定可使用状态前所发生的必要支出确定。

企业为建造固定资产准备的各种物资应当按照实际支付的买价、运输费、保险费等相关税费作为实际成本，并按照各种专项物资的种类进行明细核算。工程完工后，剩余的工程物资转为本企业存货的，按其实际成本或计划成本进行结转。建设期间发生的工程物资盘亏、报废及毁损，减去残料价值以及保险公司、过失人等赔款后的净损失，计入所建工程项目的成本；盘盈的工程物资或处置净收益，冲减所建工程项目的成本。工程完工后发生的工程物资盘盈、盘亏、报废、毁损，计入当期损益。

建造固定资产领用工程物资、原材料或库存商品，应按其实际成本转入所建工程成本。以自营方式建造固定资产应负担的职工薪酬，辅助生产部门为之提供的水、电、运输等劳务，以及其他必要支出等也应计入所建工程项目的成本。符合资本化条件且应计入所建造固定资产成本的借款费用，按照《企业会计准则第17号——借款费用》的有关规定处理。

所建造的固定资产已达到预定可使用状态，但尚未办理竣工结算的，应当自达到预定可使用状态之日起,根据工程预算、造价或者工程实际成本等,按暂估价值转入固定资产,并按有关计提固定资产折旧的规定,计提固定资产折旧。待办理竣工结算手续后再调整原来的暂估价值,但不需要调整原已计提的折旧额。

企业以自营方式建造固定资产,发生的工程成本应通过"在建工程"科目核算,工程完工达到预定可使用状态时,从"在建工程"科目转入"固定资产"科目。

高危行业企业按照国家规定提取的安全生产费,应当计入相关产品的成本或当期损益,同时计入"专项储备"科目。企业使用提取的安全生产费形成固定资产的,应当通过"在建工程"科目归集所发生的支出,待安全项目完工达到预定可使用状态时确认为固定资产。同时,按照形成固定资产的成本冲减专项储备,并确认相同金额的累计折旧。该固定资产在以后期间不再计提折旧。

【例 6-5】甲公司拟自行建造一幢新生产流水线的厂房,项目审批后发生的相关经济业务及会计处理如下。

(1) 2020 年 3 月 15 日,购入工程物资花费 6 000 000 元,增值税进项税额为 780 000 元,运输费为 30 000 元,增值税进项税额为 2 700 元,均取得增值税专用发票。全部款项均已通过银行存款支付。

借:工程物资 6 030 000
　　应交税费——应交增值税(进项税额) 　[(780 000＋2 700)×60%]469 620
　　　　　　——待抵扣进项税额 　[(780 000＋2 700)×40%]313 080
　贷:银行存款 6 812 700

(2) 2020 年 4 月 15 日,购入的过程物资全部交付工程。

借:在建工程——建筑工程(厂房) 6 030 000
　贷:工程物资 6 030 000

(3) 2020 年 4 月 20 日,工程领用生产用原材料一批,实际成本为 750 000 元,该原材料采购时的进项税额为 97 500 元。

借:在建工程——建筑工程(厂房) 750 000
　贷:原材料 750 000
借:应交税费——待抵扣进项税额 (97 500×40%)39 000
　贷:应交税费——应交增值税(进项税额转出) 39 000

(4) 2020 年 5 月 10 日,工程领用自产的库存商品一批,实际生产成本为 650 000 元,市场价格为 900 000 元,增值税税率为 13%。

借:在建工程——建筑工程(厂房) 650 000
　贷:库存商品 650 000
借:应交税费——待抵扣进项税额 (46 800×13%×40%)46 800
　贷:应交税费——应交增值税(销项税额) 46 800

(5) 2020 年 12 月 15 日,经汇总计算,工程应负担职工工资 200 000 元,应负担辅助生产车间提供的水电费 48 000 元。

借:在建工程——建筑工程(厂房) 248 000

  贷：应付职工薪酬   200 000
    生产成本——辅助生产成本   48 000

（6）2020年12月20日，工程进入收尾阶段，清理工程现场，共计有30 000元的工程物资尚可继续作为维修材料使用，经批准作为原材料入库，其应负担的进项税额为3 900元。

  借：原材料   30 000
    贷：在建工程——建筑工程（厂房）   30 000
  借：应交税费——应交增值税（进项税额）   3 900
    贷：应交税费——待抵扣进项税额   3 900

（7）2020年12月30日，工程完工办理工程竣工结算手续，厂房交付使用。

  借：固定资产   7 648 000
    贷：在建工程——建筑工程（厂房）   7 648 000

（二）以出包方式建造固定资产

  在出包方式下，企业通过招标将工程项目发包给建造承包商，由建造承包商（即施工企业）组织工程项目施工。企业要与建造承包商签订建造合同，企业是建造合同的甲方，负责筹集资金和组织管理工程建设，通常称为建设单位，建造承包商是建造合同的乙方，负责建筑安装工程施工任务。

  企业以出包方式建造固定资产，其成本由建造该项固定资产达到预定可使用状态前所发生的必要支出构成，包括发生的建筑工程支出、安装工程支出，以及需分摊计入各固定资产价值的待摊支出。建筑工程、安装工程支出，如人工费、材料费、机械使用费等由建造承包商核算。对于发包企业而言，建筑工程支出、安装工程支出是构成在建工程成本的重要内容，发包企业按照合同规定的结算方式和工程进度定期与建造承包商办理工程价款结算，结算的工程价款计入在建工程成本。待摊支出是指在建设期间发生的，不能直接计入某项固定资产价值，而应由所建造固定资产共同负担的相关费用，包括为建造工程发生的管理费、可行性研究费、临时设施费、公证费、监理费、应负担的税金、符合资本化条件的借款费用、建设期间发生的工程物资盘亏、报废及毁损净损失，以及负荷联合试车费等。企业为建造固定资产通过出让方式取得土地使用权而支付的土地出让金不计入在建工程成本，应确认为无形资产（土地使用权）。

  在出包方式下，"在建工程"科目主要是企业与建造承包商办理工程价款的结算科目，企业支付给建造承包商的工程价款，作为工程成本由建造承包商通过"在建工程"科目核算。企业应按合理估计的工程进度和合同规定结算的进度款，借记"在建工程——建筑工程——××工程""在建工程——安装工程——××工程"科目，贷记"银行存款""预付账款"等科目。工程完成时，按合同规定补付的工程款，借记"在建工程"科目，贷记"银行存款"等科目。企业将需安装设备运抵现场安装时，借记"在建工程——在安装设备——××设备"科目，贷记"工程物资——××设备"科目；企业为建造固定资产发生的待摊支出，借记"在建工程——待摊支出"科目，贷记"银行存款""应付职工薪酬""长期借款"等科目。

在建工程达到预定可使用状态时,首先,计算分配待摊支出,待摊支出的分配率可按下列公式计算:

$$待摊支出分配率 = \frac{累计发生的待摊支出}{建筑工程支出+安装工程支出+在安装设备支出} \times 100\%$$

××工程应分配的待摊支出＝(××工程的建筑工程支出＋××工程的安装工程支出＋××工程的在安装工程支出)×待摊支出分配率

其次,计算确定已完工的固定资产成本:

房屋、建筑物等固定资产成本＝建筑工程支出＋应分摊的待摊支出

需要安装设备的成本＝设备成本＋为设备安装发生的基础、支座等建筑工程支出＋安装工程支出＋应分摊的待摊支出

【例 6-6】甲公司是一家化工企业,经批准于 2019 年 1 月 1 日启动一项建设工程,整个工程包括建造新厂房、建造冷却循环系统和安装生产设备 3 个单项工程。2019 年 1 月 30 日,甲公司与乙公司签订合同,将该项目出包给乙公司承建。根据双方签订的合同,建造新厂房的价款为 6 000 000 元,建造冷却循环系统的价款为 4 000 000 元,安装生产设备需支付安装费用 500 000 元。建造期间发生的有关经济业务和会计处理如下。

(1) 2019 年 2 月 1 日,甲公司按照合同约定向乙公司预付 10% 备料款 1 000 000 元,其中,用于建造新厂房的为 600 000 元,用于建造冷却循环系统的为 400 000 元。

借:预付账款——乙公司　　　　　　　　　　　　　　　1 000 000
　　贷:银行存款　　　　　　　　　　　　　　　　　　　　　　1 000 000

(2) 2019 年 7 月 1 日,建造新厂房和冷却循环系统的工程进度达到 50%,甲公司与乙公司办理工程价款结算 5 000 000 元,其中,用于建造新厂房的为 3 000 000 元,用于建造冷却循环系统的为 2 000 000 元。甲公司抵扣了预付备料款后,将余款通过银行存款付讫。

借:在建工程——乙公司——建筑工程——厂房　　　　　3 000 000
　　　　　　　　　　　　　　　　　——冷却循环系统　　2 000 000
　　贷:银行存款　　　　　　　　　　　　　　　　　　　　　　4 000 000
　　　　预付账款——乙公司　　　　　　　　　　　　　　　　　1 000 000

(3) 2019 年 10 月 1 日,甲公司购入需安装的设备,取得的增值税专用发票上注明的价款为 4 500 000 元,增值税税额为 585 000 元,通过银行转账支付。

借:工程物资——××设备　　　　　　　　　　　　　　4 500 000
　　应交税费——应交增值税(进项税额)　　　　　　　　　585 000
　　贷:银行存款　　　　　　　　　　　　　　　　　　　　　　5 085 000

(4) 2020 年 3 月 1 日,建筑工程主体已经完工,甲公司与乙公司办理工程价款结算 5 000 000 元,其中,用于建造新厂房的为 3 000 000 元,用于建造冷却循环系统的为 2 000 000 元,款项已通过银行转账支付。

借:在建工程——乙公司——建筑工程——厂房　　　　　3 000 000
　　　　　　　　　　　　　　　　　——冷却循环系统　　2 000 000
　　贷:银行存款　　　　　　　　　　　　　　　　　　　　　　5 000 000

(5) 2020年5月1日，甲公司将生产设备运抵现场，交付乙公司安装。

借：在建工程——乙公司——安装工程——××设备　　　　4 500 000
　　贷：工程物资——××设备　　　　　　　　　　　　　　　4 500 000

(6) 2020年5月30日，生产设备安装到位，甲公司与乙公司办理设备安装价款结算500 000元，款项通过银行存款支付。

借：在建工程——乙公司——安装工程——××设备　　　　　500 000
　　贷：银行存款　　　　　　　　　　　　　　　　　　　　　500 000

(7) 整个工程项目发生管理费、可行性研究费、监理费共计300 000元，款项通过银行存款支付。

借：在建工程——乙公司——待摊支出　　　　　　　　　　　300 000
　　贷：银行存款　　　　　　　　　　　　　　　　　　　　　300 000

(8) 2020年6月30日，完成验收，各项指标达到设计要求。

① 计算分摊待摊支出：

待摊支出分摊率＝300 000÷(6 000 000＋4 000 000＋4 500 000＋500 000)×100%
　　　　　　　＝2%

新厂房应分摊的待摊支出＝6 000 000×2%＝120 000(元)

冷却循环系统应分摊的待摊支出＝4 000 000×2%＝80 000(元)

安装工程应分摊的待摊支出＝(4 500 000＋500 000)×2%＝100 000(元)

借：在建工程——乙公司——建筑工程——厂房　　　　　　　120 000
　　　　　　　　　　　　　　　　——冷却循环系统　　　　 80 000
　　　　　　　　　　　　——安装工程——××设备　　　　 100 000
　　贷：在建工程——乙公司——待摊支出　　　　　　　　　 300 000

② 计算完工固定资产成本：

厂房的成本＝6 000 000＋120 000＝6 120 000(元)

冷却循环系统的成本＝4 000 000＋80 000＝4 080 000(元)

生产设备的成本＝(4 500 000＋500 000)＋100 000＝5 100 000(元)

借：固定资产——厂房　　　　　　　　　　　　　　　　　6 120 000
　　　　　　——冷却循环系统　　　　　　　　　　　　　4 080 000
　　　　　　——××设备　　　　　　　　　　　　　　　5 100 000
　　贷：在建工程——乙公司——建筑工程——厂房　　　　 6 120 000
　　　　　　　　　　　　　　　　　　——冷却循环系统　 4 080 000
　　　　　　　　　　　　——安装工程——××设备　　　 5 100 000

三、存在弃置费用的固定资产

对于特殊行业的特定固定资产，确定其初始成本时，还应考虑弃置费用。弃置费用通常是指根据国家法律和行政法规、国际公约等规定，由企业承担的环境保护和生态恢复等义务所确定的支出，如核电站、核设施等的弃置和恢复环境义务。

弃置费用的金额与其现值比较通常较大，需要考虑货币时间价值，对于这些特殊行业的特定固定资产，企业应当根据《企业会计准则第13号——或有事项》，按照现值计算确定应计入固定资产成本的金额和相应的预计负债。在固定资产的使用寿命内按照预计负债的摊余成本和实际利率计算确定的利息费用应当在发生时计入财务费用。一般工商企业的固定资产发生的报废清理费用不属于弃置费用，应当在发生时作为固定资产处置费用处理。

【例6-7】甲公司经国家批准于2018年1月1日建造完成核电站核反应堆并交付使用，建造成本为2 500 000万元，预计使用寿命40年。该核反应堆将对当地的生态环境产生一定的影响，根据法律规定，企业应在该项设施使用期满后将其拆除，并对造成的污染进行整治，预计发生弃置费用250 000万元。假定适用的折现率为10%。

核反应堆属于特殊行业的特定固定资产，确定其成本时应考虑弃置费用。账务处理如下：

(1) 2018年1月1日：

弃置费用的现值=250 000×(P/F，10%，40)=5 525(万元)

固定资产的成本=2 500 000+5 525=2 505 525(万元)

借：固定资产——××核反应堆 25 055 250 000
　　贷：在建工程——××核反应堆 25 000 000 000
　　　　预计负债——××核反应堆——弃置费用 55 250 000

(2) 计算第一年应负担的利息费用=55 250 000×10%=5 525 000(元)

借：财务费用 5 525 000
　　贷：预计负债——××核反应堆——弃置费用 5 525 000

(3) 以后年度，企业应当按照实际利率计算确定每年的财务费用，账务处理略。

四、以其他方式取得的固定资产

企业取得固定资产的其他方式与存货类似，主要包括投资者投入的固定资产，通过非货币性资产交换、债务重组、企业合并等方式取得的固定资产，以及盘盈的固定资产等。

▶1. 投资者投入的固定资产

投资者投入固定资产的成本，应当按照投资合同或协议约定的价值确定，但合同或协议约定价值不公允的除外。在投资合同或协议约定价值不公允的情况下，按照该项固定资产的公允价值作为入账价值。

▶2. 通过非货币性资产交换、债务重组、企业合并等方式取得的固定资产

企业通过非货币性资产交换、债务重组、企业合并等方式取得的固定资产，其成本应当分别按照《企业会计准则第7号——非货币性资产交换》《企业会计准则第12号——债务重组》《企业会计准则第20号——企业合并》等的规定确定。但是，其后续计量和披露应当执行《企业会计准则第4号——固定资产》的规定。

▶ 3. 盘盈的固定资产

盘盈的固定资产作为前期差错处理,在按管理权限报经批准处理前,应先通过"以前年度损益调整"科目核算。

第三节 固定资产的后续计量

固定资产的后续计量主要包括固定资产折旧的计提、减值损失的确定,以及后续支出的计量。其中,固定资产的减值应当按照《企业会计准则第8号——资产减值》处理。

一、固定资产折旧

(一)固定资产折旧的定义

固定资产折旧是指在固定资产使用寿命内,按照确定的方法对应计折旧额进行的系统分摊。其中,应计折旧额是指应当计提折旧的固定资产的原价扣除其预计净残值后的金额。如果已对固定资产计提了减值准备,还应当扣除已计提的固定资产减值准备累计金额。

企业应当根据固定资产的性质和使用情况,合理确定固定资产的使用寿命和预计净残值。固定资产的使用寿命、预计净残值一经确定,不得随意变更。

(二)固定资产折旧范围

除以下情况外,企业应当对所有固定资产计提折旧:①已提足折旧仍继续使用的固定资产;②单独估价作为固定资产入账的土地。

此外,还应注意以下几点。

(1)当月增加的固定资产当月不计提折旧,从下月起计提折旧;当月减少的固定资产,当月照提折旧,从下月起不提折旧。固定资产提足折旧后,不论能否继续使用,均不再计提折旧;提前报废的固定资产,也不再计提折旧。

(2)已达到预定可使用状态且估价入账的固定资产应正常计提折旧。待办理竣工结算手续后,再按照实际成本调整原来的暂估价值,但不调整原已计提的折旧额。

(3)企业对固定资产进行更新改造时,应将更新改造的固定资产的账面价值转入在建工程,并在此基础上核算更新改造后的固定资产原值。处于更新改造过程中的固定资产在更新改造期间不计提折旧,待更新改造项目达到预定可使用状态转为固定资产后,再按重新确定的固定资产成本、折旧方法和该项固定资产尚可使用年限计提折旧。

(4)因进行大修理而停用的固定资产、季节性停用的固定资产,应正常计提折旧。

(5)以融资租赁方式租入的固定资产和以经营租赁方式租出的固定资产,应当计提折旧;以融资租赁方式租出的固定资产和以经营租赁方式租入的固定资产,不应当计提折旧。

(三) 影响固定资产折旧的因素

影响固定资产折旧的因素主要有以下几个方面。

▶ 1. 固定资产原价

固定资产原价是指固定资产实际取得的成本。

▶ 2. 固定资产的使用年限

固定资产的使用年限是指企业使用固定资产的预计期间,或者该固定资产所能生产产品或提供劳务的数量。企业确定固定资产使用年限时,应当考虑下列因素。

(1) 该项资产预计生产能力或实物产量。

(2) 该项资产预计有形损耗,即固定资产在使用过程中,由于正常使用和自然力的作用而引起的使用价值和价值的损失,如设备使用中发生磨损、房屋建筑物受到自然侵蚀等。

(3) 该项资产预计无形损耗,即由于科学技术的进步和劳动生产率的提高而带来的固定资产价值上的损失,如因新技术的出现而使现有的资产技术水平相对陈旧、市场需求变化使其所生产的产品过时等。

(4) 法律或者类似规定对该项资产使用的限制。某些固定资产的使用寿命可能受法律或类似规定的约束,如对于融资租赁的固定资产,根据《企业会计准则第 21 号——租赁》的规定,能够合理确定租赁期届满时将会取得租赁资产所有权的,应当在租赁资产使用寿命内计提折旧;如果无法合理确定租赁期届满时能够取得租赁资产所有权的,应当在租赁期与租赁资产使用寿命两者中较短的期间内计提折旧。

▶ 3. 预计净残值

预计净残值是指假定固定资产预计使用寿命已满并处于使用寿命终了时的预期状态,企业目前从该项资产处置中获得的扣除预计处置费用后的金额。企业应当根据固定资产的性质和使用情况,合理确定固定资产的预计净残值。固定资产的预计净残值一经确定,不得随意变更。

▶ 4. 固定资产减值准备

固定资产减值准备是指固定资产已计提的固定资产减值准备累计金额。固定资产计提减值准备后,应当在剩余使用寿命内根据调整后的固定资产账面价值(固定资产账面余额扣减累计折旧和累计减值准备后的金额)和预计净残值重新计算确定折旧率和折旧额。

(四) 固定资产折旧方法

企业应当根据与固定资产有关的经济利益的预期实现方式合理选择折旧方法。可选用的折旧方法包括年限平均法、工作量法、双倍余额递减法和年数总和法等。企业选用不同的固定资产折旧方法,将影响固定资产使用寿命期内不同时期的折旧费用,因此,固定资产的折旧方法一经确定,不得随意变更。如需变更,应当符合《企业会计准则第 4 号——固定资产》第十九条的规定。

▶ 1. 年限平均法

年限平均法又称直线法,是指将固定资产的应计折旧额均衡地分摊到固定资产预计使用年限内的一种方法。采用这种方法计算的每期折旧额均相等。计算公式如下：

$$年折旧额 = (固定资产原值 - 预计净残值) \div 预计使用年限$$

$$月折旧额 = 年折旧额 \div 12$$

在实务中，固定资产折旧额是根据折旧率计算的。折旧率是指折旧额占固定资产原值的比例，用公式表示如下：

$$年折旧率 = \frac{1 - 预计净残值率}{预计使用寿命} \times 100\%$$

$$月折旧率 = 年折旧率 \div 12$$

$$月折旧额 = 固定资产原价 \times 月折旧率$$

采用年限平均法计算固定资产折旧虽然比较简便，但也存在一些明显的局限性。

(1) 固定资产在不同使用年限提供的经济效益是不同的。一般来讲，固定资产在其使用前期工作效率相对较高，所带来的经济利益也较多；而在其使用后期，工作效率一般呈下降趋势，所带来的经济利益也就逐渐减少。年限平均法对此不予考虑，明显是不合理的。

(2) 固定资产在不同的使用年限发生的维修费用也不一样。固定资产的维修费用将随着使用时间的延长而不断增加，而年限平均法也没有考虑这一因素。

当固定资产各期负荷程度相同时，各期应分摊相同的折旧费，这时采用年限平均法计算折旧是合理的。但是，如果固定资产各期负荷程度不同，采用年限平均法计算折旧则不能反映固定资产的实际使用情况，计提的折旧额与固定资产的损耗程度也不相符。

▶ 2. 工作量法

工作量法是根据实际工作量计算每期应提折旧额的一种方法。计算公式如下：

$$单位工作量折旧额 = 固定资产原价 \times (1 - 预计净残值率) \div 预计总工作量$$

$$某项固定资产月折旧额 = 该项固定资产当月工作量 \times 单位工作量折旧额$$

【例 6-8】甲运输公司的一辆货运卡车的原价为 800 000 元，预计总行驶里程为 50 000 千米，预计报废时的净残值率为 2%，本月预计行驶 300 千米，则该卡车的月折旧额计算如下：

单位工作量折旧额 = 800 000 × (1 - 2%) ÷ 50 000 = 15.68(元/千米)

本月折旧额 = 300 × 15.68 = 4 704(元)

工作量法和年限平均法的优点都是计算简单、易懂，同时，工作量法把计提折旧的金额与固定资产使用程度相结合的做法体现了收入和费用相配比的会计原则。

但是，工作量法的缺点也是显而易见的，将固定资产的有形损耗看作是引起固定资产折旧的唯一因素，固定资产若不使用则不用计提折旧。事实上，固定资产的无形损耗也是客观存在的，即使不使用也应该计提折旧。所以，工作量法主要适用于季节性比较明显的大型机器设备、大型施工机械等固定资产的折旧。

▶ 3. 双倍余额递减法

双倍余额递减法是指在不考虑固定资产预计净残值的情况下，根据每期期初固定资产

原价减去累计折旧后的金额(即固定资产净值)和双倍的直线法折旧率计算固定资产折旧的一种方法。计算公式如下:

$$年折旧率 = 2 \div 预计使用年限 \times 100\%$$

$$月折旧率 = 年折旧率 \div 12$$

$$月折旧额 = 固定资产净值 \times 月折旧率$$

由于每年年初固定资产净值没有扣除预计净残值,因此,在应用这种方法计算折旧额时必须注意不能使固定资产的净值降低到其预计净残值以下,即采用双倍余额递减法计提折旧的固定资产,通常在其折旧年限到期前两年内,将固定资产净值扣除预计净残值后的余额平均摊销。

【例 6-9】 甲公司的一台生产设备原价为 1 000 000 元,预计使用年限为 5 年,预计净残值为 4 000 元。根据该生产设备的性质和用途,甲公司选择使用双倍余额递减法计提折旧,每年的折旧额计算如下:

年折旧率 = 2÷5×100% = 40%

第 1 年应计提的折旧额 = 1 000 000×40% = 400 000(元)

第 2 年应计提的折旧额 = (1 000 000 − 400 000)×40% = 240 000(元)

第 3 年应计提的折旧额 = (1 000 000 − 400 000 − 240 000)×40% = 144 000(元)

从第 4 年起改用年限平均法计提折旧:

第 4 年、第 5 年应计提的折旧 = [(1 000 000 − 400 000 − 240 000 − 144 000) − 4 000]÷2
= 106 000(元)

▶ **4. 年数总和法**

年数总和法又称年限合计法,是指将固定资产的原价减去预计净残值的余额乘以一个以固定资产尚可使用寿命为分子、以预计使用寿命的年数总和为分母的逐年递减的分数计算每年的折旧额。计算公式如下:

$$年折旧率 = \frac{尚可使用寿命}{预计使用寿命的年数总和} \times 100\%$$

$$月折旧率 = 年折旧率 \div 12$$

$$月折旧额 = (固定资产原价 - 预计净残值) \times 月折旧率$$

【例 6-10】 甲公司某项设备原价为 120 万元,预计使用寿命为 5 年,预计净残值率为 4%。假设甲公司没有对该机器设备计提减值准备。采用年数总和法计算的各年折旧额如表 6-2 所示。

表 6-2 甲公司某项设备折旧的计算

年 份	尚可使用年限/年	原价−预计净残值/元	年折旧率	每年折旧额/元	累计折旧/元
第 1 年	5	1 152 000	5/15	384 000	384 000
第 2 年	4	1 152 000	4/15	307 200	691 200
第 3 年	3	1 152 000	3/15	230 400	921 600

续表

年　份	尚可使用年限/年	原价－预计净残值/元	年折旧率	每年折旧额/元	累计折旧/元
第4年	2	1 152 000	2/15	153 600	1 075 200
第5年	1	1 152 000	1/15	76 800	1 152 000

双倍余额递减法和年数总和法都属于加速折旧法,其特点是在固定资产使用的早期多提折旧,后期少提折旧,其递减的速度逐年加快,从而相对加快折旧的速度,目的是使固定资产成本在估计使用寿命内加快得到补偿。

(五) 固定资产折旧的会计处理

固定资产应当按月计提折旧,计提的折旧应通过"累计折旧"科目核算,并根据用途计入相关资产的成本或者当期损益。

(1) 企业基本生产车间所使用的固定资产,其折旧应计入制造费用。

(2) 管理部门所使用的固定资产,其计提的折旧应计入管理费用。

(3) 销售部门所使用的固定资产,其计提的折旧应计入销售费用。

(4) 自行建造固定资产过程中使用的固定资产,其计提的折旧应计入在建工程成本。

(5) 经营出租的固定资产,其计提的折旧额应计入其他业务成本。

(6) 未使用的固定资产,其计提的折旧应计入管理费用。

【例6-11】甲公司本月计提固定资产折旧12 500元。其中,企业生产车间使用的固定资产提取折旧10 000元,企业管理部门使用的固定资产提取折旧2 500元。

　　借:制造费用　　　　　　　　　　　　　　　　　　　　　　　　10 000
　　　　管理费用　　　　　　　　　　　　　　　　　　　　　　　　 2 500
　　　　贷:累计折旧　　　　　　　　　　　　　　　　　　　　　　　12 500

(六) 固定资产使用年限、预计净残值和折旧方法的复核

由于固定资产的使用年限长于一年,属于企业的非流动资产,企业至少应当于每年年度终了,对固定资产的使用年限、预计净残值和折旧方法进行复核。

在固定资产使用过程中,其所处的经济环境、技术环境及其他环境有可能对固定资产使用年限和预计净残值产生较大影响。例如,固定资产使用强度比正常情况大大加强,致使固定资产实际使用年限大大缩短;替代该项固定资产的新产品的出现致使其实际使用年限缩短、预计净残值减少等。为真实反映固定资产为企业提供经济利益期间及每期实际的资产消耗,企业至少应当于每年年度终了,对固定资产使用年限和预计净残值进行复核。如有确凿证据表明,固定资产使用年限预计数与原先估计数有差异,应当调整固定资产使用年限;如果固定资产预计净残值预计数与原先估计数有差异,应当调整预计净残值。

固定资产使用过程中,所处经济环境、技术环境及其他环境的变化也可能致使与固定资产有关的经济利益的预期实现方式发生重大改变。如果固定资产给企业带来经济利益的

方式发生重大变化，企业也应相应改变固定资产折旧方法。例如，某企业以前年度采用年限平均法计提固定资产折旧，此次年度复核中发现，与该固定资产相关的技术发生很大变化，年限平均法已很难反映该项固定资产给企业带来经济利益的方式，因此，决定变年限平均法为加速折旧法。

企业应当结合企业的实际情况，制定固定资产目录、分类方法、每类或每项固定资产的使用年限、预计净残值、折旧方法等。固定资产的使用年限、预计净残值和折旧方法的改变应作为会计估计变更，按照《企业会计准则第28号——会计政策、会计估计变更和差错更正》的规定处理。

二、固定资产的后续支出

固定资产的后续支出是指固定资产使用过程中发生的更新改造支出、修理费用等。固定资产投入使用后，为了维护或提高固定资产的使用效能，或者为了适应新技术发展的需要而对固定资产进行维护、改良或者改建、扩建。如果这项支出增强了固定资产未来获取经济利益的能力，提高了固定资产的性能，如延长了固定资产的使用年限、提高了产品质量或者降低了产品成本，则应将该支出作为资本化支出计入固定资产成本；否则，应将其费用化计入当期损益。

后续支出的处理原则为：符合固定资产确认条件的，应当计入固定资产成本，同时将被替换部分的账面价值扣除；不符合固定资产确认条件的，应当计入当期损益。

（一）资本化的后续支出

固定资产发生可资本化的后续支出时，企业一般应将该固定资产的原价、已计提的累计折旧和减值准备转销，将固定资产的账面价值转入在建工程，并在此基础上重新确定固定资产原价。因已转入在建工程，因此停止计提折旧。在固定资产发生的后续支出完工并达到预定可使用状态时，再从在建工程转为固定资产，并按重新确定的固定资产原价、使用年限、预计净残值和折旧方法计提折旧。固定资产发生的可资本化的后续支出，通过"在建工程"科目核算。

【例6-12】2017年12月，甲公司自行建造一条生产线并投入使用，为简化计算过程，不考虑其他相关税费。甲公司按年计提固定资产折旧。其相关的经济业务及会计处理如下：

（1）2017年12月30日，生产线全部建造成本为600 000元。根据预计的生产情况，甲公司决定采用年限平均法计提折旧，预计净残值为该生产线的2%，预计使用年限为8年。

借：固定资产　　　　　　　　　　　　　　　　　　　　　　　600 000
　　贷：银行存款　　　　　　　　　　　　　　　　　　　　　　　　　600 000

2018年1月1日—2019年12月31日，甲公司每年应计提固定资产折旧：

借：制造费用　　　　　　　　　　　　　　　　　　　　　　　 73 500
　　贷：累计折旧　　　　　　　　　　　　　　　　　　　　　　　　　 73 500

（2）2019年12月，由于生产的产品适销对路，现有的生产能力已难以满足公司生产发展需要，甲公司决定对现有生产线进行改扩建，以提高其生产能力。假定该生产线未发生过减值。

2019年12月31日，生产线的账面价值为453 000(600 000－73 500×2)元，转入在建工程：

  借：在建工程——生产线   453 000
    累计折旧   147 000
    贷：固定资产——生产线   600 000

（3）改扩建工程中发生以下支出：用银行存款购买工程物资一批，增值税专用发票上注明的价款为210 000元，增值税税额为27 300元，已全部领用用于改扩建工程；发生有关人员职工薪酬37 000元。

  借：工程物资   210 000
    应交税费——应交增值税（进项税额）   273 00
    贷：银行存款   237 300
  借：在建工程——生产线   237 300
    贷：工程物资   210 000
      应付职工薪酬   37 000

（4）2020年6月30日，完成了对生产线的改扩建工程，达到预定可使用状态。该生产线达到预定可使用状态后，大大提高了生产能力，预计尚可使用年限为5年。假定改扩建后的生产线的预计净残值率仍为2%，折旧方法仍为年限平均法。

  借：固定资产——生产线   700 000
    贷：在建工程——生产线   700 000

2020年6月30日转为固定资产后，按重新确定的使用年限、预计净残值和折旧方法计提折旧：

应计折旧额＝700 000×(1－2%)＝686 000(元)

2020年应计提的折旧额为68 600(68 600÷5÷2)元，会计处理如下：

  借：制造费用   68 600
    贷：累计折旧   68 600

【例6-13】2018年6月30日，甲公司的一台生产用机床出现故障，电机需要更换。该机床购买于2014年6月30日，A公司已将整体作为一项固定资产进行了确认，原价4 000 000元(其中，电机在2014年6月30日的市场价格为850 000元)，预计净残值为0，预计使用年限为10年，采用年限平均法计提折旧。甲公司为进行改造购买了一台新电机，价款为820 000元，另支付安装费用10 000元，款项已经支付。假定不考虑相关税费的影响，账务处理如下：

（1）2018年6月30日，固定资产转入在建工程。

该项固定资产更换前的账面价值＝4 000 000－4 000 000÷10×4＝2 400 000(元)

  借：在建工程——机床   2 400 000
    累计折旧   1 600 000(4 000 000÷10×4)

贷：固定资产	4 000 000

（2）转销替换部分固定资产的账面价值：

原电机的价值＝850 000－850 000÷10×4＝510 000（元）

借：营业外支出	510 000
贷：在建工程——机床	510 000

（3）安装新电机：

借：在建工程——机床	830 000
贷：工程物资——电机	820 000
银行存款	10 000

（4）完工转回固定资产：

借：固定资产	2 720 000
贷：在建工程——机床	2 720 000

（二）费用化的后续支出

与固定资产有关的修理费用等后续支出，不符合固定资产确认条件的，应当根据不同情况分别在发生时计入当期管理费用或销售费用。

一般情况下，固定资产投入使用之后，由于固定资产磨损、各组成部分耐用程度不同，可能导致固定资产的局部损坏，为了维护固定资产的正常运转和使用，充分发挥其使用效能，企业将对固定资产进行必要的维护。固定资产的日常修理费用在发生时应直接计入当期损益。企业生产车间（部门）和行政管理部门等发生的固定资产修理费用等后续支出计入管理费用；企业设置专设销售机构的，其发生的与专设销售机构相关的固定资产修理费用等后续支出，计入销售费用。企业固定资产更新改造支出不满足固定资产确认条件的，在发生时应直接计入当期损益。

【例6-14】甲公司对现有的一台生产用设备进行修理维护，修理过程中发生如下支出：领用库存原材料一批，实际成本5 000元，为购买该原材料支付的增值税进项税额为850元，维修人员工资2 000元。

借：管理费用	7 000
贷：原材料	5 000
应付职工薪酬——工资	2 000

第四节　固定资产的处置

一、固定资产终止确认的条件

固定资产处置包括固定资产的出售、报废、毁损、转让、对外投资、非货币性资产交换、债务重组等。处置固定资产应通过"固定资产清理"科目核算。

企业出售、报废、毁损、转让固定资产通过"固定资产清理"科目核算，清理的净损益计入当期营业外收支。

固定资产满足下列条件之一的，应当予以终止确认。

▶1. 该固定资产处于处置状态

处于处置状态的固定资产不再用于生产商品、提供劳务、出租或经营管理，因此不再符合固定资产的定义，应予终止确认。

▶2. 该固定资产预期通过使用或处置不能产生经济利益

固定资产的确认条件之一是"与该固定资产有关的经济利益很可能流入企业"，如果一项固定资产预期通过使用或处置不能产生经济利益，那么，它就不再符合固定资产的定义和确认条件，应予终止确认。

二、固定资产处置的账务处理

企业出售、转让、报废固定资产或发生固定资产毁损，应当将处置收入扣除账面价值和相关税费后的金额计入当期损益。固定资产处置一般通过"固定资产清理"科目进行核算。

企业因出售、转让、报废或毁损、对外投资、非货币性资产交换、债务重组等处置固定资产，其会计处理一般经过以下几个步骤。

▶1. 固定资产转入清理

固定资产转入清理时，按固定资产账面价值借记"固定资产清理"科目，按已计提的累计折旧借记"累计折旧"科目，按已计提的减值准备借记"固定资产减值准备"科目，按固定资产账面余额贷记"固定资产"科目。

▶2. 发生的清理费用的处理

固定资产清理过程中发生的有关费用以及应支付的相关税费，借记"固定资产清理"科目，贷记"银行存款""应交税费"等科目。

▶3. 出售收入和残料等的处理

企业收回出售固定资产的价款、残料价值和变价收入等，应冲减清理支出。按实际收到的出售价款、残料价值和变价收入等，借记"银行存款""原材料"等科目，贷记"固定资产清理""应交税费——应交增值税"等科目。

▶4. 保险赔偿的处理

企业计算或收到的应由保险公司或过失人赔偿的损失，应冲减清理支出，借记"其他应收款""银行存款"等科目，贷记"固定资产清理"科目。

▶5. 清理净损益的处理

固定资产清理完成后的净损失，属于生产经营期间正常的处理损失，借记"营业外支出——处置非流动资产损失"科目，贷记"固定资产清理"科目；属于生产经营期间由于自然灾害等非正常原因造成的，借记"营业外支出——非常损失"科目，贷记"固定资产清理"科目。固定资产清理完成后的净收益，借记"固定资产清理"科目，贷记"营业外收入"科目。

【例 6-15】乙公司有一台设备,因使用期满经批准报废。该设备原价为 186 400 元,累计已计提折旧 177 080 元、减值准备 2 300 元。在清理过程中,以银行存款支付清理费用 4 000 元,收到残料变卖收入 5 400 元,应支付相关税费 270 元。有关账务处理如下。

(1) 固定资产转入清理:

借:固定资产清理——××设备　　　　　　　　　　　　　　7 020
　　累计折旧　　　　　　　　　　　　　　　　　　　　　　177 080
　　固定资产减值准备——××设备　　　　　　　　　　　　　2 300
　　　贷:固定资产——××设备　　　　　　　　　　　　　186 400

(2) 发生清理费用和相关税费:

借:固定资产清理——××设备　　　　　　　　　　　　　　4 270
　　　贷:银行存款　　　　　　　　　　　　　　　　　　　4 000
　　　　　应交税费　　　　　　　　　　　　　　　　　　　　270

(3) 收到残料变价收入:

借:银行存款　　　　　　　　　　　　　　　　　　　　　　5 400
　　　贷:固定资产清理——××设备　　　　　　　　　　　5 400

(4) 结转固定资产净损益:

借:营业外支出——处置非流动资产损失　　　　　　　　　　5 890
　　　贷:固定资产清理——××设备　　　　　　　　　　　5 890

三、持有代售的固定资产

同时满足下列条件的非流动资产(包括固定资产)应当划分为持有待售:一是企业已经就处置该非流动资产做出决议;二是企业已经与受让方签订了不可撤销的转让协议;三是该项转让将在一年内完成。持有待售的非流动资产包括单项资产和处置组,处置组是指作为整体出售或其他方式一并处置的一组资产。处置组通常是一组资产组、一个资产组或某个资产组中的一部分,如果处置组是一个资产组,并且按照《企业会计准则第 8 号——资产减值》的规定将企业合并中取得的商誉分摊至该资产组,或者该资产组是这种资产组中的一项经营,则该处置组应当包括企业合并中取得的商誉。

企业对于持有待售的固定资产,应当调整该项固定资产的预计净残值,使该项固定资产的预计净残值能够反映其公允价值减去处置费用后的金额,但不得超过符合持有待售条件时该项固定资产的原账面价值,原账面价值高于预计净残值的差额,应作为资产减值损失计入当期损益。企业应当在报表附注中披露持有待售的固定资产名称、账面价值、公允价值、预计处置费用和预计处置时间等。持有待售的固定资产不计提折旧,按照账面价值与公允价值减去处置费用后的净额孰低进行计量。

某项资产或处置组被划归为持有待售,但后来不再满足持有待售的固定资产的确认条件,企业应当停止将其划归为持有待售,并按照下列两项金额中较低者计量:

(1) 该资产或处置组被划归为持有待售之前的账面价值,按照其假定在没有被划归为持有待售的情况下原应确认的折旧、摊销或减值进行调整后的金额;

(2) 决定不再出售之日的可收回金额。

符合持有待售条件的无形资产等其他非流动资产，比照上述原则处理，其中，其他非流动资产不包括递延所得税资产、《企业会计准则第22号——金融工具确认和计量》规范的金融资产、以公允价值计量的投资性房地产和生物资产、保险合同中产生的合同权利等。

四、固定资产的清查

企业应当定期或者至少于每年年末对固定资产进行清查盘点，以保证固定资产核算的真实性。在固定资产清查过程中，如果发现盘盈、盘亏的固定资产，应当填制固定资产盘盈盘亏报告表。对于固定资产的损益，应及时查明原因，并按规定程序报批处理。

▶ 1. 固定资产盘盈的会计处理

企业在财产清查中盘盈的固定资产，作为前期差错处理。在按管理权限报经批准处理前，应先通过"以前年度损益调整"科目核算。盘盈的固定资产，应按重置成本确定其入账价值，借记"固定资产"，贷记"以前年度损益调整"科目。

▶ 2. 固定资产盘亏的会计处理

固定资产是一种价值较高、使用期限较长的有形资产，因此，对于管理规范的企业而言，盘盈、盘亏的固定资产较为少见。企业应当健全制度，加强管理，定期或者至少于每年年末对固定资产进行清查盘点，以保证固定资产核算的真实性和完整性。如果清查中发现固定资产损益的，应及时查明原因，在期末结账前处理完毕。

固定资产盘亏造成的损失，应当计入当期损益。企业在财产清查中盘亏的固定资产，按盘亏固定资产的账面价值借记"待处理财产损溢——待处理固定资产损益"科目，按已计提的累计折旧借记"累计折旧"科目，按已计提的减值准备借记"固定资产减值准备"科目，按固定资产原价贷记"固定资产"科目。按管理权限报经批准后处理时，按可收回的保险赔偿或过失人赔偿借记"其他应收款"科目，按应计入营业外支出的金额借记"营业外支出——盘亏损失"科目，贷记"待处理财产损溢"科目。

【例6-16】甲公司在财产清查中发现盘亏设备一台，其原始价值为40 000元，累计折旧为25 000元。经查，该设备丢失的原因在于管理人员看守不当。经批准，由管理人员赔偿5 000元。假定不考虑相关税费，有关账务处理如下。

(1) 发现盘亏时，核销有关账面价值：

借：待处理财产损溢——待处理固定资产损益　　　　　　　　　　　15 000
　　累计折旧　　　　　　　　　　　　　　　　　　　　　　　　　　25 000
　　贷：固定资产　　　　　　　　　　　　　　　　　　　　　　　　40 000

(2) 报经批准后：

借：其他应收款　　　　　　　　　　　　　　　　　　　　　　　　5 000
　　营业外支出——盘亏损失　　　　　　　　　　　　　　　　　　10 000
　　贷：待处理财产损溢——待处理固定资产损益　　　　　　　　　15 000

本章小结

本章从固定资产的概念入手，介绍固定资产的特征和确认条件，详细阐述各种渠道固定资产增加的初始计量和账务处理、固定资产后续计量的核算、固定资产处置和清理的账务处理，以及固定资产的清查和期末计量。

复习思考题

1. 固定资产和存货的实物消耗和价值转移有什么不同？
2. 固定资产确认必须符合什么条件？
3. 固定资产增加有哪些渠道，初始计量应如何确定？
4. 固定资产折旧的时间和空间范围如何确定？
5. 固定资产折旧的计算方法有哪些？
6. 加速折旧应用的理由是什么？
7. 固定资产清查与固定资产清理有什么不同？

第七章 无形资产

> **知识目标**
> 1. 了解无形资产的定义,熟悉无形资产的内容和分类。
> 2. 掌握无形资产的确认、初始计量、后续计量和处置的会计处理方法。

第一节 无形资产概述

一、无形资产的定义与特征

无形资产是指企业拥有或者控制的没有实物形态的可辨认非货币性资产。无形资产具有以下特征。

(一)由企业拥有或者控制并能为其带来未来经济利益的资源

预计能为企业带来未来经济利益,是资产的一项本质特征,无形资产也不例外。通常情况下,企业拥有或者控制的无形资产应当拥有其所有权并且能够为企业带来未来经济利益。但在某些情况下并不需要企业拥有其所有权,如果企业有权获得某项无形资产产生的经济利益,同时又能约束其他人获得这些经济利益。

(二)无形资产不具有实物形态

无形资产通常表现为某种权利、某项技术或是某种获取超额利润的综合能力。它们不具有实物形态,看不见、摸不着,如土地使用权、非专利技术等。无形资产为企业带来经济利益的方式与固定资产不同,固定资产是通过实物价值的磨损和转移来为企业带来未来经济利益,而无形资产很大程度上是通过自身所具有的技术等优势为企业带来未来经济利益,不具有实物形态是无形资产区别于其他资产的特征之一。

（三）无形资产具有可辨认性

要作为无形资产进行核算，该资产必须是能够区别于其他资产可单独辨认的，如企业持有的专利权、非专利技术、商标权、土地使用权、特许权等。符合以下条件之一的，则认为其具有可辨认性。

（1）能够从企业中分离或者划分出来，并能单独用于出售或转让等，而不需要同时处置在同一获利活动中的其他资产，则说明无形资产可以辨认。某些情况下无形资产可能需要与有关的合同一起用于出售、转让等，这种情况下也视为可辨认无形资产。

（2）产生于合同性权利或其他法定权利，无论这些权利是否可以从企业或其他权利和义务中转移或者分离。例如，一方通过与另一方签订特许权合同而获得的特许使用权，通过法律程序申请获得的商标权、专利权等。

（四）无形资产属于非货币性资产

非货币性资产是指企业持有的货币资金和将以固定或可确定的金额收取的资产以外的其他资产。无形资产由于没有活跃的交易市场，一般不容易转化成现金，在持有过程中为企业带来未来经济利益的情况不确定，不属于以固定或可确定的金额收取的资产，属于非货币性资产。

二、无形资产的内容

无形资产通常包括专利权、非专利技术、商标权、著作权、特许权、土地使用权等。

（一）专利权

专利权是指国家专利主管机关依法授予发明创造专利申请人，对其发明创造在法定期限内所享有的专有权利，包括发明专利权、实用新型专利权和外观设计专利权。发明是指对产品、方法或者其改进所提出的新的技术方案。实用新型是指对产品的形状、构造或者其结合所提出的适于实用的新的技术方案。外观设计是指对产品的形状、图案或者其结合，以及色彩与形状、图案的结合所做出的富有美感并适用于工业应用的新设计。发明专利权的期限为 20 年，实用新型专利权和外观设计专利权的期限为 10 年，均自申请日起计算。

（二）非专利技术

非专利技术也称专有技术，是指不为外界所知、在生产经营活动中已采用了的、不享有法律保护的、可以带来经济效益的各种技术和诀窍。非专利技术一般包括工业专有技术、商业贸易专有技术、管理专有技术等。非专利技术并不是专利法的保护对象，非专利技术用自我保密的方式来维持其独占性，具有经济性、机密性和动态性等特点。

（三）商标权

商标是用来辨认特定的商品或劳务的标记。商标权指专门在某类指定的商品或产品上使用特定的名称或图案的权利。经商标局核准注册的商标为注册商标，注册商标的有效期为 10 年，自核准注册之日起计算，期满前可继续申请延长注册期。

（四）著作权

著作权又称版权，是指作者对其创作的文学、科学和艺术作品依法享有的某些特殊权利。著作权包括作品署名权、发表权、修改权和保护作品完整权，还包括复制权、发行权、出租权、展览权、表演权、放映权、广播权、信息网络传播权、摄制权、改编权、翻译权、汇编权，以及应当由著作权人享有的其他权利。

（五）特许权

特许权又称经营特许权、专营权，是指企业在某一地区经营或销售某种特定商品的权利或是一家企业接受另一家企业使用其商标、商号、技术秘密等的权利。特许权通常有两种形式，一种是由政府机构授权，准许企业使用或在一定地区享有经营某种业务的特权，如水、电、邮电通信等专营权，烟草专卖权等；另一种是指企业间依照签订的合同，有限期或无限期地使用另一家企业的某些权利，如连锁店分店使用总店的名称等。

（六）土地使用权

土地使用权是指国家准许某企业在一定期间内对国有土地享有开发、利用、经营的权利。企业取得土地使用权的方式大致有行政划拨取得、外购取得（如以缴纳土地出让金方式取得）及投资者投资取得几种。

三、无形资产的分类

（一）按取得来源不同分类

按无形资产取得来源不同分类，可分为购入的无形资产、自行开发的无形资产、投资者投入的无形资产、企业合并取得的无形资产、债务重组取得的无形资产、非货币性资产交换取得的无形资产，以及政府补助取得的无形资产等。

不同来源取得的无形资产，其初始成本的确定方法及所包括的内容不同。

（二）按使用寿命是否有期限分类

按无形资产使用寿命是否有期限分类，可分为有期限无形资产和无期限无形资产。

使用寿命有限的无形资产存在价值摊销问题，使用寿命不确定的无形资产，其价值是不能进行摊销的。

四、无形资产的确认条件

无形资产应当在符合定义的前提下，同时满足以下两个确认条件时，才能予以确认。

（一）与该无形资产有关的经济利益很可能流入企业

作为无形资产确认的项目，必须具备产生的经济利益很可能流入企业。通常情况下，无形资产产生的未来经济利益可能包括在销售商品、提供劳务的收入中，或者体现在企业使用该项无形资产而减少或节约的成本中，或者体现在获得的其他利益中。例如，生产加工企业在生产工序中使用了某种知识产权，使其降低了未来生产成本，而不是增加未来收入。实务中，要确定无形资产创造的经济利益是否很可能流入企业，需要实施职业判断。在实施这种判断时，需要对无形资产在预计使用寿命内可能存在的各种经济因素做出合理估计，并且应当有明确的证据支持，例如，企业是否有足够的人力资源、高素质的管理队伍、相关的硬件设备、相关的原材料等来配合无形资产为企业创造经济利益。同时，更为重要的是关注一些外界因素的影响,如是否存在相关的新技术、新产品冲击,与无形资产相关的技术或据其生产的产品的市场等。在实施判断时,企业的管理当局应对无形资产的预计使用寿命内存在的各种因素做出最稳健的估计。

(二)该无形资产的成本能够可靠地计量

成本能够可靠地计量是资产确认的一项基本条件。对于无形资产来说,这个条件相对更为重要。例如,企业内部产生的品牌、报刊名等,因其成本无法可靠计量,不作为无形资产确认;又如,一些高新科技企业的科技人才,假定其与企业签订了服务合同,且合同规定其在一定期限内不能为其他企业提供服务。在这种情况下,虽然这些科技人才的知识在规定的期限内预期能够为企业创造经济利益,但由于这些技术人才的知识难以辨认,且形成这些知识所发生的支出难以计量,因而不能作为企业的无形资产加以确认。

第二节 无形资产的初始计量

无形资产通常是按实际成本计量,即以取得无形资产并使之达到预定用途而发生的全部支出,作为无形资产的成本。对于不同来源取得的无形资产,其初始成本构成也不尽相同。

一、外购的无形资产成本

外购的无形资产,其成本包括购买价款、相关税费,以及直接归属于使该项资产达到预定用途所发生的其他支出。其中,直接归属于使该项资产达到预定用途所发生的其他支出包括使无形资产达到预定用途所发生的专业服务费用、测试无形资产是否能够正常发挥作用的费用等。下列各项不包括在无形资产的初始成本中。

(1)为引入新产品进行宣传发生的广告费、管理费用及其他间接费用。

(2)无形资产已经达到预定用途以后发生的费用。例如,在形成预定经济规模之前发生的初始运作损失,以及在无形资产达到预定用途之前发生的其他经营活动的支出,如果该经营活动并非是无形资产达到预定用途必不可少的,则有关经营活动的损益应于发生时计入当期损益,而不构成无形资产的成本。

外购的无形资产,应按其取得成本进行初始计量;如果购入的无形资产超过正常信用条件延期支付价款,实质上具有融资性质的,应按所取得无形资产购买价款的现值计量其成本,现值与应付价款之间的差额作为未确认的融资费用,在付款期间内按照实际利率法确认为利息费用。

【例7-1】2016年1月5日,集思公司购入广益公司的发明专利,该专利有望大幅降低生产成本,实际支付的专利权转让费价款为20万元,并支付有关专业服务费用4万元,企业用银行存款一次性付清。

分析:该专利权符合无形资产的确认条件。

无形资产初始计量的成本＝20＋4＝24(万元)

甲公司的账务处理如下：

借：无形资产——专利权 240 000
　　贷：银行存款 240 000

【例 7-2】 2017年1月2日，集思公司从广益公司购买一项商标权，经与广益公司协议采用分期付款方式支付款项。合同规定，该项商标权总计1 000万元，每年年末付款200万元，5年付清。假定银行同期贷款利率为5%。为了简化核算，假定不考虑其他有关税费(已知5年期5%利率的年金现值系数为4.329 5)。

集思公司的账务处理如下：

无形资产现值＝200×4.329 5＝865.9(万元)

未确认的融资费用＝1 000－865.9＝134.10(万元)

(1) 2017年1月2日，确认无形资产：

借：无形资产——商标权 8 659 000
　　未确认融资费用 1 341 000
　　贷：长期应付款 10 000 000

(2) 2017年年底付款及未确认融资费用的摊销：

借：长期应付款 2 000 000
　　贷：银行存款 2 000 000
借：财务费用 433 000
　　贷：未确认融资费用 433 000

(3) 2018年年底付款及未确认融资费用的摊销：

借：长期应付款 2 000 000
　　贷：银行存款 2 000 000
借：财务费用 354 500
　　贷：未确认融资费用 354 600

(4) 2019年年底付款及未确认融资费用的摊销：

借：长期应付款 2 000 000
　　贷：银行存款 2 000 000
借：财务费用 272 300
　　贷：未确认融资费用 272 300

(5) 2020年年底付款及未确认融资费用的摊销：

借：长期应付款 2 000 000
　　贷：银行存款 2 000 000
借：财务费用 185 900
　　贷：未确认融资费用 185 900

(6) 2021年年底付款及未确认融资费用的摊销：

借：长期应付款 2 000 000

  贷：银行存款   2 000 000
  借：财务费用   95 200
    贷：未确认融资费用   95 200

二、自主研发的无形资产

  通常情况下，企业自创商誉以及企业内部产生的无形资产不确认为无形资产，如企业内部产生的品牌、报刊名等。但是，由于确定研究与开发费用是否符合无形资产的定义和相关特征（如可辨认性）、能否或者何时能够为企业产生预期未来经济利益，以及成本能否可靠地计量尚存在不确定因素，因此，研究与开发活动发生的费用，除了要遵循无形资产确认和初始计量的一般要求外，还需要满足其他特定的条件，才能够确定为一项无形资产。首先，为了评价内部产生的无形资产是否满足确认标准，企业应当将资产的形成过程分为研究阶段与开发阶段两部分；其次，对于开发过程中发生的费用，在符合一定条件的情况下，才可确认为一项无形资产。在实务工作中，研究阶段与开发阶段的具体划分，以及是否符合资本化的条件，应当根据企业的实际情况及相关信息予以判断。

（一）研究阶段和开发阶段的划分

  对于企业自行进行的研究开发项目，应当区分研究阶段与开发阶段两个部分分别进行核算。

  ▶ 1. 研究阶段

  研究阶段是指为获取新的技术和知识等进行的有计划的调查，有关的研究活动包括：意于获取知识而进行的活动；研究成果或其他知识的应用研究、评价和最终选择；材料、设备、产品、工序、系统或服务替代品的研究；新的或经改进的材料、设备、产品、工序、系统或服务的可能替代品的配制、设计、评价和最终选择等。

  研究阶段的特点如下。

  （1）计划性。研究阶段建立在有计划的调查的基础上，即研发项目已经董事会或者相关管理层的批准，并着手收集相关资料、进行市场调查等。例如，某药品公司为研究开发某药品，经董事会或者相关管理层的批准，有计划地进行收集资料、市场调查，比较市场中相关药品的药性、效用等活动。

  （2）探索性。研究阶段所进行的基本上是探索性的活动，为进一步的开发活动进行资料及相关方面的准备，在这一阶段不会形成阶段性成果。

  从研究活动的特点来看，其研究是否能在未来形成成果，即通过开发后是否会形成无形资产均具有很大的不确定性，企业也无法证明能够带来未来经济利益的无形资产是否存在，因此，研究阶段的有关支出在发生时，应当予以费用化计入当期损益。

  ▶ 2. 开发阶段

  开发阶段是指在进行商业性生产或使用前，将研究成果或其他知识应用于某项计划或设计，以生产出新的或具有实质性改进的材料、装置、产品等。有关的开发活动包括：生产前或使用前的原型和模型的设计、建造和测试；含新技术的工具、夹具、模具和冲模的设计；不具有商业性生产经济规模的试生产设施的设计、建造和运营；新的或经改造的材料、设备、产品、工序、系统或服务所选定的替代品的设计、建造和测试等。

开发阶段的特点如下。

（1）具有针对性。开发阶段是建立在研究阶段的基础上，因此对项目的开发具有针对性。

（2）形成成果的可能性较大。进入开发阶段的研发项目往往形成成果的可能性较大。

由于开发阶段相对于研究阶段更进一步，与研究阶段相比，进入开发阶段，则很大程度上形成一项新产品或新技术的基本条件已经具备，此时如果企业能够证明满足无形资产的定义及相关确认条件，所发生的开发支出可资本化，即可确认为无形资产的成本。

▶ 3. 研究阶段与开发阶段的不同点

（1）目标不同。研究阶段一般目标不具体、不具有针对性；而开发阶段多是针对具体目标、产品、工艺等。

（2）对象不同。研究阶段一般很难具体化到特定项目上；而开发阶段往往形成对象化的成果。

（3）风险不同。研究阶段的成功率很难判断，一般成功率很低，风险比较大；而开发阶段的成功率较高、风险相对较小。

（4）结果不同。研究阶段的结果多是研究报告等基础性成果；而开发阶段的结果则多是具体的新技术、新产品等。

（二）开发阶段有关支出资本化的条件

在开发阶段，可以将有关支出资本化计入无形资产成本的条件如下。

▶ 1. 完成该无形资产以使其能够使用或出售在技术上具有可行性

企业在判断是否满足该条件时，应以目前阶段的成果为基础，说明在此基础上进一步进行开发所需的技术条件等已经具备，基本上不存在技术上的障碍或其他不确定性。如果企业确定满足该条件，应提供相关的证据和材料。

▶ 2. 具有完成该无形资产并使用或出售的意图

开发某项产品或专利技术产品等用于使用还是出售，通常是由管理当局从事该项研发活动的目的或者意图所决定，即研发项目形成成果以后，是用于出售还是用于自己使用并从使用中获得经济利益，应当由管理当局的意图而定。因此，企业的管理当局应能够说明其拟开发无形资产的目的，并具有完成该项无形资产开发并使其能够使用或出售的可能性。

▶ 3. 无形资产产生经济利益的方式应当证明其有用性

无形资产产生经济利益的方式，包括能够证明运用该无形资产生产的产品存在市场或无形资产自身存在市场，无形资产将在内部使用的，应当证明其有用性。作为无形资产确认，其基本条件是能够为企业带来未来经济利益。就其能够为企业带来未来经济利益的方式来讲，如果有关的无形资产在形成以后，主要是用于形成新产品或新工艺的，企业应对运用该无形资产生产的产品市场情况进行估计，应能够证明所生产的产品存在市场，并能够带来经济利益的流入；如果有关的无形资产开发以后主要是用于对外出售的，则企业应能够证明市场上存在对该类无形资产的需求，开发以后存在外在的市场可以出售并带来经济利益的流入；如果无形资产开发以后，不是用于生产产品，也不是用于对外出售，而是在企业内部使用的，则企业应能够证明在企业内部使用时对企业的有用性。

▶ 4. 有足够的技术、财务资源和其他资源支持

有足够的技术、财务资源和其他资源支持，以完成该无形资产的开发，并有能力使用或出售该无形资产，这一条件主要包括以下内容。

（1）为完成该项无形资产开发具有技术上的可靠性。开发的无形资产并使其形成成果在技术上的可靠性，是继续进行开发活动的关键。因此，必须有确凿证据证明企业继续开发该项无形资产有足够的技术支持和技术能力。

（2）财务资源和其他资源支持。财务资源和其他资源支持是能够完成该项无形资产开发的经济基础，因此，企业必须能够证明有足以支持完成该项无形资产的开发所需的财务资源和其他资源。

（3）能够证明企业在开发过程中所需的技术、财务资源和其他资源，以及企业获得这些资源的相关计划等。例如，在企业自有资金不足以提供支持的情况下，是否存在外部其他方面的资金支持，如银行等金融机构愿意为该无形资产的开发提供所需资金的声明，并有能力使用或出售该无形资产。

▶ 5. 归属于该无形资产开发阶段的支出能够可靠地计量

企业对于开发活动发生的支出应单独核算，如发生的开发人员的工资、材料费等。在企业同时从事多项开发活动的情况下，所发生的支出同时用于支持多项开发活动的，应按照一定的标准在各项开发活动之间进行分配，无法明确分配的，应予费用化计入当期损益，不计入开发活动的成本。

（三）内部开发的无形资产的计量

内部研发活动形成的无形资产成本，由可直接归属于该资产的创造、生产并使该资产能够以管理层预定的方式运作的所有必要支出组成。可直接归属成本包括开发该无形资产时耗费的材料、劳务成本、注册费、在开发该无形资产过程中使用的其他专利权和特许权的摊销，以及按照借款费用的处理原则可资本化的利息支出。在开发无形资产过程中发生的除上述可直接归属于无形资产开发活动的其他销售费用、管理费用等间接费用、无形资产达到预定用途前发生的可辨认的无效和初始运作损失、为运行该无形资产发生的培训支出等不构成无形资产的开发成本。

值得说明的是，内部开发无形资产的成本仅包括在满足资本化条件的时点至无形资产达到预定用途前发生的支出总和，对于同一项无形资产在开发过程中达到资本化条件之前已经费用化计入当期损益的支出不再进行调整。

（四）内部研究和开发费用的会计处理

▶ 1. 基本原则

企业内部研究和开发的无形资产，其在研究阶段的支出全部费用化，计入当期损益

（管理费用）；开发阶段的支出符合条件的应予以资本化，不符合资本化条件的计入当期损益（管理费用）。如果确实无法区分研究阶段的支出和开发阶段的支出，应将其所发生的研发支出全部费用化，计入当期损益。

▶ 2. 具体账务处理方法

（1）企业自行开发无形资产发生的研发支出，不满足资本化条件的，借记"研发支出——费用化支出"科目，满足资本化条件的，借记"研发支出——资本化支出"科目，贷记"原材料""银行存款""应付职工薪酬"等科目。

（2）企业以其他方式取得的正在进行中的研究开发项目，应按确定的金额，借记"研发支出——资本化支出"科目，贷记"银行存款"等科目。以后发生的研发支出，应当比照上述第（1）条原则进行处理。

（3）研究开发项目达到预定用途形成无形资产的，应按"研发支出——资本化支出"科目的余额，借记"无形资产"科目，贷记"研发支出——费用化支出"科目。

【例7-3】2017年1月1日，集思公司研发某项新产品专利技术，研发该项目具有可靠的技术和财务等资源的支持，并且一旦研发成功将降低该公司生产产品的生产成本。该公司在研究开发过程中发生材料费3 000万元、人工工资1 000万元，支付设备租金1 000万元，总计5 000万元，其中，符合资本化条件的支出为4 000万元。2017年12月31日，该专利技术已经达到预定用途。

集思公司的账务处理如下。

（1）发生研发支出：

借：研发支出——费用化支出		10 000 000
——资本化支出		40 000 000
贷：原材料		30 000 000
应付职工薪酬		10 000 000
银行存款		10 000 000

（2）2017年12月31日，该专利技术已经达到预定用途：

借：管理费用		10 000 000
无形资产		40 000 000
贷：研发支出——费用化支出		10 000 000
——资本化支出		40 000 000

三、投资者投入的无形资产成本

投资者投入的无形资产的成本，应当按照投资合同或协议约定的价值确定无形资产的取得成本。如果投资合同或协议约定价值不公允的，应按无形资产的公允价值作为无形资产的初始成本入账。

【例7-4】2018年6月6日，集思公司因业务发展需要接受投资方广益公司投入专利权一项，根据投资合同约定，此项专利权价值1 500 000元，折合为公司股票1 000 000股，每股面值1元。

集思公司的账务处理如下：

借：无形资产——专利权　　　　　　　　　　　　　1 500 000
　　贷：股本　　　　　　　　　　　　　　　　　　　　1 000 000
　　　　资本公积——股本溢价　　　　　　　　　　　　　500 000

四、接收捐赠的无形资产成本

企业接收捐赠的无形资产应按以下规定确定其入账价值。

▶ 1. 捐赠方提供了有关凭据

捐赠方提供了有关凭据的，按凭据上标明的金额加上应支付的相关税费作为入账价值。

▶ 2. 捐赠方未提供有关凭据

捐赠方未提供有关凭据的，按以下顺序确定其入账价值。

（1）同类或类似无形资产存在活跃市场的，应参照同类或类似无形资产的市场价格估计的金额，加上应支付的相关税费作为入账价值。

（2）同类或类似无形资产不存在活跃市场的，应按接收捐赠的无形资产的预计未来现金流量的现值，加上应支付的相关税费作为入账价值。

五、其他方式取得的无形资产

其他方式取得的无形资产主要包括非货币性资产交换、债务重组、政府补助和企业合并等取得的无形资产，其核算应分别按照相关准则的规定进行。

第三节　无形资产的后续计量

一、无形资产后续计量的基本原则

无形资产初始确认和计量后，在其后使用该项无形资产期间内应以成本减去累计摊销额和累计减值损失后的余额计量。但是要确定无形资产在使用过程中的累计摊销额，首要的问题就是无形资产的使用寿命。使用寿命有限的无形资产，需要在估计使用寿命内对其价值采用合理的方法进行摊销；对于使用寿命不确定的无形资产，不需要进行摊销，每年仍应进行测试。

（一）估计无形资产的使用寿命

企业应当于取得无形资产时慎重地分析和判断其使用寿命。无形资产的使用寿命如为有限的，应当估计该使用寿命的年限或者构成使用寿命的产量等类似计量单位数量；无法预见无形资产为企业带来未来经济利益期限的，应当视为使用寿命不确定的无形资产。

估计无形资产使用寿命应考虑的主要因素如下：

（1）该资产通常的产品寿命周期，以及可获得的类似资产使用寿命的信息；

（2）技术、工艺等方面的现实情况及对未来发展的估计；

（3）以该资产在该行业运用的稳定性和生产的产品或服务的市场需求情况；

（4）现在或潜在的竞争者预期采取的行动；

（5）为维持该资产产生未来经济利益的能力所需要的维护支出，以及企业预计支付有关支出的能力；

（6）对该资产的控制期限，以及对该资产使用的法律或类似限制，如特许使用期间、租赁期间等；

（7）与企业持有的其他资产使用寿命的关联性等。

（二）无形资产使用寿命的确定

某些无形资产的取得源自合同性权利或其他法定权利，其使用寿命不应超过合同性权利或其他法定权利的期限。但如果企业使用资产的预期期限短于合同性权利或其他法定权利规定的期限的，则应当按照企业预期使用的期限确定其使用寿命。例如，企业取得一项专利技术，法律保护期间为20年，企业预计采用该专利生产的产品在未来15年内会为企业带来经济利益。对于该项专利技术，第三方向企业承诺在5年内以其取得之日公允价值的60%购买该专利权，从企业管理层目前的持有计划来看，准备在5年内将其出售给第三方。为此，该项专利权的实际使用寿命为5年。

如果合同性权利或其他法定权利能够在到期时因续约等延续，则仅当有证据表明企业续约不需要付出重大成本时，续约期才能够包括在使用寿命的估计中。下列情况下，一般说明企业无须付出重大成本即可延续合同性权利或其他法定权利：有证据表明合同性权利或法定权利将被重新延续，如果在延续之前需要第三方同意，则还需有第三方将会同意的证据；有证据表明为获得重新延续所必需的所有条件将被满足，以及企业为延续持有无形资产付出的成本相对于预期从重新延续中流入企业的未来经济利益相比不具有重要性。如果企业为延续无形资产持有期间而付出的成本与预期从重新延续中流入企业的未来经济利益相比具有重要性，则从本质上认为这是企业获得的一项新的无形资产。

没有明确的合同或法律规定无形资产的使用寿命的，企业应当综合各方面情况，例如企业经过努力，聘请相关专家进行论证、与同行业的情况进行比较，以及参考企业的历史经验等，来确定无形资产为企业带来未来经济利益的期限。如果经过这些努力，仍无法合理确定无形资产为企业带来经济利益的期限的，才能将该无形资产作为使用寿命不确定的无形资产。例如，企业取得了一项在过去几年市场份额领先的畅销产品的商标。该商标按照法律规定还有5年的使用寿命，但是在保护期届满时，企业可每10年即以较低的手续费申请延期，同时有证据表明企业有能力申请延期。此外，有关调查表明，根据产品生命周期、市场竞争等方面情况综合判断，该品牌将在不确定的期间内为企业产生现金流量。综合各方面情况，该商标可视为使用寿命不确定的无形资产。又如，企业通过公开拍卖取得一项出租车运营许可，按照所在地规定，以现有出租运营许可为限，不再授予新的运营许可，而且在旧的出租车报废以后，有关的运营许可可用于新的出租车。企业估计在有限的未来将持续经营出租车行业。对于该运营许可，从目前情况来看，其为企业带来未来经济利益的期限无法可靠估计，因此，应视其为使用寿命不确定的无形资产。

（三）无形资产使用寿命的复核

企业在无形资产的使用过程中，至少应当于每年的年末，对无形资产的使用寿命及摊销方法进行复核，如果有证据表明无形资产的使用寿命及摊销方法不同于以前的估计，如由于合同的续约或无形资产应用条件的改善等原因改变了无形资产的使用寿命，则对于使用寿命有限的无形资产，应改变其摊销年限及摊销方法并按照会计估计变更进行处理。

对于使用寿命不确定的无形资产，如果因为情况发生变化，有新的证据证明其使用寿命是有限的，企业应当将其视为会计估计变更，应当估计其使用寿命并按照使用寿命有限的无形资产的处理原则进行处理。

二、使用寿命有限的无形资产

使用寿命有限的无形资产，应在其预计的使用寿命内采用系统合理的方法对应摊销金额进行摊销。应摊销金额是指无形资产的成本扣除残值后的金额，已计提减值准备的无形资产，还应扣除已计提的无形资产减值准备累计金额。使用寿命有限的无形资产，其残值一般应当视为零。

（一）摊销期和摊销方法

无形资产的摊销期自其可供使用（即达到预定用途）时起至终止确认时止，即无形资产摊销的起始和停止日期为：当月增加的无形资产，当月开始摊销；当月减少的无形资产，当月不再摊销。

可供企业选择的无形资产的摊销方法有很多种，通常采用直线法、产量法等。企业应当根据该项无形资产有关的经济利益的预期实现方式，合理地选择摊销方法，并一致地运用于不同会计期间。例如，受技术陈旧因素影响较大的专利权和专有技术等无形资产，可采用类似固定资产加速折旧的方法进行摊销；有特定产量限制的特许经营权或专利权，应采用产量法进行摊销。无法可靠确定其预期实现方式的，应当采用直线法进行摊销。

无形资产的摊销一般应计入当期损益，但如果某项无形资产专门用于生产某种产品或者其他资产，其所包含的经济利益是通过转入到所生产的产品或其他资产中实现的，则无形资产的摊销费用应当计入相关资产的成本。

持有待售的无形资产不进行摊销，按照账面价值与公允价值减去处置费用后的净额孰低进行计量。

（二）残值的确定

使用寿命有限的无形资产，其残值一般应当视为零，但下列情况除外：

（1）有第三方承诺在无形资产使用寿命结束时购买该项无形资产；

（2）可以根据活跃市场得到无形资产预计残值信息，并且该市场在该项无形资产使用寿命结束时可能存在。

无形资产的残值意味着在其经济寿命结束之前企业预计将会处置该无形资产,并且从该处置中取得利益。估计无形资产的残值应以资产处置时的可收回金额为基础,此时的可收回金额是指在预计出售日,出售一项使用寿命已满且处于类似使用状况下,同类无形资产预计的处置价格(扣除相关税费)。残值确定以后,在持有无形资产的期间,至少应于每年年末进行复核,预计残值与原估计金额不同的,应按照会计估计变更进行处理。如果无形资产的残值重新估计以后高于其账面价值的,则无形资产不再摊销,直至残值降至低于账面价值时再恢复摊销。

例如,企业从外单位购入一项实用专利技术的成本为 100 万元,根据目前企业管理层的持有计划,预计 5 年后转让给第三方。根据目前活跃市场上得到的信息,该实用专利技术预计残值为 10 万元。企业采取生产总量法对该项无形资产进行摊销。到第三年期末,市场发生变化,经复核重新估计,该项实用专利技术预计残值为 30 万元,如果此时企业已摊销 72 万元,该项实用专利技术账面价值为 28 万元,低于重新估计的该项实用专利技术的残值,则不再对该项实用专利技术进行摊销,直至残值降至低于其账面价值时再恢复摊销。

(三) 使用寿命有限的无形资产摊销的账务处理

使用寿命有限的无形资产应当在其使用寿命内,采用合理的摊销方法进行摊销。摊销时,应当考虑该项无形资产所服务的对象,并以此为基础将其摊销价值计入相关资产的成本或者当期损益。

【例 7-5】2016 年 1 月 1 日,集思公司从外单位购得一项非专利技术,支付价款 5 000 万元,款项已支付,估计该项非专利技术的使用寿命为 10 年,该项非专利技术用于产品生产。同时,购入一项商标权,支付价款 3 000 万元,款项已支付,估计该商标权的使用寿命为 15 年。假定这两项无形资产的净残值均为零,并按直线法摊销。

本例中,集思公司外购的非专利技术的估计使用寿命为 10 年,表明该项无形资产是使用寿命有限的无形资产,且该项无形资产用于产品生产,因此,应当将其摊销金额计入相关产品的制造成本。集思公司外购的商标权的估计使用寿命为 15 年,表明该项无形资产同样也是使用寿命有限的无形资产,而商标权的摊销金额通常直接计入当期管理费用。

集思公司的账务处理如下。

(1) 取得无形资产时:

借:无形资产——非专利技术　　　　　　　　　　　　　50 000 000
　　　　　　——商标权　　　　　　　　　　　　　　　　30 000 000
　　贷:银行存款　　　　　　　　　　　　　　　　　　　80 000 000

(2) 按年摊销时:

借:制造费用——非专利技术　　　　　　　　　　　　　 5 000 000
　　管理费用——商标权　　　　　　　　　　　　　　　　2 000 000
　　贷:累计摊销　　　　　　　　　　　　　　　　　　　 7 000 000

如果集思公司 2017 年 12 月 31 日根据科学技术发展的趋势判断,2016 年购入的该项非专利技术在 4 年后将被淘汰,不能再为企业带来经济利益,决定对其再使用 4 年后不再使用,为此,集思公司应当在 2017 年 12 月 31 日据此变更该项非专利技术的估计使用寿命,并按会计估计变更进行处理。

2017 年 12 月 31 日,该项无形资产累计摊销金额为 1 000(500×2)万元,2018 年该项无形资产的摊销金额为 1 000[(5 000-1 000)÷4]万元。

集思公司 2018 年对该项非专利技术按年摊销的账务处理如下:

借:制造费用——非专利技术　　　　　　　　　　　　10 000 000
　　贷:累计摊销　　　　　　　　　　　　　　　　　　　10 000 000

三、使用寿命不确定的无形资产

对于使用寿命不确定的无形资产,在持有期间内不需要摊销,但应当在每个会计期末进行减值测试。发生减值时,借记"资产减值损失"科目,贷记"无形资产减值准备"科目。

【例 7-6】2016 年 1 月 1 日,集思公司购入一项市场领先的畅销产品的商标的成本为 6 000 万元,该商标按照法律规定还有 5 年的使用寿命,但是在保护期届满时,集思公司可每 10 年以较低的手续费申请延期,同时集思公司有充分的证据表明其有能力申请延期。此外,有关调查表明,根据产品生命周期、市场竞争等方面情况综合判断,该商标将在不确定的期间内为企业带来现金流量。

根据上述情况,该商标可视为使用寿命不确定的无形资产,在持有期间内不需要进行摊销。

2017 年年底,A 公司对该商标按照资产减值的原则进行减值测试,经测试表明该商标已发生减值,该商标的估计可收回金额为 4 000 万元。则 A 公司的账务处理如下:

(1) 2016 年购入商标时:

借:无形资产——商标权　　　　　　　　　　　　　　60 000 000
　　贷:银行存款　　　　　　　　　　　　　　　　　　　60 000 000

(2) 2017 年发生减值时:

借:资产减值损失(60 000 000-40 000 000)　　　　　 20 000 000
　　贷:无形资产减值准备——商标权　　　　　　　　　　20 000 000

第四节　无形资产的处置

一、无形资产的转让

企业转让无形资产的方式有两种:一是转让所有权,如出售、投资等;二是转让使用权,如出租、出借等。

（一）转让无形资产的所有权

企业出售某项无形资产，表明企业放弃无形资产的所有权，因而应注销无形资产的账面价值，同时应将所取得的价款与该无形资产账面价值的差额作为资产处置利得或损失（营业外收入或营业外支出），与固定资产处置性质相同，计入当期损益。企业出售无形资产确认其利得的时点，应按照收入确认中的有关原则进行确定。

出售无形资产时，应按实际收到的金额借记"银行存款"等科目，按已计提的累计摊销借记"累计摊销"科目，原已计提减值准备的借记"无形资产减值准备"科目，按应支付的相关税费贷记"应交税费"等科目，按其账面余额贷记"无形资产"科目，按其差额贷记"营业外收入——处置非流动资产利得"科目或借记"营业外支出——处置非流动资产损失"科目。

【例 7-7】2019 年 1 月 1 日，集思公司将拥有的某项专利技术出售给广益公司，该项专利技术的成本为 1 000 万元，已摊销金额为 500 万元，已计提的减值准备为 20 万元，增值税专用发票注明价格 600 万元，应交增值税为 36 万元，款项已收到并存入银行。

集思公司的账务处理如下：

借：银行存款	6 360 000
累计摊销	5 000 000
无形资产减值准备	200 000
贷：无形资产	10 000 000
应交税费——应交增值税（销项税额）	360 000
营业外收入——处置非流动资产利得	1 200 000

（二）转让无形资产的使用权

企业将所拥有的无形资产的使用权让渡给他人，企业仍保有对该无形资产的所有权，因而不应注销无形资产的账面价值。转让无形资产取得的租金，属于与企业日常活动相关的其他经营活动取得的收入，在满足收入确认条件的情况下，应确认相关的收入及成本，并通过其他业务收支科目进行核算。让渡无形资产使用权而取得的租金收入，借记"银行存款"等科目，贷记"其他业务收入"等科目；摊销出租无形资产的成本并发生与转让有关的各种费用支出时，借记"其他业务成本"科目，贷记"累计摊销"等科目。

【例 7-8】2019 年 1 月 1 日，集思公司将一项专利技术出租给广益公司使用，该专利技术账面余额为 500 万元，摊销期限为 10 年，出租合同规定，承租方每销售一件用该专利生产的产品，必须付给出租方 10 元专利技术使用费。假定承租方当年销售该产品 10 万件，应交增值税为 6 万元。

集思公司的账务处理如下。

(1) 取得该项专利技术使用费时：

借：银行存款	1 060 000
贷：其他业务收入	1 000 000
应交税费——应交增值税（销项税额）	60 000

(2) 出租期内对该项专利技术进行摊销时：

借：其他业务成本	500 000

贷：累计摊销　　　　　　　　　　　　　　　　　　　　　　　　　500 000

二、无形资产的转销

　　如果无形资产预期不能为企业带来未来经济利益，应将其报废并予以转销，其账面价值转作当期损益。转销时，应按已计提的累计摊销，借记"累计摊销"科目；按其账面余额，贷记"无形资产"科目；按其差额，借记"营业外支出"科目。已计提减值准备的，还应同时结转减值准备。

　　【例7-9】集思公司拥有某项专利技术，根据市场调查，用其生产的产品已没有市场，决定应予转销。转销时，该项专利技术的账面余额为600万元，摊销期限为10年，采用直线法进行摊销，已累计摊销了300万元，假定该项专利权的残值为零，已累计计提的减值准备为160万元，假定不考虑其他相关因素。

　　集思公司的账务处理如下：

　　借：累计摊销　　　　　　　　　　　　　　　　　　　　　　　　3 000 000
　　　　无形资产减值准备　　　　　　　　　　　　　　　　　　　　1 600 000
　　　　营业外支出——处置非流动资产损失　　　　　　　　　　　　1 400 000
　　　贷：无形资产——专利权　　　　　　　　　　　　　　　　　　6 000 000

第五节　其他长期资产

一、其他长期资产及其特征

　　其他长期资产是指流动资产、长期股权投资、固定资产、无形资产等资产以外的其他资产，如长期待摊费用等。

　　长期待摊费用也称递延资产或递延费用等，是指企业已经支付，但其影响不限于支付当期，因而应由支付当期和以后各受益期共同分摊的费用支出，如以经营租赁方式租入固定资产改良支出等。

　　长期待摊费用虽然也列为资产项目，但它与一般资产相比有很大的不同，表现在以下方面。

　　(1) 长期待摊费用本身没有交换价值，不能转让，也不能用于清偿债务，而长期待摊费用以外的其他各种资产都具有交换价值，既可以转让，也可以用于清偿债务。

　　(2) 长期待摊费用在本质上是一种费用，只是由于支出数额较大，需要分期摊销而已。长期待摊费用都是为了一定目的而发生的支出，由于这项支出数额较大，对企业生产经营影响时间较长或支出效益要期待于未来，若将其全部计入当期的费用中，势必会造成损益的非正常波动。所以，根据权责发生制核算基础的要求，应将其暂时列为一项没有实体的过渡性资产，然后再在恰当的期间内分期摊入"管理费用""销售费用"科目。

二、其他长期资产的核算

为了正确反映长期待摊费用的发生和摊销情况,应设置"长期待摊费用"科目。企业已经发生但应由本期和以后各期负担的、分摊期限在1年以上的各项费用,均通过本科目核算。企业发生长期待摊费用时借记本科目,贷记有关科目;摊销长期待摊费用时借记"管理费用""销售费用"等科目,贷记本科目,期末借方余额反映企业尚未摊销完毕的长期待摊费用的摊余价值。

租入固定资产改良支出是指企业对采用经营租赁方式租入的固定资产,为增加其效用或延长其使用寿命而进行改装、翻修、改建等所发生的支出。租入固定资产改良工程所形成的固定资产,于租赁期届满时,连同租入固定资产一并归还出租方,承租企业实际上只能取得在租赁期内使用被改良固定资产获利的权利,因此,对租入固定资产进行改良所发生的支出,不能作为固定资产核算,只能作为一项长期待摊费用分期摊销。企业应按租赁期限与租赁资产尚可使用的年限孰短的原则,确定租入固定资产改良支出的摊销年限,将其分期计入相关成本或费用。

本章小结

无形资产是指企业拥有或者控制的没有实物形态的可辨认非货币性资产。无形资产通常包括专利权、非专利技术、商标权、著作权、特许权、土地使用权等。企业自创商誉及企业内部产生的无形资产不确认为无形资产。

无形资产通常是按实际成本进行初始计量。外购的无形资产,其成本包括购买价款、相关税费,以及直接归属于使该项资产达到预定用途所发生的其他支出。对于企业自行研究开发的无形资产,应当区分研究阶段与开发阶段两个部分分别进行核算。研究阶段的有关支出在发生时应当费用化计入当期损益。开发阶段的支出,满足资本化条件的可以资本化而计入无形资产的成本;不满足资本化条件的开发支出只能费用化计入当期损益。

使用寿命有限的无形资产,需要在估计使用寿命内对其价值采用合理的方法进行摊销;使用寿命不确定的无形资产,不需要进行摊销,每年仍应进行测试。无形资产的摊销期自其可供使用(即达到预定用途)时起至终止确认时止。当月增加的无形资产,当月开始摊销;当月减少的无形资产,当月不再摊销。可供企业选择的无形资产的摊销方法通常包括直线法、产量法等。

企业转让无形资产的方式有两种:一是转让所有权,如出售、投资等;二是转让使用权,如出租、出借等。企业转让无形资产所有权时,应注销无形资产的账面价值,同时应将所取得的价款与该无形资产账面价值的差额作为资产处置利得或损失;企业转让无形资产使用权时,不应注销无形资产的账面价值。转让无形资产取得的租金,应确认相关的收入及成本,并通过"其他业务收支"科目进行核算。

如果无形资产预期不能为企业带来未来经济利益,应将其报废并予以转销,其账面价值转作当期损益。

其他长期资产是指流动资产、长期股权投资、固定资产、无形资产等资产以外的其他资产,如长期待摊费用等。

复习思考题

1. 无形资产具有哪些特征?
2. 无形资产主要包括哪些类别?
3. 无形资产如何进行初始计量?不同来源的无形资产的入账价值如何确定?
4. 无形资产如何进行后续计量?
5. 无形资产转让所有权和转让使用权的会计处理有何不同?

第八章 投资性房地产

> **知识目标**
> 1. 了解投资性房地产的定义及其转换和处置的概念。
> 2. 熟悉投资性房地产的范围和转换形式。
> 3. 掌握投资性房地产取得的计价、两种后续计量模式的会计处理,以及投资性房地产转换和处置的会计处理。

第一节 投资性房地产概述

一、投资性房地产的定义及特征

房地产是土地和房屋及其权属的总称。在我国,土地归国家或集体所有,企业只能取得土地使用权。因此,房地产中的土地是指土地使用权,房屋是指土地上的房屋等建筑物及构筑物。

投资性房地产是指为赚取租金或资本增值,或者两者兼有而持有的房地产。

投资性房地产主要有以下特征。

(一)投资性房地产是一种经营性活动

投资性房地产的主要形式是出租建筑物、出租土地使用权,其实质是让渡资产使用权。房地产租金就是让渡资产使用权取得的使用费收入,是企业为完成其经营目标所从事的经营性活动以及与之相关的其他活动形成的经济利益总流入。投资性房地产的另一种形式是持有并准备增值后转让的土地使用权,尽管其增值收益通常与市场供求、经济发展等因素相关,但目的是增值后转让以赚取增值收益,也是企业为完成其经营目标所从事的经营性活动,以及与之相关的其他活动形成的经济利益总流入。因此,出租建筑物和土地使用权,以及持有土地使用权并准备增值后转让属于企业日常活动,所获得的经济利益总流入构成企业的收入。

（二）投资性房地产在用途、状态、目的等方面区别于作为生产经营场所的房地产和用于销售的房地产

企业持有的房地产除了用于自身管理、生产经营活动场所和对外销售之外,还出现了将房地产用于赚取租金或增值收益的活动,甚至是个别企业的主营业务。这就需要将投资性房地产单独作为一项资产核算和反映,与自用的厂房、办公楼等房地产和作为存货(已建并完工的商品房)的房地产加以区别,从而更加清晰地反映企业所持有房地产的构成情况和盈利能力。

（三）投资性房地产的后续计量模式

投资性房地产有两种后续计量模式:成本模式和公允价值模式。企业通常应当采用成本模式对投资性房地产进行后续计量,只有在满足特定条件的情况下,即有确凿证据表明其所有投资性房地产的公允价值能够持续可靠取得的,也可以采用公允价值模式进行后续计量。但是,同一企业只能采用一种模式对所有投资性房地产进行后续计量,不得同时采用两种计量模式进行后续计量。

二、投资性房地产的范围

（一）属于投资性房地产的项目

投资性房地产包括已出租的土地使用权、持有并准备增值后转让的土地使用权、已出租的建筑物。

▶ 1. 已出租的土地使用权

已出租的土地使用权是指企业通过出让或转让方式取得的、以经营租赁方式出租的土地使用权。企业取得的土地使用权通常包括在一级市场上以缴纳土地出让金的方式取得的土地使用权,也包括在二级市场上接受其他单位转让的土地使用权。对于以经营租赁方式租入土地使用权再转租给其他单位的,不能确认为投资性房地产。

▶ 2. 持有并准备增值后转让的土地使用权

持有并准备增值后转让的土地使用权是指企业取得的、准备增值后转让的土地使用权。这类土地使用权很可能给企业带来资本增值收益,符合投资性房地产的定义。例如,企业发生转产或厂址搬迁,部分土地使用权停止自用,管理层决定继续持有这部分土地使用权,待其增值后转让以赚取增值收益,该土地使用权属于投资性房地产。

企业依法取得土地使用权后,应当按照国有土地有偿使用合同或建设用地批准书规定的期限动工开发建设。未经原批准用地的人民政府同意,超过规定的期限未动工开发建设的建设用地属于闲置土地,按照国家有关规定认定的闲置土地,不属于持有并准备增值后转让的土地使用权,不属于投资性房地产。

▶ 3. 已出租的建筑物

已出租的建筑物是指企业拥有产权的、以经营租赁方式出租的建筑物,包括自行建造

或开发活动完成后用于出租的建筑物。例如，甲公司将其拥有产权的某栋厂房以经营租赁方式整体出租给乙公司，自租赁期开始日起，这栋厂房属于甲公司投资性房地产。企业在判断和确认已出租的建筑物时，应当把握以下要点。

（1）用于出租的建筑物是指企业拥有产权的建筑物。企业以经营租赁方式租入再转租的建筑物不属于投资性房地产。例如，甲企业与乙企业签订了一项经营租赁合同，甲企业将其持有产权的一栋办公楼以经营租赁方式出租给乙企业使用，乙企业将该办公楼改装后用于自行经营餐馆。后因连续亏损，乙企业将餐馆转租给丙公司，以赚取租金差价。这种情况下，对于甲企业而言，该栋楼属于其投资性房地产，对于乙企业而言，则不属于其投资性房地产。

（2）已出租的建筑物是企业已经与其他方签订了租赁协议，约定以经营租赁方式出租的建筑物。一般应自租赁协议规定的租赁期开始日起，经营出租的建筑物才属于已出租的建筑物，通常情况下，对于企业持有以备经营出租的空置建筑物，如董事会或类似机构做出书面决议，明确表明将其用于经营出租且持有意图短期内不再发生变化的，即使尚未签订租赁协议，也应视为投资性房地产。其中，空置建筑物是指企业新购入、自行建造或开发完工但尚未使用的建筑物，以及不再用于日常生产经营活动且经整理后达到可经营出租状态的建筑物。例如，甲企业在当地房地产交易中心通过竞拍取得一块土地的使用权。甲企业按照合同规定对这块土地进行了开发，并在这块土地上建造了一栋商场，拟用于整体出租，但尚未开发完工。其中，该尚未开发完工的商场不属于空置建筑物，不属于投资性房地产。

（3）企业将建筑物出租，按租赁协议向承租人提供的相关辅助服务在整个协议中不重大的，应当将该建筑物确认为投资性房地产。例如，企业将其办公楼出租，同时向承租人提供维护、保安等日常辅助服务，企业应当将其确认为投资性房地产。

（二）不属于投资性房地产的项目

▶ 1. 自用房地产

自用房地产是指为生产商品、提供劳务或者经营管理而持有的房地产。自用房地产的特征在于服务于企业自身的生产经营活动，其价值将随着房地产的使用而逐渐转移到企业的产品或服务中去，通过销售商品或提供服务为企业带来经济利益，在产生现金流量的过程中与企业持有的其他资产密切相关。例如，企业用于自身生产经营的厂房和办公楼属于固定资产；企业用于自身生产经营的土地使用权属于无形资产。企业出租给本企业职工居住的宿舍，虽然也收取租金，但间接为企业自身的生产经营服务，因此具有自用房地产的性质。又如，企业拥有并自行经营的旅馆饭店，在向顾客提供住宿服务的同时，还提供餐饮、娱乐等其他服务，其经营目的主要是通过向客户提供服务取得服务收入，因此，企业自行经营的旅馆饭店是企业的经营场所，属于自用房地产。

▶ 2. 作为存货的房地产

作为存货的房地产通常是指房地产开发企业在正常经营过程中销售的或为销售而正在开发的商品房和土地。这部分房地产属于房地产开发企业的存货，其生产、销售构成企业的主营业务活动，产生的现金流量也与企业的其他资产密切相关。因此，具有存货性质的房地产不属于投资性房地产。

从事房地产经营开发的企业依法取得的、用于开发后出售的土地使用权,属于房地产开发企业的存货,即使房地产开发企业决定待增值后再转让其开发的土地,也不得将其确认为投资性房地产。

在实务中,存在某项房地产部分自用或作为存货出售、部分用于赚取租金或资本增值的情形。某项投资性房地产不同用途的部分能够单独计量和出售的,应当分别确认为固定资产、无形资产、存货和投资性房地产。例如,甲房地产开发商建造了一栋商住两用楼盘,一层出租给一家大型超市,已签订经营租赁合同,其余楼层均为普通住宅,正在公开销售中。这种情况下,如果一层商铺能够单独计量和出售,应当确认为甲企业的投资性房地产,其余楼层为甲企业的存货,即开发产品。

三、投资性房地产的确认条件

投资性房地产只有在符合定义的前提下,同时满足下列条件时,才能予以确认:
(1)与该投资性房地产相关的经济利益很可能流入企业;
(2)该投资性房地产的成本能够可靠计量。

对于已出租的土地使用权和已出租的建筑物,确认为投资性房地产的时点一般为租赁期开始日,即土地使用权和建筑物已进入出租状态、开始赚取租金的日期;企业持有以备经营出租、可视为投资性房地产的空置建筑物或在建建筑物,确认为投资性房地产的时点是企业董事会或类似机构就该事项做出正式书面决议的日期;企业持有并准备增值后转让的土地使用权,确认为投资性房地产的时点是企业将自用土地使用权停止自用,准备增值后转让的日期。

第二节 投资性房地产的初始计量与确认

投资性房地产无论采用何种后续计量模式,取得时都应当按照成本进行初始计量。投资性房地产的成本包括取得投资性房地产并使该投资性房地产达到预定可使用状态前实际发生的各项必要的、合理的支出。投资性房地产的取得渠道不同,成本的具体构成内容就会有所不同。

一、外购投资性房地产

外购取得投资性房地产的实际成本包括购买价款、相关税费和可直接归属于该资产的其他支出。如果企业购入的房地产部分用于出租(或资本增值)、部分自用,用于出租(或资本增值)的部分应当予以单独确认为投资性房地产的,应按照不同部分的公允价值占公允价值总额的比例将成本在不同部分之间进行分配。

采用成本模式计量,外购投资性房地产时,应当按照取得时的实际成本,借记"投资性房地产"科目,贷记"银行存款"等科目。在采用公允价值模式计量下,企业应当在"投资性房地产"科目下设置"成本"和"公允价值变动"两个明细科目,分别核算投资性房地产的取得成本和持有期间的累计公允价值变动金额，外购时按照确定的实际成本，借记"投资性房地产——成本"科目，贷记"银行存款"等科目。

【例8-1】2019年8月，甲企业计划购入一栋写字楼用于对外出租。8月15日，甲企业与乙企业签订了经营租赁合同，约定自写字楼购买日起将这栋写字楼出租给乙企业，为期5年。9月5日，甲企业实际购入写字楼，支付价款共计3 000万元。假设不考虑相关税费。

(1) 假定甲企业采用成本模式进行后续计量，则甲企业的账务处理如下：

借：投资性房地产——写字楼　　　　　　　　　　　　　　　　30 000 000
　　贷：银行存款　　　　　　　　　　　　　　　　　　　　　　30 000 000

(2) 假定甲企业采用公允价值模式进行后续计量，则甲企业的账务处理如下：

借：投资性房地产——成本　　　　　　　　　　　　　　　　　30 000 000
　　贷：银行存款　　　　　　　　　　　　　　　　　　　　　　30 000 000

二、自行建造投资性房地产的确认和初始计量

自行建造投资性房地产，其成本由建造该项资产达到预定可使用状态前发生的必要支出构成，包括土地开发费、建筑成本、安装成本、应予以资本化的借款费用、支付的其他费用和分摊的间接费用等。建造过程中发生的非正常性损失，直接计入当期营业外支出，不计入建造成本。采用成本模式计量的，应按照确定的实际成本，借记"投资性房地产"科目，贷记"在建工程"或"开发产品"等科目。采用公允价值模式计量的，应按照确定的实际成本，借记"投资性房地产——成本"科目，贷记"在建工程"或"开发产品"等科目。

【例8-2】2019年3月，甲企业从其他单位购入一块土地的使用权，并在这块土地上开始自行建造3栋厂房。2019年10月，甲企业预计厂房即将完工，与乙公司签订了经营租赁合同，将其中的一栋厂房租赁给乙公司使用。租赁合同约定，该厂房于完工(达到预定可使用状态)时开始起租。2019年11月1日，三栋厂房同时完工(达到预定可使用状态)。该块土地使用权的成本为900万元，三栋厂房的实际造价均为1 200万元，能够单独出售。

(1) 假设甲企业采用成本计量模式。

转换为投资性房地产的土地使用权成本＝900×(1 200÷3 600)＝300(万元)

借：投资性房地产——厂房　　　　　　　　　　　　　　　　　12 000 000
　　固定资产——厂房　　　　　　　　　　　　　　　　　　　24 000 000
　　贷：在建工程　　　　　　　　　　　　　　　　　　　　　　36 000 000
借：投资性房地产——土地使用权　　　　　　　　　　　　　　　3 000 000
　　贷：无形资产——土地使用权　　　　　　　　　　　　　　　3 000 000

(2) 假设甲企业采用公允价值计量模式。

借：投资性房地产——厂房(成本)　　　　　　　　　　　　　　12 000 000
　　固定资产——厂房　　　　　　　　　　　　　　　　　　　24 000 000
　　贷：在建工程　　　　　　　　　　　　　　　　　　　　　　36 000 000
借：投资性房地产——土地使用权(成本)　　　　　　　　　　　　3 000 000
　　贷：无形资产——土地使用权　　　　　　　　　　　　　　　3 000 000

第三节　投资性房地产的后续计量

投资性房地产的后续计量通常应当采用成本模式，只有在满足特定条件的情况下才可以采用公允价值模式。但是，同一企业只能采用一种模式对所有投资性房地产进行后续计量，不得同时采用两种计量模式。

一、采用成本模式进行后续计量的投资性房地产

采用成本模式进行后续计量的投资性房地产，其会计处理的基本要求与固定资产或无形资产相同，按期(月)计提折旧或摊销，借记"其他业务成本"等科目，贷记"投资性房地产累计折旧(摊销)"。取得的租金收入，借记"银行存款"等科目，贷记"其他业务收入"等科目。

投资性房地产存在减值迹象的，还应当适用资产减值的有关规定，经减值测试后确定发生减值的，应当计提减值准备，借记"资产减值损失"科目，贷记"投资性房地产减值准备"科目。已经计提减值准备的投资性房地产，其减值损失在以后的会计期间不得转回。

【例8-3】甲企业的一栋办公楼出租给乙企业使用，已确认为投资性房地产，采用成本模式进行后续计量。假设这栋办公楼的成本为1 800万元，按照直线法计提折旧，使用寿命为20年，预计净残值为零。按照经营租赁合同，乙企业每月支付甲企业租金8万元。当年12月，这栋办公楼发生减值迹象，经减值测试，其可收回金额为1 200万元，此时办公楼的账面价值为1 500万元，以前未计提减值准备。

(1) 计提折旧：

每月计提的折旧＝1 800÷20÷12＝7.5(万元)

借：其他业务成本　　　　　　　　　　　　　　　　　　　　　75 000
　　贷：投资性房地产累计折旧(摊销)　　　　　　　　　　　　　　75 000

(2) 确认租金：

借：银行存款(或其他应收款)　　　　　　　　　　　　　　　　80 000
　　贷：其他业务收入　　　　　　　　　　　　　　　　　　　　　80 000

(3) 计提减值准备：

借：资产减值损失　　　　　　　　　　　　　　　　　　　　3 000 000
　　贷：投资性房地产减值准备　　　　　　　　　　　　　　　3 000 000

二、采用公允价值模式进行后续计量的投资性房地产

(一) 采用公允价值模式计量的条件

采用公允价值模式计量的投资性房地产，应当同时满足下列条件。

(1) 投资性房地产所在地有活跃的房地产交易市场。所在地通常指投资性房地产所在地的城市。对于大中型城市，应当为投资性房地产所在的城区。

（2）企业能够从活跃的房地产交易市场上取得同类或类似房地产的市场价格及其他相关信息，从而对投资性房地产的公允价值做出合理的估计。

投资性房地产的公允价值是指在公平交易中，熟悉情况的当事人之间自愿进行房地产交换的价格。确定投资性房地产的公允价值时，可以参照活跃市场上同类或类似房地产的现行市场价格（市场公开报价）；无法取得同类或类似房地产现行市场价格的，可以参照活跃市场上同类或类似房地产的最近交易价格，并考虑交易情况、交易日期、所在区域等因素，从而对投资性房地产的公允价值做出合理的估计，也可以基于预计未来获得的租金收益和相关现金流量予以计量。

（二）采用公允价值模式计量的会计处理

投资性房地产采用公允价值模式进行后续计量的，不计提折旧或摊销，应当以资产负债表日的公允价值计量。资产负债表日，投资性房地产的公允价值高于其账面余额的差额，借记"投资性房地产——公允价值变动"科目，贷记"公允价值变动损益"科目；公允价值低于其账面余额的差额做相反的账务处理。

【例8-4】甲公司为从事房地产经营开发的企业。2019年8月，甲公司与乙公司签订经营租赁协议，约定将甲公司开发的一栋写字楼于开发完成的同时开始租赁给乙公司使用，租赁期为10年。当年10月1日，该写字楼开发完成并开始起租，写字楼的造价为9 000万元。2019年12月31日，该写字楼的公允价值为9 200万元。甲公司采用公允价值计量模式。

（1）2019年10月1日，甲公司开发完成写字楼并出租：

借：投资性房地产——成本　　　　　　　　　　　　　　　　　　90 000 000

　　贷：开发成本　　　　　　　　　　　　　　　　　　　　　　90 000 000

（2）2019年12月31日，以公允价值为基础调整其账面价值，公允价值与原账面价值之间的差额计入当期损益：

借：投资性房地产——公允价值变动　　　　　　　　　　　　　　2 000 000

　　贷：公允价值变动损益　　　　　　　　　　　　　　　　　　2 000 000

三、投资性房地产后续计量模式的变更

为保证会计信息的可比性，企业对投资性房地产的计量模式一经确定，不得随意变更。只有在房地产市场比较成熟、能够满足采用公允价值模式计量的情况下，才允许企业对投资性房地产从成本模式计量变更为公允价值模式计量。已采用公允价值模式计量的投资性房地产，不得从公允价值模式转为成本模式。

成本模式转为公允价值模式的，应当作为会计政策变更处理，并按计量模式变更时公允价值与账面价值的差额，调整期初留存收益。

【例8-5】甲企业的投资性房地产原采用成本模式进行后续计量。2020年1月1日，假设甲企业持有的投资性房地产满足采用公允价值模式计量的条件，甲企业决定从该日起采用公允价值模式进行后续计量。甲企业的投资性房地产有两项：一项是成本为9 000万元，已计提折旧270万元的写字楼；另一项是成本为1 800万元、累计已摊销金额为450

万元的土地使用权。2020年1月1日,该写字楼的公允价值为9 500万元,土地使用权的公允价值为1 600万元。甲企业按净利润的10%计提盈余公积。

(1) 写字楼转为公允价值模式计量:

借:投资性房地产——写字楼(成本) 95 000 000
    投资性房地产累计折旧 2 700 000
  贷:投资性房地产——写字楼 90 000 000
    利润分配——未分配利润 6 930 000
    盈余公积 770 000

(2) 土地使用权转为公允价值模式计量:

借:投资性房地产——土地使用权(成本) 16 000 000
    投资性房地产累计摊销 4 500 000
  贷:投资性房地产——土地使用权 18 000 000
    利润分配——未分配利润 2 250 000
    盈余公积 250 000

四、投资性房地产的后续支出

(一) 资本化的后续支出

与投资性房地产有关的后续支出,满足投资性房地产确认条件的,应当计入投资性房地产成本。例如,企业为了提高投资性房地产的使用效能,往往需要对投资性房地产进行改建、扩建而使其更加坚固耐用,或者通过装修而改善其室内装潢,改扩建或装修支出满足确认条件的,应当将其资本化。企业对某项投资性房地产进行改扩建等再开发且将来仍作为投资性房地产的,在再开发期间应继续将其作为投资性房地产,再开发期间不计提折旧或摊销。

采用成本模式计量的,投资性房地产转入再开发时,应将其转为在建的投资性房地产,按其账面价值借记"投资性房地产——在建"科目,按其累计已提折旧或累计已摊销金额借记"投资性房地产累计折旧(摊销)"科目,按其账面原价贷记"投资性房地产"科目;发生的资本化改扩建支出或装修装潢支出计入投资性房地产的成本,借记"投资性房地产——在建"科目,贷记"银行存款"等科目,改扩建或装修装潢完成后,从在建的投资性房地产转回在用的投资性房地产,借记"投资性房地产"科目,贷记"投资性房地产——在建"科目。

采用公允价值模式计量的,投资性房地产转入再开发时,按其账面余额借记"投资性房地产——在建"科目,按其账面原价贷记"投资性房地——成本"科目,按其累计公允价值变动金额贷记(或借记)"投资性房地——公允价值变动"科目;发生的资本化改扩建支出或装修装潢支出借记"投资性房地产——在建"科目,贷记"银行存款"等科目;改扩建或装修装潢完成后,从在建的投资性房地产转回在用的投资性房地产,借记"投资性房地产——成本"科目,贷记"投资性房地产——在建"科目。

【例8-6】2019年3月,甲企业与乙企业的一项厂房经营租赁合同即将到期。该厂房按照成本模式进行后续计量，原价为2 000万元，已计提折旧600万元。为了提高厂房的租金收入，甲企业决定在租赁期满后对厂房进行改扩建，并与丙企业签订经营租赁合同，约定自改扩建完工时将厂房出租给丙企业。3月15日，与乙企业的租赁合同到期，厂房随即进入改扩建工程。12月10日，厂房改扩建工程完工，共发生支出150万元，即日按照租赁合同出租给丙企业。假设甲企业采用成本模式计量。

甲企业的账务处理如下。

(1) 2019年3月15日，投资性房地产转入改扩建工程：

借：投资性房地产——厂房(在建)   14 000 000
    投资性房地产累计折旧   6 000 000
  贷：投资性房地产——厂房   20 000 000

(2) 2019年3月15日—12月10日：

借：投资性房地产——厂房(在建)   1 500 000
  贷：银行存款等   1 500 000

(3) 2019年12月10日，改扩建工程完工：

借：投资性房地产——厂房   15 500 000
  贷：投资性房地产——厂房(在建)   15 500 000

【例8-7】 2019年3月，甲企业与乙企业的一项厂房经营租赁合同即将到期。为了提高厂房的租金收入，甲企业决定在租赁期满后对厂房进行改扩建，并与丙企业签订了经营租赁合同，约定自改扩建完工时将厂房出租给丙企业。3月15日，与乙企业的租赁合同到期，厂房随即进入改扩建工程。11月10日，厂房改扩建工程完工，共发生支出150万元，即日按照租赁合同出租给丙企业。3月15日，厂房账面余额为1 200万元，其中成本1 000万元，累计公允价值变动200万元。假设甲企业采用公允价值模式计量。

甲企业的账务处理如下。

(1) 2019年3月15日，投资性房地产转入改扩建工程：

借：投资性房地——厂房(在建)   12 000 000
  贷：投资性房地产——成本   10 000 000
    ——公允价值变动   2 000 000

(2) 2019年3月15日—11月10日：

借：投资性房地产——厂房(在建)   1 500 000
  贷：银行存款   1 500 000

(3) 2019年11月10日，改扩建工程完工：

借：投资性房地产——成本   13 500 000
  贷：投资性房地产——厂房(在建)   13 500 000

(二) 费用化的后续支出

与投资性房地产有关的后续支出，不满足投资性房地产确认条件的，应当在发生时计入当期损益。例如，企业对投资性房地产进行日常维护所发生的支出。企业在发生投资性房地产费用化的后续支出时，借记"其他业务成本"等科目，贷记"银行存款"等科目。

【例 8-8】 甲企业对其某项投资性房地产进行日常维修,发生维修支出 15 000 元。

借:其他业务成本　　　　　　　　　　　　　　　　　　　　　15 000
　　贷:银行存款　　　　　　　　　　　　　　　　　　　　　　　15 000

第四节　投资性房地产的转换和处置

一、投资性房地产的转换

(一)房地产的转换形式和转换日

▶ 1. 房地产的转换形式

房地产的转换是因房地产用途发生改变而对房地产进行的重新分类。这里所说的房地产转换是针对房地产用途发生改变而言,而不是后续计量模式的改变。企业必须有确凿证据表明房地产用途发生改变,才能将投资性房地产转换为非投资性房地产或者将非投资性房地产转换为投资性房地产。这里的确凿证据包括两个方面:一是企业董事会或类似机构应当就改变房地产用途形成正式的书面决议;二是房地产因用途改变而发生实际状态上的改变,如从自用状态改为出租状态。房地产的转换形式主要包括以下几种。

(1)投资性房地产转换为自用房地产,包括原来用于赚取租金或资本增值的土地使用权改为自用,相应地由投资性房地产转换为无形资产;将用于出租的建筑物收回,改为自用,相应地由投资性房地产转换为固定资产。

(2)投资性房地产转换为存货,是指房地产开发企业将用于经营出租的房地产重新开发用于对外销售,相应地从投资性房地产转为存货。

(3)自用房地产转换为投资性房地产,包括自用土地使用权停止自用,改为用于赚取租金或资本增值,相应地由无形资产转换为投资性房地产;自用建筑物停止自用,改为出租,相应地由固定资产转换为投资性房地产。

(4)作为存货的房地产转换为投资性房地产,通常指房地产开发企业将其持有的开发产品以经营租赁的方式出租,相应地由存货转换为投资性房地产。

▶ 2. 房地产转换日的确定

转换日的确定关系到资产的确认时点和入账价值,因此非常重要。转换日是指房地产的用途发生改变、状态发生相应改变的日期。转换日的确定标准主要包括以下内容。

(1)投资性房地产开始自用,转换日是指房地产达到自用状态,企业开始将房地产用于生产商品、提供劳务或者经营管理的日期。

(2)投资性房地产转换为存货,转换日为租赁期届满、企业董事会或权力机构做出书面决议明确表明将其重新开发用于对外销售的日期。

(3) 自用土地使用权停止自用，改为用于资本增值，转换日是指企业停止将该项土地使用权用于生产商品、提供劳务或经营管理且管理当局做出房地产转换决议的日期。

(4) 作为存货的房地产改为出租，或者自用建筑物或土地使用权停止自用改为出租，转换日应当为租赁期开始日。租赁期开始日是指承租人有权行使其使用租赁资产权利的日期。

（二）投资性房地产转换为非投资性房地产

▶ 1. 采用成本模式进行后续计量的投资性房地产转换为自用房地产

企业将投资性房地产转换为自用房地产，应当按该项投资性房地产在转换日的账面余额、累计折旧或摊销、减值准备等，分别转入"固定资产""累计折旧""固定资产减值准备"等科目；按投资性房地产的账面余额，借记"固定资产"或"无形资产"科目，贷记"投资性房地产"科目；按已计提的折旧或摊销，借记"投资性房地产累计折旧（摊销）"科目，贷记"累计折旧"或"累计摊销"科目；原已计提减值准备的，借记"投资性房地产减值准备"科目，贷记"固定资产减值准备"或"无形资产减值准备"科目。

【例8-9】2019年8月1日，甲企业将出租在外的厂房收回，开始用于本企业生产商品。该项房地产账面价值为4 765万元，其中，原价6 000万元，累计已提折旧1 235万元。假设甲企业采用成本计量模式。

借：固定资产	60 000 000
投资性房地产累计折旧（摊销）	12 350 000
贷：投资性房地产	60 000 000
累计折旧	12 350 000

▶ 2. 采用公允价值模式进行后续计量的投资性房地产转为自用房地产

企业将采用公允价值模式计量的投资性房地产转换为自用房地产时，应当以其转换当日的公允价值作为自用房地产的账面价值，公允价值与原账面价值的差额计入当期损益。

转换日，按该项投资性房地产的公允价值借记"固定资产"或"无形资产"科目，按该项投资性房地产的成本贷记"投资性房地产——成本"科目，按该项投资性房地产的累计公允价值变动贷记或借记"投资性房地产——公允价值变动"科目，按其差额贷记或借记"公允价值变动损益"科目。

【例8-10】2019年10月15日，甲企业因租赁期满，将出租的写字楼收回，开始用于本企业的行政管理。2019年10月15日，该写字楼的公允价值为4 800万元。该项房地产在转换前采用公允价值模式计量，原账面价值为4 750万元，其中，成本为4 500万元，公允价值变动为增值250万元。

借：固定资产	48 000 000
贷：投资性房地产——成本	45 000 000
投资性房地产——公允价值变动	2 500 000
公允价值变动损益	500 000

▶ 3. 采用成本模式进行后续计量的投资性房地产转换为存货

企业将投资性房地产转换为存货时，应当按照该项房地产在转换日的账面价值，借记

"开发产品"科目,按照已计提的折旧或摊销,借记"投资性房地产累计折旧(摊销)"科目,原已计提减值准备的,借记"投资性房地产减值准备"科目,按其账面余额贷记"投资性房地产"科目。

【例8-11】甲公司为房地产开发企业,将其开发的一栋写字楼以经营租赁的方式出租给其他单位使用。2019年6月1日,因租赁期满,甲公司将出租的写字楼收回,并做出书面协议,将写字楼重新开发用于对外销售。写字楼转换前采用成本模式计量,账面原价为5 800万元,累计已提折旧420万元,已计提的减值准备为200万元。

借:开发产品　　　　　　　　　　　　　　　　　　　　　51 800 000
　　投资性房地产累计折旧　　　　　　　　　　　　　　　 4 200 000
　　投资性房地产减值准备　　　　　　　　　　　　　　　 2 000 000
　贷:投资性房地产　　　　　　　　　　　　　　　　　　 58 000 000

▶ 4. 采用公允价值模式进行后续计量的投资性房地产转换为存货

企业将采用公允价值模式计量的投资性房地产转换为存货时,应当以其转换当日的公允价值作为存货的账面价值,公允价值与原账面价值的差额计入当期损益。转换日,按该项投资性房地产的公允价值借记"开发产品"等科目,按该项投资性房地产的成本贷记"投资性房地产——成本"科目,按该项投资性房地产的累计公允价值变动贷记或借记"投资性房地产——公允价值变动"科目,按其差额,贷记或借记"公允价值变动损益"科目。

【例8-12】甲房地产开发企业将其开发的部分写字楼用于对外经营租赁。2019年10月15日,因租赁期满,甲企业将出租的写字楼收回,并做出书面决议,将该写字楼重新开发用于对外销售,即由投资性房地产转换为存货,当日的公允价值为5 800万元。该项房地产在转换前采用公允价值模式计量,原账面价值为5 600万元,其中,成本为5 000万元,公允价值增值为600万元。

甲企业的账务处理如下:
借:开发产品　　　　　　　　　　　　　　　　　　　　　58 000 000
　贷:投资性房地产——成本　　　　　　　　　　　　　　50 000 000
　　　　　　　　——公允价值变动　　　　　　　　　　　 6 000 000
　　　公允价值变动损益　　　　　　　　　　　　　　　　 2 000 000

(三) 非投资性房地产转换为投资性房地产

▶ 1. 采用成本模式对非投资性房地产转换为投资性房地产的后续计量

(1) 作为存货的房地产转换为投资性房地产。企业将作为存货的房地产转换为采用成本模式计量的投资性房地产,应当按该项存货在转换日的账面价值借记"投资性房地产"科目,原已计提跌价准备的,借记"存货跌价准备"科目,按其账面余额贷记"开发产品"等科目。

【例8-13】甲企业是从事房地产开发业务的企业,2019年3月10日,甲企业与乙企业签订了租赁协议,将其开发的一栋写字楼出租给乙企业使用,租赁期开始日为2019年4月15日。2019年4月15日,该写字楼的账面余额45 000万元,未计提存货跌价准备。

假设甲企业采用成本模式对其投资性房地产进行后续计量。

借：投资性房地产——写字楼　　　　　　　　　　　　　　　450 000 000
　　贷：开发产品　　　　　　　　　　　　　　　　　　　　　450 000 000

（2）自用房地产转换为投资性房地产。企业将自用土地使用权或建筑物转换为以成本模式计量的投资性房地产时，应当按该项建筑物或土地使用权在转换日的原价、累计折旧、减值准备等，分别转入"投资性房地产""投资性房地产累计折旧（摊销）""投资性房地产减值准备"科目，按其账面余额，借记"投资性房地产"科目，贷记"固定资产"或"无形资产"科目，按已计提的折旧或摊销，借记"累计摊销"或"累计折旧"科目，贷记"投资性房地产累计折旧（摊销）"科目，原已计提减值准备的，借记"固定资产减值准备"或"无形资产减值准备"科目，贷记"投资性房地产减值准备"科目。

【例8-14】甲企业拥有1栋办公楼，用于本企业总部办公。2019年3月10日，甲企业与乙企业签订了经营租赁协议，将这栋办公楼整体出租给乙企业使用，租赁期开始日为2019年4月15日，为期5年。2019年4月15日，这栋办公楼的账面余额为45 000万元，已计提折旧300万元。假设甲企业采用成本模式计量。

甲企业的账务处理如下：

借：投资性房地产——写字楼　　　　　　　　　　　　　　　450 000 000
　　累计折旧　　　　　　　　　　　　　　　　　　　　　　　3 000 000
　　贷：固定资产　　　　　　　　　　　　　　　　　　　　　450 000 000
　　　　投资性房地产累计折旧（摊销）　　　　　　　　　　　　3 000 000

▶ 2. 采用公允价值模式对非投资性房地产转换为投资性房地产的后续计量

（1）作为存货的房地产转换为投资性房地产。企业将作为存货的房地产转换为采用公允价值模式计量的投资性房地产，应当按该项房地产在转换日的公允价值入账，借记"投资性房地产——成本"科目，原已计提跌价准备的，借记"存货跌价准备"科目；按其账面余额，贷记"开发产品"等科目。同时，转换日的公允价值小于账面价值的，按其差额借记"公允价值变动损益"科目；转换日的公允价值大于账面价值的，按其差额贷记"其他综合收益"科目。当该项投资性房地产处置时，因转换计入其他综合收益的部分应转入当期损益。

【例8-15】2020年3月10日，甲房地产开发公司与乙企业签订了租赁协议，将其开发的一栋写字楼出租给乙企业。租赁期开始日为2020年4月15日。2020年4月15日，该写字楼的账面余额为45 000万元，公允价值为47 000万元。2020年12月31日，该项投资性房地产的公允价值为48 000万元。

甲企业的账务处理如下：

（1）2020年4月15日：

借：投资性房地产——成本　　　　　　　　　　　　　　　　470 000 000
　　贷：开发产品　　　　　　　　　　　　　　　　　　　　　450 000 000
　　　　其他综合收益　　　　　　　　　　　　　　　　　　　20 000 000

（2）2020年12月31日：

借：投资性房地产——公允价值变动　　　　　　　　　　　　　10 000 000

贷：公允价值变动损益 10 000 000

(2) 自用房地产转换为投资性房地产。企业将自用房地产转换为采用公允价值模式计量的投资性房地产，应当按该项土地使用权或建筑物在转换日的公允价值借记"投资性房地产——成本"科目，按已计提的累计摊销或累计折旧借记"累计摊销"或"累计折旧"科目；原已计提减值准备的，借记"无形资产减值准备""固定资产减值准备"科目；按其账面余额贷记"固定资产"或"无形资产"科目。同时，转换日的公允价值小于账面价值的，按其差额借记"公允价值变动损益"科目；转换日的公允价值大于账面价值的，按其差额贷记"其他综合收益"科目。当该项投资性房地产处置时，因转换计入其他综合收益的部分应转入当期损益。

【例 8-16】2020 年 6 月，甲企业打算搬迁至新建办公楼，由于原办公楼处于商业繁华地段，甲企业准备将其出租，以赚取租金收入。2020 年 10 月，甲企业完成了搬迁工作，原办公楼停止自用并与乙企业签订了租赁协议，将其原办公楼租赁给乙企业使用，租赁期开始日为 2020 年 10 月 30 日，租赁期限为 3 年。2020 年 10 月 30 日，该办公楼原价为 5 亿元，已提折旧 14 250 万元，公允价值为 35 000 万元。甲企业采用公允价值模式计量。

甲企业的账务处理如下：

借：投资性房地产——成本 350 000 000
　　公允价值变动损益 7 500 000
　　累计折旧 142 500 000
　贷：固定资产 500 000 000

二、投资性房地产的处置

当投资性房地产被处置，或者永久退出使用且预计不能从其处置中取得经济利益时，应当终止确认该项投资性房地产。

企业可以通过对外出售或转让的方式处置投资性房地产取得收益。对于那些由于使用而不断磨损直到最终报废，或者由于遭受自然灾害等非正常损失发生毁损的投资性房地产应当及时进行清理。此外，企业因其他原因，如非货币性交易等而减少投资性房地产也属于投资性房地产的处置。企业出售、转让、报废投资性房地产或者发生投资性房地产毁损，应当将处置收入扣除其账面价值和相关税费后的金额计入当期损益。

(一) 采用成本模式计量的投资性房地产的处置

处置采用成本模式进行后续计量的投资性房地产时，应当按实际收到的金额，借记"银行存款"等科目，贷记"其他业务收入"科目；按该项投资性房地产的账面价值借记"其他业务成本"科目，按其账面余额贷记"投资性房地产"科目；按照已计提的折旧或摊销借记"投资性房地产累计折旧（摊销）"科目，原已计提减值准备的，借记"投资性房地产减值准备"科目。

【例 8-17】甲公司将其出租的一栋写字楼确认为投资性房地产，采用成本模式计量。租赁期届满后，甲公司将该栋写字楼出售给乙公司，合同价款为 30 000 万元，乙公司已用银行存款付清。出售时，该栋写字楼的成本为 28 000 万元，已计提折旧 3 000 万元。假设不考虑相关税费。

甲企业的账务处理如下：

借：银行存款　　　　　　　　　　　　　　　　　　300 000 000
　　贷：其他业务收入　　　　　　　　　　　　　　　　300 000 000
借：其他业务成本　　　　　　　　　　　　　　　　250 000 000
　　投资性房地产累计折旧（摊销）　　　　　　　　　30 000 000
　　贷：投资性房地产——写字楼　　　　　　　　　　280 000 000

【例8-18】甲企业为了满足市场需求进行扩大再生产，将生产车间从市中心搬迁到郊区。2017年3月，管理层决定，将原厂区陈旧厂房拆除平整后，继续持有以备增值后转让。土地使用权的账面余额为3 000万元，已计提摊销900万元，剩余使用年限40年，按照直线法摊销，不考虑残值。2020年3月，甲企业将原厂区出售，取得转让收入4 000万元。假设不考虑相关税费。

甲企业的账务处理如下。

(1) 转换日：

借：投资性房地产——土地使用权　　　　　　　　　30 000 000
　　累计摊销　　　　　　　　　　　　　　　　　　　9 000 000
　　贷：无形资产——土地使用权　　　　　　　　　　30 000 000
　　　　投资性房地产累计折旧（摊销）　　　　　　　 9 000 000

(2) 计提摊销（假设按年）：

借：其他业务成本　　　　　　　　　　　　　　　　　　525 000
　　贷：投资性房地产累计折旧（摊销）　　　　　　　　　525 000

(3) 出售时：

借：银行存款　　　　　　　　　　　　　　　　　　 40 000 000
　　贷：其他业务收入　　　　　　　　　　　　　　　　40 000 000
借：其他业务成本　　　　　　　　　　　　　　　　 19 425 000
　　投资性房地产累计折旧（摊销）　　　　　　　　　10 575 000
　　贷：投资性房地产——土地使用权　　　　　　　　30 000 000

（二）采用公允价值模式计量的投资性房地产的处置

处置采用公允价值模式计量的投资性房地产，应当按实际收到的金额，借记"银行存款"等科目，贷记"其他业务收入"科目；按该项投资性房地产的账面余额借记"其他业务成本"科目，按其成本贷记"投资性房地产——成本"科目，按其累计公允价值变动贷记或借记"投资性房地产——公允价值变动"科目，同时结转投资性房地产累计公允价值变动。若存在原转换日计入其他综合收益的金额，也应一并结转。

【例8-19】甲为一家房地产开发企业，2019年3月10日，甲企业与乙企业签订了租赁协议，将其开发的一栋写字楼出租给乙企业使用，租赁期开始日为2019年4月15日。2019年4月15日，该写字楼的账面余额为45 000万元，公允价值为47 000万元。2019年12月31日，该项投资性房地产的公允价值为48 000万元。2020年6月租赁期届满，企业收回该项投资性房地产，并以55 000万元出售，出售款项已收讫。甲企业采用公允价值模式计量,则甲企业的账务处理如下。

(1) 2019年4月15日,存货转换为投资性房地产:

借:投资性房地产——成本　　　　　　　　　　　470 000 000
　　贷:开发产品　　　　　　　　　　　　　　　　　　450 000 000
　　　　其他综合收益　　　　　　　　　　　　　　　　20 000 000

(2) 2019年12月31日,公允价值变动:

借:投资性房地产——公允价值变动　　　　　　　 10 000 000
　　贷:公允价值变动损益　　　　　　　　　　　　　　10 000 000

(3) 2020年6月,出售投资性房地产:

借:银行存款　　　　　　　　　　　　　　　　　 550 000 000
　　公允价值变动损益　　　　　　　　　　　　　　　10 000 000
　　其他综合收益　　　　　　　　　　　　　　　　　20 000 000
　　其他业务成本　　　　　　　　　　　　　　　　450 000 000
　　贷:投资性房地产——成本　　　　　　　　　　　470 000 000
　　　　　　　　　　　——公允价值变动　　　　　　 10 000 000
　　　　其他业务收入　　　　　　　　　　　　　　 550 000 000

本章小结

本章在概括性介绍投资性房地产的基础上,着重划分投资性房地产的范围,区别于企业固定资产和无形资产。投资性房地产按成本进行初始计量,但其后续计量模式分别有成本模式和公允价值模式两种。重点讲解了投资性房地产初始计量、后续计量,以及转换和处置的会计处理。

复习思考题

1. 采用公允价值模式对投资性房地产进行后续计量需要满足哪些条件?
2. 如何进行投资性房地产后续计量模式的变更?
3. 在不同后续计量模式下,投资性房地产转换的会计处理有何不同?
4. 在不同后续计量模式下,投资性房地产处置的会计处理有何不同?

第九章 流动负债

> **知识目标**
> 1. 了解负债的分类和定义。
> 2. 熟悉负债的确认条件和各项流动负债的定义。
> 3. 掌握各项流动负债的会计处理。

负债是指过去发生的交易或事项形成的,预期会导致经济利益流出企业的现时义务。企业确认负债,除了要符合负债的定义外,还应当同时满足两个条件:①与该义务有关的经济利益很可能流出企业;②未来流出经济利益的金额能够可靠地估计。在资产负债表中,负债需要根据流动性进行分类列报,划分为流动负债和非流动负债。

第一节 短期借款

短期借款是指企业向银行或其他金融机构借入的,偿还期限在一年以下(含一年)的各种借款。借入的短期借款构成了一项负债。企业发生的短期借款,应设置"短期借款"科目进行核算,反映企业短期借款的增加、减少和期末尚未偿还的情况。

一、取得短期借款的账务处理

企业取得短期借款时,借记"银行存款",贷记"短期借款"。

【例9-1】甲公司于2020年7月1日从银行取得短期借款200 000元。借款合同规定,借款利率为6%,期限为1年。

借:银行存款　　　　　　　　　　　　　　　　200 000
　　贷:短期借款　　　　　　　　　　　　　　　　200 000

二、短期借款利息的账务处理

实务中,短期借款利息一般每季度结算一次。根据权责发生制的要求,企业应当在每个月末计提借款利息,将当期应付未付的利息确认为一项流动负债,计入应付利息,同时确认为当期损益。

【例9-2】承例9-1,甲公司分别于7月末、8月末计提该笔短期借款利息。

借:财务费用　　　　　　　　　　　　　　　　　　　　1 000
　　贷:应付利息　　　　　　　　　　　　　　　　　　　　1 000

【例9-3】承例9-1,甲公司于9月末支付该笔短期借款第一个季度的利息。

借:财务费用　　　　　　　　　　　　　　　　　　　　1 000
　　应付利息　　　　　　　　　　　　　　　　　　　　2 000
　　贷:银行存款　　　　　　　　　　　　　　　　　　　　3 000

三、归还短期借款的账务处理

企业归还短期借款时,借记"短期借款",贷记"银行存款"。

【例9-4】承例9-1,甲公司于2021年7月1日以银行存款归还该笔短期借款的本金。

借:短期借款　　　　　　　　　　　　　　　　　　　200 000
　　贷:银行存款　　　　　　　　　　　　　　　　　　　200 000

第二节　应付账款、应付票据和预收账款

一、应付账款

应付账款是指因购买材料、商品或接受劳务供应等而发生的应付而未付的款项。应付账款入账时间的确定,一般应以与所购买物资所有权有关的风险和报酬已经转移或劳务已经接受为标志。但在实际工作中,企业确认应付账款应当考虑所购买的货物与相关发票到达企业时间之间的关系。

应付账款一般按应付金额入账,而不按到期应付金额的现值入账。具体内容包括应向销货方或劳务提供方支付的合同或协议价款、按货款计算的增值税进项税额、购入时应负担的运杂费和包装费。

(一)发生应付账款即应付账款增加的账务处理

▶1. 货物和发票同时到达的账务处理

大多数情况下,企业通过商业信用购买的货物和相关发票会同时到达企业。此种情况下,企业确认原材料、库存商品等存货的同时,应根据发票金额及相关税费确认应付

账款。

【例9-5】2019年5月10日,甲公司从乙公司购买一批原材料,收到的增值税专用发票上注明的价款为20 000元,增值税为2 600元。当日收到原材料并验收入库,款项尚未支付。甲公司对存货采用实际成本计价核算。

甲公司应在材料验收入库时确认应付账款:

借:原材料　　　　　　　　　　　　　　　　　　　　　　　　　20 000
　　应交税费——应交增值税(进项税额)　　　　　　　　　　　　 2 600
　贷:应付账款　　　　　　　　　　　　　　　　　　　　　　　　22 600

▶ 2. 发票先到而货物未到的账务处理

有时,企业通过商业信用购买的货物尚未到达,而相关发票已经收到。此种情况下,企业应当在收到发票时确认在途物资存货,同时确认应付账款。

【例9-6】2019年5月10日,甲公司从乙公司购买一批原材料,收到的增值税专用发票上注明的价款为20 000元,增值税为2 600元。当日材料尚未收到,款项尚未支付。甲公司对存货采用实际成本计价核算。

甲公司应在收到发票时确认应付账款:

借:在途物资　　　　　　　　　　　　　　　　　　　　　　　　20 000
　　应交税费——应交增值税(进项税额)　　　　　　　　　　　　 2 600
　贷:应付账款　　　　　　　　　　　　　　　　　　　　　　　　22 600

▶ 3. 货物先到而发票未到的账务处理

企业购买的存货已经入库但月末尚未收到发票账单的,应在月末按照暂估金额或计划成本确定应付账款的入账价值,待下月初将暂估价值冲销,等收到发票账单时再重新入账。

【例9-7】2020年3月10日,甲公司从乙公司购买一批原材料,材料已经入库,但月末尚未收到发票账单。已知该批材料的计划成本为30 000元。

2020年3月10日,甲公司不需做账务处理。

2020年3月31日,甲公司应按计划成本确认应付账款:

借:原材料　　　　　　　　　　　　　　　　　　　　　　　　　30 000
　贷:应付账款　　　　　　　　　　　　　　　　　　　　　　　　30 000

2020年4月1日,甲公司应冲销上月末暂估的应付账款:

借:应付账款　　　　　　　　　　　　　　　　　　　　　　　　30 000
　贷:原材料　　　　　　　　　　　　　　　　　　　　　　　　　30 000

(二) 偿还应付账款的账务处理

企业偿还应付账款时,借记"应付账款",贷记"银行存款"等。如果有现金折扣,现金折扣金额计入"财务费用"。

【例9-8】甲公司于2020年3月20日从乙公司购进原材料一批,价款(不含税)为30 000元,增值税税率为13%。材料已验收入库,货款尚未支付。乙公司为鼓励甲公司尽早付款,给甲公司开出现金折扣条件为"2/10,1/20,n/30"。假设折扣不考虑增值税,甲公司的账务处理如下。

(1) 2020年3月20日,甲公司收到材料时:

借:原材料　　　　　　　　　　　　　　　　　　　　　　30 000
　　应交税费——应交增值税(进项税额)　　　　　　　　　 3 900
　　贷:应付账款　　　　　　　　　　　　　　　　　　　　33 900

(2) 假定甲公司在2020年3月28日支付货款,则甲公司应享有的现金折扣为600(30 000×2%)元。

借:应付账款　　　　　　　　　　　　　　　　　　　　　33 900
　　贷:财务费用　　　　　　　　　　　　　　　　　　　　　　600
　　　　银行存款　　　　　　　　　　　　　　　　　　　　33 300

(3) 假定甲公司在2020年4月2日支付货款,则甲公司应享有的现金折扣为300(30 000×1%)元。

借:应付账款　　　　　　　　　　　　　　　　　　　　　33 900
　　贷:财务费用　　　　　　　　　　　　　　　　　　　　　　300
　　　　银行存款　　　　　　　　　　　　　　　　　　　　33 600

(4) 假定甲公司在2020年4月25日支付货款,则甲公司不能享有现金折扣。

借:应付账款　　　　　　　　　　　　　　　　　　　　　33 900
　　贷:银行存款　　　　　　　　　　　　　　　　　　　　33 900

(三)无法偿付或无须支付的应付账款的账务处理

某些情况下,企业因某些原因确实无法支付某项应付账款,如由于销货方破产导致债务人确实无法支付应付账款。此时,企业应当借记"应付账款",贷记"营业外收入"。

二、应付票据

应付票据是由出票人出票,委托付款人在指定日期无条件支付特定的金额给收款人或者持票人的票据。企业应设置"应付票据"科目进行核算。应付票据按是否带息分为带息应付票据和不带息应付票据两种。

(一)带息应付票据的账务处理

由于我国商业汇票期限较短,在期末,通常对尚未支付的应付票据计提利息,计入当期财务费用;票据到期支付票款时,尚未计提的利息部分直接计入当期财务费用。

【例9-9】某企业为增值税一般纳税人,2019年10月1日,购入一批材料的实际成本为10 000元,增值税专用发票上注明的增值税为1 300元,材料已经验收入库。当日企业开出一张期限为6个月、利率5%的带息商业承兑汇票,该企业采用实际成本进行材料的日常核算。

根据上述资料,企业应进行以下账务处理。

开出商业汇票时:

借:原材料　　　　　　　　　　　　　　　　　　　　　　10 000

  应交税费——应交增值税（进项税额）   1 300
    贷：应付票据   11 300

2019 年 12 月 31 日，计提利息：

  借：财务费用   146.25
    贷：应付票据   146.25

2020 年 4 月 1 日，票据到期偿付：

  借：应付票据   11 846.25
    财务费用   146.25
    贷：银行存款   11 992.5

（二）不带息应付票据的处理

不带息应付票据，其面值就是票据到期时的应付金额。

【例 9-10】 某企业为增值税一般纳税人，采购原材料采用商业汇票方式结算货款，根据有关发票账单，购入材料的实际成本为 15 万元，增值税专用发票上注明的增值税为 1.95 万元。材料已经验收入库。企业开出三个月承兑的不带息商业汇票，并用银行存款支付运杂费。该企业采用实际成本进行材料的日常核算。

根据上述资料，企业应进行以下账务处理：

  借：原材料   150 000
    应交税费——应交增值税（进项税额）   19 500
    贷：应付票据   169 500

开出并承兑的商业承兑汇票如果不能如期支付的，应在票据到期时，将"应付票据"账面价值转入"应付账款"科目，待协商后再行处理。如果重新签发新的票据以清偿原应付票据的，再从"应付账款"科目转入"应付票据"科目。如果银行承兑汇票到期，企业无力支付到期票款时，承兑银行除凭票向持票人无条件付款外，对出票人尚未支付的汇票金额转作逾期贷款处理。企业无力支付到期银行承兑汇票，在接到银行转来的"××号汇票无款支付转入逾期贷款户"等有关凭证时，借记"应付票据"科目，贷记"短期借款"科目。对计收的利息，按短期借款利息的处理办法处理。

三、预收账款

预收账款是买卖双方协议商定，由购货方预先支付一部分货款给供应方而发生的一项负债。预收账款的核算应视企业的具体情况而定，如果预收账款比较多的，可以设置"预收账款"科目；预收账款不多的，也可以不设置"预收账款"科目，直接计入"应收账款"科目的贷方。单独设置"预收账款"科目核算的，其"预收账款"科目的贷方反映预收的货款和补付的货款，借方反映应收的货款和退回多收的货款。期末，贷方余额反映尚未结清的预收款项，借方余额反映应收的款项。

第三节 应付职工薪酬

一、职工薪酬概述

职工薪酬是指企业为获得职工提供的服务或解除劳动关系而给予的各种形式的报酬或补偿。根据《企业会计准则第 9 号——职工薪酬》的规定，职工薪酬包括短期薪酬、辞退福利、离职后福利和其他长期职工福利。企业提供给职工配偶、子女、受赡养人、已故员工遗属及其他受益人等的福利，也属于职工薪酬。本节主要介绍应付短期薪酬和应付辞退福利的确认和计量。

这里所称"职工"的范围比较广泛，包括三类人员：一是与企业订立劳动合同的所有人员，含全职、兼职和临时职工；二是未与企业订立劳动合同，但由企业正式任命的企业治理层和管理层人员，如董事会成员、监事会成员等，尽管有些董事会、监事会成员不是本企业员工，未与企业订立劳动合同，但对其发放的津贴、补贴等仍属于职工薪酬；三是在企业的计划和控制下，虽未与企业订立劳动合同或未由其正式任命，但为其提供与职工类似服务的人员，如通过中介机构签订用工合同，为企业提供与本企业职工类似服务的人员。

二、应付短期薪酬的确认和计量

短期薪酬是指企业在职工提供相关服务的年度报告期间结束后 12 个月内需要全部予以支付的职工薪酬，因解除与职工的劳动关系给予的补偿除外。短期薪酬主要包括以下内容。

（1）职工工资、奖金、津贴和补贴，是指构成工资总额的计时工资、计件工资、支付给职工的超额劳动报酬和增收节支的劳动报酬、为了补偿职工特殊或额外的劳动消耗和因其他特殊原因支付给职工的津贴，以及支付给职工的交通补贴、通信补贴等各种补贴。

（2）职工福利费，主要是指尚未实行医疗统筹企业职工的医疗费用、职工因公负伤赴外地就医路费、职工生活困难补助，以及按照国家规定开支的其他职工福利支出。

（3）医疗保险费、养老保险费、失业保险费、工伤保险费和生育保险费等社会保险费，是指企业按照国务院、各地方政府规定的基准和比例计算，向社会保险经办机构缴纳的医疗保险费、养老保险费、失业保险费、工伤保险费和生育保险费。

（4）住房公积金，是指企业按照国家规定的基准和比例计算，向住房公积金管理机构缴存的住房公积金。

（5）工会经费和职工教育经费，是指企业为了改善职工文化生活，为职工学习先进技术、提高文化水平和业务素质，用于开展工会活动和职工教育、职业技能培训等的相关支出。

（6）非货币性福利，是指企业以自己的产品或外购商品发放给职工作为福利，企业提供给职工无偿使用自己拥有的资产或租赁资产供职工无偿使用,例如,提供给企业高级管理人员使用的住房、免费为职工提供诸如医疗保健的服务或向职工提供企业支付了一定补贴的商品或服务,以及以低于成本的价格向职工出售住房等。

(7) 短期带薪缺勤,是指企业支付工资或提供补偿的职工缺勤,包括年休假、病假、短期伤残、婚假、产假、丧假、探亲假等。

(8) 短期利润分享计划,是指因职工提供服务而与职工达成的基于利润或其他经营成果提供薪酬的协议。

(一) 应付短期薪酬的确认

企业应当在职工为其提供服务的会计期间,将应付短期薪酬确认为一项流动负债,并根据职工提供服务的受益对象的不同,分别进行处理。

(1) 应由生产产品、提供劳务负担的职工薪酬,计入产品成本或劳务成本。生产产品、提供劳务中的直接生产人员和直接提供劳务人员发生的职工薪酬,计入存货成本,但非正常消耗的直接生产人员和直接提供劳务人员的职工薪酬,应当在发生时确认为当期损益。

(2) 应由在建工程、无形资产负担的职工薪酬,计入建造固定资产或无形资产的成本。

(3) 上述两项之外的其他职工薪酬计入当期损益。除直接生产人员、直接提供劳务人员、符合相关准则规定的建造固定资产人员、开发无形资产人员以外的职工,包括公司总部管理人员、董事会成员、监事会成员等人员相关的职工薪酬,因难以确定直接对应的受益对象,均应当在发生时计入当期损益。

(二) 应付短期薪酬的计量

▶ 1. 货币性职工薪酬的计量

货币性职工薪酬包括企业以货币形式支付给职工的工资、职工福利、各种社会保险、住房公积金、工会经费和职工教育经费等。对于货币性职工薪酬的计量,有以下两种情况。

(1) 对于国务院有关部门、省、自治区、直辖市人民政府或经批准的企业年金计划规定了计提基础和计提比例的职工薪酬项目,如社会保险费、住房公积金、工会经费和职工教育经费等,企业应当按照规定的计提标准,计量企业承担的职工薪酬、义务和计入成本费用的职工薪酬。

(2) 对于国家(包括省、市、自治区政府)相关法律法规没有明确规定计提基础和计提比例的,如职工福利费,企业应当根据历史经验数据和自身实际情况,预计应付职工薪酬金额和应计入成本费用的薪酬金额。每个资产负债表日,企业应当对实际发生的福利费金额和预计金额进行调整。

【例9-11】2017年6月,甲公司当月应发工资200万元,其中,生产部门直接生产人员工资100万元,生产部门管理人员工资20万元,公司管理部门人员工资36万元,公司专设产品销售机构人员工资10万元,建造厂房人员工资22万元,内部开发存货管理系统人员工资 12 万元。

根据所在地政府规定,公司分别按照职工工资总额的 10%、12%、2% 和 10.5% 计提医疗保险费、养老保险费、失业保险费和住房公积金,缴纳给当地社会保险经办机构和住房公积金管理机构。公司内设医务室,根据 2017 年实际发生的职工福利费情况,公司预计 2018 年应承担的职工福利费金额为职工工资总额的 2%,职工福利的受益对象为上述所有人员。公司分别按照职工工资总额的 2% 和 1.5% 计提工会经费和职工教育经费。假定公司存货管理系统已处于开发阶段,并符合《企业会计准则第 6 号——无形资产》中将资产划为无形资产的条件。

应计入生产成本的职工薪酬金额 = 100 + 100 × (10% + 12% + 2% + 10.5% + 2% + 2% + 1.5%) = 140(万元)

应计入制造费用的职工薪酬金额 = 20 + 20 × (10% + 12% + 2% + 10.5% + 2% + 2% + 1.5%) = 28(万元)

应计入管理费用的职工薪酬金额 = 36 + 36 × (10% + 12% + 2% + 10.5% + 2% + 2% + 1.5%) = 50.4(万元)

应计入销售费用的职工薪酬金额 = 10 + 10 × (10% + 12% + 2% + 10.5% + 2% + 2% + 1.5%) = 14(万元)

应计入在建工程成本的职工薪酬金额 = 22 + 22 × (10% + 12% + 2% + 10.5% + 2% + 2% + 1.5%) = 30.8(万元)

应计入无形资产成本的职工薪酬金额 = 12 + 12 × (10% + 12% + 2% + 1.5% + 2% + 2% + 1.5%) = 16.8(万元)

公司在分配工资、职工福利费、各种社会保险费、住房公积金、工会经费和职工教育经费等职工薪酬时,应做如下账务处理:

借:生产成本	1 400 000
制造费用	280 000
管理费用	504 000
销售费用	140 000
在建工程	308 000
研发支出——资本化支出	168 000
贷:应付职工薪酬——工资	2 000 000
——职工福利	40 000
——社会保险费	480 000
——住房公积金	210 000
——工会经费	40 000
——职工教育经费	30 000

由于存在应由职工个人负担而由企业代扣代缴的个人所得税、社会保险费、住房公积金等,企业实际发放货币性职工薪酬时,实发金额和应发金额不相等。企业应当按照应发给职工的总额借记"应付职工薪酬"科目,按照实际支付金额贷记"银行存款"科目,由企业

代扣代缴的职工个人负担的个人所得税贷记"应交税费——应交个人所得税"科目，由企业代扣代缴的职工个人负担的社会保险费等贷记"其他应付款"科目。

【例9-12】 甲公司发放2017年6月份职工工资时，应付职工工资总额为2 000 000元，其中，应由公司代扣代缴的个人所得税为280 000元，应由职工个人负担由公司代扣代缴的各种社会保险费和住房公积金为150 000元，实发工资部分已经通过银行转账支付。

　　借：应付职工薪酬　　　　　　　　　　　　　　　　　　　2 000 000
　　　　贷：银行存款　　　　　　　　　　　　　　　　　　　1 570 000
　　　　　　应交税费——应交个人所得税　　　　　　　　　　　280 000
　　　　　　其他应付款　　　　　　　　　　　　　　　　　　　150 000

▶ **2. 非货币性职工薪酬的计量**

企业向职工提供的非货币性职工薪酬，应根据不同情况分别处理。

（1）以自产产品或外购商品发放给职工作为福利。企业以其生产的产品作为非货币性福利提供给职工的，应当按照该产品的公允价值和相关税费计量应计入成本费用的职工薪酬金额，相关收入及其成本的确认计量和相关税费的处理与正常商品销售相同。以外购商品作为非货币性福利提供给职工的，应当按照该商品的公允价值和相关税费计量应计入成本费用的职工薪酬金额。

需要注意的是，在以自产产品或外购商品发放给职工作为福利的情况下，企业在进行账务处理时，应首先通过"应付职工薪酬"科目归集当期应计入成本费用的非货币性职工薪酬金额，以确定完整、准确的企业人工成本金额。

【例9-13】 甲公司是一家生产彩电的企业，共有职工100名，2019年5月，公司以其生产的成本为3 000元的液晶彩电和外购的每台不含税价格为500元的电暖气作为春节福利发放给公司职工。该型号液晶彩电的售价为每台5 000元，甲公司适用的增值税税率为13%。甲公司购买电暖气取得了增值税专用发票，增值税税率为13%。假定100名职工中有70名为直接参加生产的职工，15名为总部管理人员，5名为车间管理人员，10名为销售人员。

分析：企业以自己生产的产品作为福利发放给职工，根据相关规定，应视同销售计算增值税销项税额。应计入成本费用的职工薪酬金额以产品的公允价值加上增值税销项税额计量，同时确认主营业务收入，并结转成本。

（1）彩电的账务处理如下：

彩电的公允价值和增值税销项税额的总额＝5 000×100×（1＋13%）＝565 000（元）
计入生产成本的非货币性福利＝565 000×70÷100＝395 500（元）
计入管理费用的非货币性福利＝565 000×15÷100＝84 750（元）
计入制造费用的非货币性福利＝565 000×5÷100＝28 250（元）
计入销售费用的非货币性福利＝565 000×10÷100＝56 500（元）
公司决定发放非货币性福利时，应做如下账务处理：

　　借：生产成本　　　　　　　　　　　　　　　　　　　　　395 500
　　　　管理费用　　　　　　　　　　　　　　　　　　　　　　84 750
　　　　制造费用　　　　　　　　　　　　　　　　　　　　　　28 250

销售费用	56 500
贷：应付职工薪酬——非货币性福利	565 000

实际发放非货币性福利时，应做如下账务处理：

借：应付职工薪酬——非货币性福利	565 000
贷：主营业务收入	500 000
应交税费——应交增值税（销项税额）	65 000
借：主营业务成本	300 000
贷：库存商品	300 000

(2) 电暖器的账务处理如下。

电暖气的公允价值金额=500×100=50 000(元)

电暖气的进项税额=500×100×13％=6 500(元)

公司决定发放非货币性福利时，应做如下账务处理：

借：生产成本	39 950
管理费用	8 475
制造费用	2 825
销售费用	5 650
贷：应付职工薪酬——非货币性福利	56 500

购买电暖气时，公司应做如下账务处理：

借：应付职工薪酬——非货币性福利	56 500
贷：银行存款	56 500

(2) 将拥有的房屋等资产无偿提供给职工使用或租赁住房等资产供职工无偿使用。企业将拥有的房屋等资产无偿提供给职工使用的，应当根据受益对象，将住房每期应计提的折旧计入相关资产成本或费用，同时确认应付职工薪酬。租赁住房等资产供职工无偿使用的，应当根据受益对象，将每期应付的租金计入相关资产成本或费用，并确认应付职工薪酬。难以认定受益对象的，直接计入当期损益，并确认应付职工薪酬。

【例 9-14】 甲公司为总部各部门经理级别以上职工提供汽车免费使用，同时为副总裁以上高级管理人员每人租赁一套住房。该公司总部共有部门经理以上职工 20 名，每人提供一辆桑塔纳汽车免费使用，假定每辆桑塔纳汽车每月计提折旧 1 000 元。该公司共有副总裁以上高级管理人员 5 名，公司为其每人租赁一套面积为 100 平方米带有家具和电器的公寓，月租金为每套 3 000 元。

该公司每月应做如下账务处理：

借：管理费用	35 000
贷：应付职工薪酬——非货币性福利	35 000
借：应付职工薪酬——非货币性福利	35 000
贷：累计折旧	20 000
其他应付款	15 000

▶ 3. 带薪缺勤的计量

带薪缺勤是指企业在职工因病假、休假等原因缺勤期间支付的薪酬，可分为累积带薪缺勤和非累积带薪缺勤两种形式。

累积带薪缺勤是指带薪缺勤权利可以结转下期的带薪缺勤，本期尚未用完的带薪缺勤权利可以在未来期间使用。企业应当在职工提供服务从而增加了其未来享有的带薪缺勤权利时，确认与累积带薪缺勤相关的职工薪酬，并以累积未行使权利而增加的预期支付金额进行计量。

非累积带薪缺勤是指带薪缺勤权利不能结转下期的带薪缺勤，本期尚未用完的带薪缺勤权利将予以取消，并且职工离开企业时也无权获得现金支付。我国企业职工可享有的病假、婚假、产假、丧假、探亲假期间的工资通常都属于非累积带薪缺勤。对于非累积带薪缺勤，由于职工本期未使用的缺勤天数不会产生一种权利，因而企业不会增加额外的义务。

【例9-15】甲公司实行累积带薪缺勤制度。A是甲公司的人事部门人员，每个工作日的工资为180元。甲公司制度规定，A每年有6天带薪休假，其当年未使用的休假可以无限期向后结转，而且职工离开公司时以现金结算。2019年A实际休假3天。

2019年12月31日，甲公司确认A当年未使用的带薪缺勤：

A未使用的累积带薪缺勤＝180×3＝540（元）

借：管理费用　　　　　　　　　　　　　　　　　　　　　　　　　540

　　贷：应付职工薪酬——累积带薪缺勤　　　　　　　　　　　　　　540

三、应付辞退福利的确认和计量

（一）辞退福利的含义

辞退福利包括以下两方面的内容。

（1）职工没有选择权的辞退福利，是指在职工劳动合同尚未到期前，不论职工本人是否愿意，企业决定解除与职工的劳动关系而给予的补偿。

（2）职工有选择权的辞退福利，是指在职工劳动合同尚未到期前，企业为鼓励职工自愿接受裁减而给予的补偿，职工有权利选择继续在职或接受补偿离职。

（二）应付辞退福利的确认

企业应当在同时满足下列条件时，将辞退福利确认为应付职工薪酬，同时计入当期管理费用。

（1）企业已经制定正式的解除劳动关系计划或提出自愿裁减建议，并即将实施。其中，解除劳动关系计划和自愿裁减建议应当经过董事会或类似权力机构的批准；即将实施是指辞退工作一般应当在一年内实施完毕。

（2）企业不能单方面撤回解除劳动关系计划或自愿裁减建议。如果企业能够单方面撤回解除劳动关系计划或裁减建议，则表明未来经济利益流出的可能性不大，因而不符合负债确认条件。

由于被辞退的职工不再为企业带来未来经济利益，因此，对于满足负债确认条件的所有辞退福利,均应当计入当期的管理费用,不计入资产成本。

(三)应付辞退福利的计量

企业应当严格按照《企业会计准则第9号——职工薪酬》和《企业会计准则第13号——或有事项》的规定,合理预计并确认辞退福利产生的负债。应付辞退福利的计量因辞退计划中职工有无选择权而有所不同。

(1)对于职工没有选择权的辞退计划,应当根据相关规定对拟解除劳动关系的职工数量、每一职位的辞退补偿等计提应付职工薪酬(辞退福利)。

(2)对于自愿接受裁减建议,因接受裁减的职工数量不确定,企业应当按照《企业会计准则第13号——或有事项》的规定,预计将会接受裁减建议的职工数量,根据预计的自愿接受辞退的职工数量和每一职位的辞退补偿等计提应付职工薪酬(辞退福利)。

【例9-16】2017年9月,某家用电器制造公司为了能够在下一年度顺利实施转产,该公司管理层制定了一项辞退计划。计划规定,从2018年1月1日起,企业将以职工自愿的方式,辞退其平面直角系列彩电生产车间的职工。辞退计划的详细内容包括拟辞退的职工所在部门、数量、各级别职工能够获得的补偿,以及计划大体实施的时间等,均已与职工沟通并达成一致意见。辞退计划已于2017年12月10日经董事会正式批准,并将在下一个年度内实施完毕。该项辞退计划的详细内容如表9-1所示。

表9-1 某公司2018年辞退计划一览表

所属部门	职位	辞退数量/人	工龄/年	每人补偿/万元
彩电车间	车间主任副主任	10	1～10	10
			10～20	20
			20～30	30
	高级技工	50	1～10	8
			10～20	18
			20～30	28
	一般技工	100	1～10	5
			10～20	15
			20～30	25
小计		160		

2017年12月31日,公司预计各职位拟接受辞退的职工数量的最佳估计数(最可能发生数)及其应支付的补偿如表9-2所示。

根据《企业会计准则第13号——或有事项》有关计算最佳估计数的方法,预计接受辞退的职工数量可以根据最可能发生的数量确定,也可以采用按照各种发生数量及其发生概率计算确定。由表9-2可知,愿意接受辞退职工的最可能数量为123名,预计补偿总额为1 400万元,则公司在2017年(辞退计划2017年12月10日由董事会批准)应做如下账务处理:

借：管理费用　　　　　　　　　　　　　　　　　　　　　　　14 000 000
　　贷：应付职工薪酬——辞退福利　　　　　　　　　　　　　　14 000 000

表9-2　拟接受辞退的职工数量的最佳估计数及其应支付的补偿

所属部门	职位	辞退数量/人	工龄/年	接受辞退的职工数量/人	每人补偿额/万元	补偿金额/万元
彩电车间	车间主任副主任	10	1~10	5	10	50
			10~20	2	20	40
			20~30	1	30	30
	高级技工	50	1~10	20	8	160
			10~20	10	18	180
			20~30	5	28	140
	一般技工	100	1~10	50	5	250
			10~20	20	15	300
			20~30	10	25	250
小计		160		123		1 400

以彩电车间主任和副主任级别、工龄在1~10年的职工为例，假定接受辞退的职工数量及发生概率如表9-3所示。

表9-3　假定接受辞退的职工数量及发生概率

接受辞退的职工数量/人	发生概率/%	最佳估计数/人
0	0	0
1	3	0.03
2	5	0.1
3	5	0.15
4	20	0.8
5	15	0.75
6	25	1.5
7	8	0.56
9	12	1.08
10	7	0.7
合计		5.67

由上述计算结果可知，彩电车间主任和副主任级别、工龄在1~10年的职工接受辞退计划的最佳估计数为5.67人，则应确认该职位的辞退福利金额应为56.7(5.67×10)万元，由于所有的辞退福利预计负债均应计入当期费用，因此，2017年(辞退计划2017年12月

10日由董事会批准)公司应做如下账务处理：

借：管理费用 567 000
　　贷：应付职工薪酬——辞退福利 567 000

第四节　应交税费

企业在一定时期内取得的营业收入、实现的利润或发生的特定经营行为，要按照规定向国家缴纳各种税费，主要包括增值税、消费税、城市维护建设税、资源税、所得税、土地增值税、房产税、车船税、土地使用税、城市维护建设税、教育费附加、矿产资源补偿费等，以及在上缴国家之前由企业代收代缴的个人所得税。这些应交的税费，应按照权责发生制的原则确认，在尚未缴纳之前形成企业的一项流动负债。

一、增值税的会计核算

增值税是对在境内销售货物、无形资产或者不动产，提供服务，以及进口货物的单位和个人的增值额部分征收的一种流转税。增值税是我国目前的第一大税种。增值税的纳税人分为一般纳税人和小规模纳税人。年应税销售额超过财政部和国家税务总局规定标准的纳税人为一般纳税人，未超过规定标准的纳税人为小规模纳税人。

（一）一般纳税人应交增值税的会计核算

增值税实行比例税率，一般纳税人的税率具体规定如下。

（1）销售或者进口保证基本生活的必需品，包括粮食、食用植物油、自来水、天然气、书刊及电子出版物、饲料、化肥、农药、食用盐等；提供交通运输、邮政、基础电信、建筑、不动产租赁等服务，销售不动产，转让土地使用权，税率为9%。

（2）销售或者进口除(1)之外的货物，提供加工、修理修配劳务或有形动产租赁服务，税率为13%。

（3）提供金融服务、研发和技术服务、信息技术服务、文化创意服务、物流辅助服务、鉴证咨询服务等，以及销售土地使用权以外的无形资产等，税率为6%。

（4）零税率，即税率为0，仅适用于法律不限制或不禁止的报关出口货物、国际运输服务等跨境应税行为，以及向境外单位提供的完全在境外消费的研发服务、设计服务、信息系统服务等。零税率不仅不需要缴税，还可以退还以前纳税环节所缴纳的增值税，因而零税率意味着退税。

一般纳税人销售货物或提供应税劳务，其应纳税额采用扣税法计算，计算公式为

$$应纳税额 = 当期销项税额 - 当期进项税额$$

一般纳税企业在账务处理上的主要特点：一是在购进阶段，会计处理时实行价与税的分离，价与税分离的依据为增值税专用发票上注明的价款和增值税，属于价款的部分，计入购入货物的成本；属于增值税税额的部分，计入进项税额。二是在销售阶段，销售价格

中不再含税,如果定价时含税,应还原为不含税价格作为销售收入,向购买方收取的增值税作为销项税额。

1. 当期销项税额的核算

【例 9-17】甲公司为增值税一般纳税人,2019 年 7 月 18 日,甲公司根据双方签订的合同销售给乙公司一批产品,增值税专用发票上注明的价款为 100 000 元,适用的增值税税率为 13%。该批产品的成本为 800 000 元。产品已经发出,货款已收并存入银行。

应交增值税销项税额＝100 000×13%＝13 000(元)

2018 年 7 月 18 日,甲公司应编制的会计分录如下:

借:银行存款	113 000
贷:主营业务收入	100 000
应交税费——应交增值税(销项税额)	13 000
借:主营业务成本	80 000
贷:库存商品	80 000

企业的某些行为虽然没有取得销售收入,但根据《中华人民共和国增值税暂行条例》规定视同发生应税行为,应当缴纳增值税。常见的视同销售行为包括货物交付其他单位或个人代销和销售代销货物、将自产或委托加工的货物用于非应税项目、将自产或委托加工的货物用于集体福利或者个人消费、将自产或委托加工或购买的货物作为对外投资、将自产或委托加工或购买的货物无偿赠送他人、将自产或委托加工或购买的货物分配给股东或投资者。

【例 9-18】甲公司为增值税一般纳税人,2019 年 7 月 25 日将自产的一批产品无偿捐赠给乙公司。该批产品的成本为 20 000 元,市场售价(计税价格)为 30 000 元,适用的增值税税率为 13%。

增值税销项税额＝30 000×13%＝3 900(元)

借:营业外支出	23 900
贷:库存商品	20 000
应交税费——应交增值税(销项税额)	3 900

2. 当期进项税额的核算

当期进项税额是指纳税人当期购进货物或者应税劳务等已缴纳的增值税税额。一般纳税人购进货物或应税劳务等支付的增值税进项税额,可凭借增值税的扣税凭证如增值税专用发票、海关进口增值税专用缴款书等,从当期销项税额中抵扣。

【例 9-19】甲公司为增值税一般纳税人,2019 年 5 月 20 日购入一批原材料,从销货方取得的增值税专用发票上注明的原材料价款为 6 000 000 元,增值税税额为 780 000 元。另外,甲公司应负担的运输费(不含税)为 20 000 元,增值税为 1 800 元。货款已经支付,材料已经到达并验收入库。甲公司采用实际成本法进行日常材料核算。

增值税进项税额＝780 000＋1 800＝781 800(元)

借:原材料	6 020 000
应交税费——应交增值税(进项税额)	781 800
贷:银行存款	6 801 800

按照《中华人民共和国增值税暂行条例》及其实施细则的规定，某些情况下，企业发生的进项税额不允许抵扣，主要有：用于简易计税征收、集体福利或个人消费的货物、非增值税应税项目、免征增值税项目的购进货物或者应税劳务等按规定不予抵扣增值税进项税额；因企业管理不善和被执法部门依法没收或强令自行销毁等原因造成的非正常损失的购进货物，以及相关的修理修配劳务和交通运输服务、不动产及不动产在建工程；购进的旅客运输服务、贷款服务、餐饮娱乐服务、居民日常服务等。

属于购入货物时即能认定其进项税额不能抵扣的，进行会计处理时，其增值税专用发票上注明的增值税税额计入购入货物及接受劳务的成本。属于购入货物时不能直接认定其进项税额能否抵扣的，其增值税专用发票上注明的增值税税额，按照增值税会计处理方法计入"应交税费——应交增值税（进项税额）"科目；如果这部分购入货物以后用于按规定不得抵扣进项税额项目的，应将原已计入进项税额并已支付的增值税予以转出，贷记"应交税费——应交增值税（进项税额转出）"科目。

【例 9-20】甲公司为增值税一般纳税人，月底财产清查发现本月购进的一批原材料因管理不善发生霉烂，损失的材料成本为 50 000 元，其进项税额为 6 500 元。甲公司查明原因并经过批准，应由责任人赔偿损失 45 000 元，其余部分为净损失。

借：待处理财产损溢　　　　　　　　　　　　　　　　　　　56 500
　　贷：原材料　　　　　　　　　　　　　　　　　　　　　　50 000
　　　　应交税费——应交增值税（进项税额转出）　　　　　　 6 500
借：其他应收款　　　　　　　　　　　　　　　　　　　　　45 000
　　管理费用　　　　　　　　　　　　　　　　　　　　　　11 500
　　贷：待处理财产损溢　　　　　　　　　　　　　　　　　　56 500

▶ 3. 缴纳增值税和期末结转的会计核算

企业当月缴纳当月的增值税，通过"应交税费——应交增值税（已交税金）"科目核算；当月缴纳以前各期未交的增值税，通过"应交税费——未交增值税"科目核算。

为了分别反映增值税一般纳税人欠交增值税税款和待抵扣增值税的情况，确保企业及时足额上缴增值税，避免出现企业用以前月份欠交增值税抵扣以后月份未抵扣的增值税的情况，企业应在"应交税费"科目下设置"未交增值税"明细科目，核算企业月份终了从"应交税费——应交增值税"科目转入的当月未交或多交的增值税；同时，在"应交税费——应交增值税"科目下设置"转出未交增值税"和"转出多交增值税"专栏。月份终了，企业计算出当月应交未交的增值税，借记"应交税费——应交增值税（转出未交增值税）"科目，贷记"应交税费——未交增值税"科目；当月多交的增值税，借记"应交税费——未交增值税"科目，贷记"应交税费——应交增值税（转出多交增值税）"科目，经过结转后，月份终了，"应交税费——应交增值税"科目的余额反映企业尚未抵扣的增值税。

【例 9-21】甲公司为增值税一般纳税人，适用的增值税税率为 13%，材料采用实际成本进行日常核算。2019 年 4 月 30 日，该公司"应交税费——应交增值税"科目借方余额为 10 000 元，该借方余额均可用下月的销项税额抵扣。5 月份发生以下涉及增值税的经济业务。

(1) 购买原材料一批，增值税专用发票上价款为 600 000 元，增值税为 78 000 元，已开出商业承兑汇票。材料已入库。

(2) 对外销售原材料一批，成本为 360 000 元，售价为 400 000 元。材料已发出，款项已收存银行。

(3) 销售产品一批，销价为 200 000 元（不含增值税税额），成本为 160 000 元，发票等单据已交购货方，产品已发出，货款尚未收到。

(4) 将自产产品一批无偿赠送给一家关联企业。该批产品成本价为 80 000 元，售价为 100 000 元。

(5) 因管理不善毁损原材料一批，实际成本为 100 000 元，得到上级主管批示全部计入管理费用。

(6) 用银行存款缴纳本月增值税 12 000 元。

甲公司具体账务处理如下：

(1) 借：原材料   600 000
   应交税费——应交增值税（进项税额）   78 000
  贷：应付票据   678 000

(2) 借：银行存款   452 000
  贷：其他业务收入   400 000
   应交税费——应交增值税（销项税额）   52 000

 借：其他业务成本   360 000
  贷：原材料   360 000

(3) 借：应收账款   226 000
  贷：主营业务收入   200 000
   应交税费——应交增值税（销项税额）   26 000

 借：主营业务成本   160 000
  贷：库存商品   160 000

(4) 借：营业外支出   90 400
  贷：库存商品   80 000
   应交税费——应交增值税（销项税额）   10 400

(5) 借：待处理财产损溢   113 000
  贷：原材料   100 000
   应交税费——应交增值税（进项税额转出）13 000

 借：管理费用   113 000
  贷：待处理财产损溢   113 000

(6) 期末，计算本月应交增值税的金额。

本月销项税额 = 52 000 + 26 000 + 10 400 = 88 400（元）

本月允许抵扣金额 = 78 000 + 10 000 − 13 000 = 75 000（元）

本月应交增值税税额 = 88 400 − 75 000 = 13 400（元）

缴纳本月增值税 12 000 元：

借：应交税费——应交增值税(已交税金)	12 000
贷：银行存款	12 000

月末，结转本月未交增值税14 000元：

借：应交税费——应交增值税(转出未交增值税)	14 000
贷：应交税费——未交增值税	14 000

(二) 小规模纳税人应交增值税的会计核算

小规模纳税人是指应税销售额在规定的标准以下，并且会计核算不健全的纳税人。小规模纳税人增值税的特点如下：

(1) 小规模纳税人销售货物或者提供应税劳务，只能开具普通发票，不能开具增值税专用发票；

(2) 小规模纳税人销售货物或提供应税劳务，实行简易办法计算应纳税额，按照不含税销售额和征收率计算确定，小规模纳税人的增值税征收率一般为3%；

(3) 小规模纳税人购入货物无论是否具有增值税专用发票，其支付的增值税税额均不计入进项税额，不得由销项税额抵扣，应计入购入货物的成本。

小规模纳税人应纳增值税的计算公式为

$$销售额 = 含税销售额 \div (1 + 3\%)$$
$$应纳增值税税额 = 销售额 \times 3\%$$

【例9-22】 甲公司为小规模纳税人，本期购入原材料，取得的增值税专用发票上记载的原材料价款为1 000 000元，支付的增值税税额为130 000元，企业开出承兑的商业汇票，材料已到达并验收入库(材料按实际成本核算)。该企业本期销售产品，开出的普通发票上注明销售价格总额为900 000元(含税)，假定符合收入确认条件，货款尚未收到。该批产品成本为700 000元。

购进货物时：

借：原材料	1 130 000
贷：应付票据	1 130 000

销售货物时：

不含税价格=900 000÷(1+3%)=873 786(元)

应交增值税税额=873 786×3%=26 214(元)

借：应收账款	900 000
贷：主营业务收入	873 786
应交税费——应交增值税	26 214

二、消费税的会计核算

(一) 消费税的征收范围

消费税是以特定消费品的流转额为计税依据而征收的一种商品税。为了正确引导消费方向，国家在普遍征收增值税的基础上，选择部分消费品，再征收一道消费税。

目前，征收消费税的商品主要包括四类：①过度消费会对人类健康、社会秩序和生态环境造成危害的特殊消费品，包括烟酒及酒精、鞭炮与烟火、木质一次性筷子、实木地板、电池、涂料等；②奢侈品、非生活必需品，包括贵重首饰及珠宝宝石、化妆品、高尔夫球及球具、高档手表、游艇等；③高能耗消费品，包括小汽车、摩托车等；④使用和消耗不可再生和替代的稀缺资源的消费品，包括汽油、柴油等。

（二）消费税的计算方法

消费税的征收采用从价定率、从量定额和复合计征三种方法。

▶ 1. 从价定率

实行从价定率办法计征的应纳税额的税基为销售额，计算公式为

$$应纳税额 = 应税消费品销售额 \times 适用税率$$

如果企业应消费品的销售额中未扣除增值税税款，或者因不能开具增值税专用发票而发生价款和增值税税款合并收取的，在计算消费税时，根据公式"应税消费品的销售额=含增值税的销售额÷(1+增值税税率或征收率)"换算为不含增值税税款的销售额。

▶ 2. 从量定额

实行从量定额办法计征的应纳税额的销售数量是指应税消费品的数量，计算公式为

$$应纳税额 = 应税消费品销售数量 \times 适用税额标准$$

其中，属于销售应税消费品的，为应税消费品的销售数量；属于自产自用应税消费品的，应税消费品销售数量为应税消费品的移送使用数量；属于委托加工应税消费品的，应税消费品销售数量为纳税人收回的应税消费品数量；进口的应税消费品，应税消费品销售数量为海关核定的应税消费品进口征税数量。

▶ 3. 复合计征

$$应纳税额 = 销售额 \times 比例税率 + 销售数量 \times 定额税率$$

卷烟、白酒采用复合计征的方法征收消费税。

（三）销售自产应税消费品的会计核算

企业销售产品时应缴纳的消费税应根据不同情况分别进行处理：企业将生产的产品直接对外销售的，对外销售产品应缴纳的消费税，通过"税金及附加"科目核算；企业按规定计算出应交的消费税，借记"税金及附加"科目，贷记"应交税费——应交消费税"科目。

【例9-23】某企业为增值税一般纳税人（采用计划成本核算原材料），本期销售其生产的应纳消费税产品，应纳消费税产品的售价为24万元（不含应向购买者收取的增值税税额），产品成本为15万元。该产品的增值税税率为13%，消费税税率为10%。产品已经发出，符合收入确认条件，款项尚未收到。

企业应做如下账务处理：

应向购买者收取的增值税税额=240 000×13%=31 200(元)

应交的消费税=240 000×10%=24 000(元)

借：应收账款　　　　　　　　　　　　　　　　　　　　　271 200

贷：主营业务收入		240 000
应交税费——应交增值税(销项税额)		31 200
借：税金及附加	24 000	
贷：应交税费——应交消费税		24 000
借：主营业务成本	150 000	
贷：库存商品		150 000

企业将应税消费品对外投资或用于在建工程、集体福利、个人消费的行为，属于视同销售，按规定应将应缴纳的消费税计入有关的成本。例如，企业将应税消费品用于在建工程项目，应交的消费税计入在建工程成本。

(四) 委托加工应税消费品的会计处理

按照税法规定，企业委托加工的应税消费品，由受托方在向委托方交货时代收代缴税款(除受托加工或翻新改制金银首饰按规定由受托方缴纳消费税外)。委托加工的应税消费品，委托方用于连续生产应税消费品的，所纳税款准予按规定抵扣。对于委托加工的应税消费品收回后直接出售的，所纳税款直接计入委托加工物资的成本。

【例9-24】甲公司委托外单位加工材料(非金银首饰)，原材料价款为20万元，不含税加工费用为5万元，由受托方代收代缴的消费税为0.5万元，材料已经加工完毕验收入库，全部价款已用银行存款支付。假定该企业材料采用实际成本核算。

(1) 如果委托方收回加工后的材料用于继续生产应税消费品，委托方的账务处理如下：

借：委托加工物资	200 000	
贷：原材料		200 000
借：委托加工物资	50 000	
应交税费——应交增值税(进项税额)	6 500	
——应交消费税	5 000	
贷：银行存款		61 500
借：原材料	250 000	
贷：委托加工物资		250 000

(2) 如果委托方收回加工后的材料直接用于销售，委托方的账务处理如下：

借：委托加工物资	200 000	
贷：原材料		200 000
借：委托加工物资	55 000	
应交税费——应交增值税(进项税额)	6 500	
贷：银行存款		61 500
借：库存商品	255 000	
贷：委托加工物资		255 000

(五) 进口应税消费品的会计核算

需要缴纳消费税的进口消费品，其缴纳的消费税应计入该进口消费品的成本，借记"固定资产""原材料"等科目，贷记"银行存款"等科目。

三、其他应交税费

(一) 资源税

资源税是国家对在我国境内开采矿产品或者生产盐的单位和个人征收的税种。资源税按照应税产品的课税数量和规定的单位税额计算,计算公式为

$$应纳税额=课税数量\times 单位税额$$

其中,开采或者生产应税产品销售的,以销售数量为课税数量;开采或者生产应税产品自用的,以自用数量为课税数量。

▶ 1. 销售产品或自产自用产品相关的资源税的会计处理

在会计核算时,企业按规定计算出销售应税产品应缴纳的资源税,借记"税金及附加"科目,贷记"应交税费——应交资源税"科目;企业计算出自产自用的应税产品应缴纳的资源税,借记"生产成本""制造费用"等科目,贷记"应交税费——应交资源税"科目。

▶ 2. 收购未税矿产品相关资源税的会计处理

按照《中华人民共和国资源税暂行条例》的规定,收购未税矿产品的单位为资源税的扣缴义务人。企业应按收购未税矿产品实际支付的收购款以及代扣代缴的资源税,作为收购矿产品的成本,将代扣代缴的资源税计入"应交税费——应交资源税"科目。

▶ 3. 外购液体盐加工固体盐相关资源税的会计处理

企业按规定外购液体盐加工固体盐的,所购入液体盐缴纳的资源税可以抵扣。在会计核算时,购入液体盐时,按所允许抵扣的资源税借记"应交税费——应交资源税"科目,按外购价款扣除允许抵扣资源税后的数额借记"材料采购"等科目,按应支付的全部价款贷记"银行存款""应付账款"等科目;企业加工成固体盐后,在销售时,按计算出的销售固体盐应交的资源税借记"税金及附加"科目,贷记"应交税费——应交资源税"科目;将销售固体盐应纳资源税抵扣液体盐已纳资源税后的差额上缴时,借记"应交税费——应交资源税"科目,贷记"银行存款"科目。

(二) 土地增值税

国家从1994年起开征了土地增值税,转让国有土地使用权、地上建筑物及其附着物并取得收入的单位和个人,均应缴纳土地增值税。土地增值税按照转让房地产所取得的增值额和规定的税率计算征收。

(三) 房产税、土地使用税、车船税和印花税

房产税是国家对在城市、县城、建制镇和工矿区征收的由产权所有人缴纳的一种税。土地使用税是国家为了合理利用城镇土地、调节土地级差收入、提高土地使用效益、加强土地管理而开征的一种税,以纳税人实际占用的土地面积为计税依据,依照规定税额计算征收。车船税由拥有并且使用车船的单位和个人按照适用税额计算缴纳。企业按规定计算应交的房产税、土地使用税、车船税时,借记"税金及附加"科目,贷记"应交税费——应交房产税(或土地使用税、车船税)"科目;上缴时,借记"应交税费——应交房产税(或土

地使用税、车船税)"科目，贷记"银行存款"科目。

印花税是对书立、领受购销合同等凭证行为征收的税款，采用由纳税人根据规定自行计算应纳税额，购买并一次贴足印花税票的缴纳方法。由于企业缴纳的印花税是由纳税人根据规定自行计算应纳税额以购买并一次贴足印花税票的方法缴纳的税款，即一般情况下，企业需要预先购买印花税票，待发生应税行为时，再根据凭证的性质和规定的比例税率或者按件计算应纳税额，将已购买的印花税票粘贴在应纳税凭证上，并在每枚税票的骑缝处盖戳注销或者划销，办理完税手续。企业缴纳的印花税不会发生应付未付税款的情况，不需要预计应纳税金额，同时也不存在与税务机关结算或清算的问题。因此，企业缴纳的印花税不需要通过"应交税费"科目核算，于购买印花税票时，直接借记"税金及附加"科目，贷记"银行存款"科目。

（四）城市维护建设税

为了加强城市的维护建设，扩大和稳定城市维护建设资金的来源，国家开征了城市维护建设税。在会计核算时，企业按规定计算出的城市维护建设税，借记"税金及附加"等科目，贷记"应交税费——应交城市维护建设税"科目；实际上缴时，借记"应交税费——应交城市维护建设税"科目，贷记"银行存款"科目。

（五）所得税

企业的生产、经营所得和其他所得，依照《中华人民共和国企业所得税暂行条例》及其细则的规定需要缴纳所得税。企业应缴纳的所得税，在"应交税费"科目下设置"应交所得税"明细科目核算；当期应计入损益的所得税，作为一项费用，在净收益前扣除。企业按照一定方法计算，计入损益的所得税，借记"所得税费用"等科目，贷记"应交税费——应交所得税"科目。

（六）耕地占用税

耕地占用税是国家为了利用土地资源，加强土地管理，保护家用耕地而征收的一种税。耕地占用税以实际占用的耕地面积计税，按照规定税额一次征收。企业缴纳的耕地占用税，不需要通过"应交税费"科目核算。企业按规定缴纳耕地占用税时，借记"在建工程"科目，贷记"银行存款"科目。

第五节　其他流动负债

一、应付利息

应付利息是指企业按照合同约定应支付的利息，包括吸收存款、分期付息到期还本的长期借款、企业债券等应支付的利息。

资产负债表日，应按摊余成本和实际利率计算确定的利息费用借记"利息支出""在建工程""财务费用""研发支出"等科目，按合同利率计算确定的应付未付利息贷记"应付利息"科目，按借贷双方之间的差额借记或贷记"长期借款——利息调整"等科目。

合同利率与实际利率差异较小的，也可以采用合同利率计算确定利息费用。实际支付利息时，借记"应付利息"科目，贷记"银行存款"等科目。

二、应付股利

应付股利是指企业经股东大会或类似机构审议批准分配的现金股利或利润。企业股东大会或类似机构审议批准的利润分配方案、宣告分派的现金股利或利润，在实际支付前形成企业的负债。企业股东大会或类似机构通过的利润分配方案中拟分配的现金股利或利润不应确认负债，但应在附注中披露。

企业根据股东大会或类似机构审议批准的利润分配方案，确认应支付的现金股利或利润时，借记"利润分配"科目，贷记"应付股利"科目；实际支付现金股利或利润时，借记"应付股利"科目，贷记"银行存款"等科目。

三、其他应付款

其他应付款是指企业除应付票据、应付账款、预收账款、应付职工薪酬、应付利息、应付股利、应交税费、长期应付款等以外的其他各项应付、暂收的款项。

企业采用售后回购方式融入资金的，应按实际收到的金额，借记"银行存款"科目，贷记"其他应付款""应交税费"等科目。回购价格与原销售价格之间的差额，应在售后回购期间内按期计提利息费用，借记"财务费用"科目，贷记"其他应付款"科目。按照合同约定购回该项商品时，应按实际支付的金额，借记"其他应付款"科目和"应交税费"科目，贷记"银行存款"科目。

企业发生的其他各种应付、暂收款项，借记"管理费用"等科目，贷记"其他应付款"科目；支付的其他各种应付、暂收款项，借记"其他应付款"科目，贷记"银行存款"等科目。

本章小结

本章主要阐述几种流动负债的确认、计量和记录，特别对短期借款、应付职工薪酬、应交税费的核算进行了详细的说明，重点介绍各种流动负债确认的时间、确认的金额、确认的科目和账务处理。

复习思考题

1. 什么是流动负债？
2. 常见的流动负债包括哪些内容？
3. 应付职工薪酬核算的内容包括哪些？确认原则是什么？
4. 一般纳税人应交增值税的金额如何确定？如何核算？

第十章 非流动负债

> **知识目标**
> 1. 了解非流动负债的定义、特征和种类。
> 2. 熟悉应付债券的核算内容和分类。
> 3. 掌握长期借款、应付债券、长期应付款的账务处理。

第一节 长期借款

一、长期借款的含义和特点

长期借款是指企业从银行或其他金融机构借入的期限在一年以上（不含一年）的借款。企业采用长期借款进行融资的主要特点有偿还期较长、债务金额较大、债务利息一般按年支付、债务本金可以到期一次偿还或分期偿还等。

二、长期借款的会计核算

（一）取得长期借款的核算

企业借入各种长期借款时，按实际收到的款项，借记"银行存款"科目；按长期借款的本金，贷记"长期借款——本金"科目；按借贷双方之间的差额，借记"长期借款——利息调整"科目。

（二）长期借款利息的核算

在资产负债表日，企业应按长期借款的摊余成本和实际利率计算确定长期借款的利息费用，将符合资本化条件的利息费用借记"在建工程""制造费用"等科目，不符合资本化条件的部分借记"财务费用"科目；按照借款本金和合同利率计算确定的应付未付利息，贷记"应付利息"科目；按照借贷双方之间的差额，贷记"长期借款——利息调整"科目。

企业在付息日实际支付利息时，按照该期应支付的利息金额，借记"应付利息"科目，贷记"银行存款"科目。

（三）偿还长期借款的核算

企业到期归还长期借款，按归还的长期借款本金，借记"长期借款——本金"科目，贷记"银行存款"科目。

【例 10-1】 甲公司为建造一幢厂房，于 2016 年 1 月 1 日借入期限为两年的长期专门借款 1 000 000 元，款项已存入银行。借款利率根据市场利率确定为 9%，每年年末付息一次，期满后一次还清本金。2016 年 1 月 1 日，以银行存款支付工程价款共计 600 000 元。2017 年年初，又以银行存款支付工程费用 400 000 元。该厂房于 2017 年 8 月底完工，达到预定可使用状态。假定不考虑闲置专门借款资金存款的利息收入或者投资收益。

企业应做如下账务处理。

(1) 2016 年 1 月 1 日，取得借款时：

借：银行存款　　　　　　　　　　　　　　　　　　　　　1 000 000
　　贷：长期借款　　　　　　　　　　　　　　　　　　　　　　1 000 000

(2) 2016 年 1 月 1 日，支付工程款时：

借：在建工程　　　　　　　　　　　　　　　　　　　　　　600 000
　　贷：银行存款　　　　　　　　　　　　　　　　　　　　　　　600 000

(3) 2016 年 12 月 31 日，计算 2016 年应计入工程成本的利息时：

借款利息＝1 000 000×9%＝90 000（元）

借：在建工程　　　　　　　　　　　　　　　　　　　　　　90 000
　　贷：应付利息　　　　　　　　　　　　　　　　　　　　　　　90 000

(4) 2016 年 12 月 31 日，支付借款利息时：

借：应付利息　　　　　　　　　　　　　　　　　　　　　　90 000
　　贷：银行存款　　　　　　　　　　　　　　　　　　　　　　　90 000

(5) 2017 年年初，支付工程款时：

借：在建工程　　　　　　　　　　　　　　　　　　　　　　400 000
　　贷：银行存款　　　　　　　　　　　　　　　　　　　　　　　400 000

(6) 2017 年 8 月底，达到预定可使用状态，该期应计入工程成本的利息＝(1 000 000×9%÷12)×8＝60 000（元）。

借：在建工程　　　　　　　　　　　　　　　　　　　　　　60 000
　　贷：应付利息　　　　　　　　　　　　　　　　　　　　　　　60 000

同时：

借：固定资产　　　　　　　　　　　　　　　　　　　　　1 150 000
　　贷：在建工程　　　　　　　　　　　　　　　　　　　　　　1 150 000

(7) 2017年12月31日，2017年9—12月应计入财务费用的利息=(1 000 000×9%÷12)×4=30 000(元)。

借：财务费用　　　　　　　　　　　　　　　　　　　　　30 000
　　贷：应付利息　　　　　　　　　　　　　　　　　　　　　30 000

(8) 2017年12月31日，支付利息时：

借：应付利息　　　　　　　　　　　　　　　　　　　　　　90 000
　　贷：银行存款　　　　　　　　　　　　　　　　　　　　　90 000

(9) 2018年1月1日，到期还本时：

借：长期借款　　　　　　　　　　　　　　　　　　　　　1 000 000
　　贷：银行存款　　　　　　　　　　　　　　　　　　　　1 000 000

第二节　应付债券

一、一般公司债券的会计核算

（一）公司债券发行时的核算

企业发行的一年期以上的债券，构成了企业的长期负债。公司债券的发行方式有三种：面值发行、溢价发行和折价发行。如果债券的票面利率与同期银行存款利率相同，可按票面价格发行，称为面值发行；假设其他条件不变，债券的票面利率高于同期银行存款利率时，可按超过债券票面价值的价格发行，称为溢价发行，溢价是企业以后各期多付利息而事先得到的补偿；如果债券的票面利率低于同期银行存款利率，可按低于债券面值的价格发行，称为折价发行，折价是企业以后各期少付利息而预先给投资者的补偿。溢价或折价是发行债券的企业在债券存续期内对利息费用的一种调整。

无论是按面值发行，还是溢价发行或折价发行，均按债券面值计入"应付债券"科目的"面值"明细科目，实际收到的款项与面值的差额计入"利息调整"明细科目。企业发行债券时，按实际收到的款项借记"银行存款""库存现金"等科目，按债券票面价值贷记"应付债券——面值"科目，按实际收到的款项与票面价值之间的差额贷记或借记"应付债券——利息调整"科目。

（二）应付债券利息费用的核算

应付债券的利息费用采用实际利率法在债券存续期内的每个资产负债表日分期确认。实际利率法是指按照应付债券的实际利率计算其摊余成本及各期利息费用的方法。实际利率是指将应付债券在债券存续期间的未来现金流量，折现为该债券当前账面价值所使用的利率。实际利率一旦确定，在整个债券的存续期间内保持不变。应付债券的摊余成本是指应付债券的初始确认金额（债券的发行价格减去发行费用后的净额）经过下列调整后的结果：①扣除已偿还的本金；②加上或减去采用实际利率法将该初始确认金额与到期日金额之间的差额进行摊销形成的累计摊销额。

资产负债表日，对于分期付息、一次还本的债券，企业应按应付债券的摊余成本和实际利率计算确定的债券利息费用借记"在建工程""制造费用""财务费用"等科目，按票面利率计算确定的应付未付利息贷记"应付利息"科目，按其差额借记或贷记"应付债券——利息调整"科目。

（三）债券偿还时的核算

企业发行的债券通常分为到期一次还本付息或一次还本、分期付息两种。采用一次还本付息方式的，企业应在债券到期支付债券本息时，借记"应付债券——面值、应计利息"科目，贷记"银行存款"科目。采用一次还本、分期付息方式的，在每期支付利息时，借记"应付利息"科目，贷记"银行存款"科目；债券到期偿还本金并支付最后一期利息时，借记"应付债券——面值""在建工程""财务费用""制造费用"等科目，贷记"银行存款"科目，按借贷双方之间的差额借记或贷记"应付债券——利息调整"科目。

【例10-2】2012年12月31日，甲公司经批准发行5年期一次还本、分期付息的公司债券10 000 000元，债券利息在每年12月31日支付，票面利率为年利率6%。假定债券发行时的市场利率为5%。P/S(5%，5)＝0.783 5，P/A(5%，5)＝4.329 5。

甲公司该批债券实际发行价格＝10 000 000×0.783 5＋10 000 000×6%×4.329 5
　　　　　　　　　　　　　　＝10 432 700(元)

甲公司根据上述资料，采用实际利率法和摊余成本计算确定利息费用，如表10-1所示。

表10-1　实际利息费用　　　　　　　　　　　　　　　　　　单位：元

付息日期	支付利息(6%)	利息费用(5%)	摊销的利息调整	摊余成本
2012年12月31日				10 432 700
2013年12月31日	600 000	521 635	78 365	10 354 335
2014年12月31日	600 000	517 717	82 283	10 272 052
2015年12月31日	600 000	513 603	86 397	10 185 655
2016年12月31日	600 000	509 283	90 717	10 094 938
2017年12月31日	600 000	505 062	94 938*	10 000 000
合计	3 000 000	2 567 300	432 700	—

注：*系尾数调整。

根据表10-1的资料，甲公司的账务处理如下。

(1) 2012年12月31日，发行债券时：

借：银行存款　　　　　　　　　　　　　　　　　　　　　　10 432 700
　　贷：应付债券——面值　　　　　　　　　　　　　　　　　10 000 000
　　　　　　　　——利息调整　　　　　　　　　　　　　　　　　432 700

(2) 2013年12月31日，计算利息费用时：

借：财务费用等　　　　　　　　　　　　　　　　　　　　　　　521 635

应付债券——利息调整	78 365
贷：应付利息	600 000

2014年、2015年、2016年确认利息费用的会计处理同2013年。

(3) 2017年12月31日，归还债券本金及最后一期利息费用时：

借：财务费用等	505 062
应付债券——面值	10 000 000
——利息调整	94 938
贷：银行存款	10 600 000

对于一次还本付息的债券，应于资产负债表日，按摊余成本和实际利率计算确定的债券利息费用借记"在建工程""制造费用""财务费用"等科目，按票面利率计算确定的应付未付利息贷记"应付债券——应计利息"科目，按其差额借记或贷记"应付债券——利息调整"科目。

二、可转换公司债券的会计核算

我国发行可转换公司债券采取记名式无纸化发行方式。企业发行的可转换公司债券在"应付债券"科目下设置"可转换公司债券"明细科目核算。

企业发行的可转换公司债券，应当在初始确认时将其包含的负债成分和权益成分进行分拆，将负债成分确认为应付债券，将权益成分确认为其他权益工具。在进行分拆时，应当先对负债成分的未来现金流量进行折现确定负债成分的初始确认金额，再按发行价格总额扣除负债成分初始确认金额后的金额确定权益成分的初始确认金额。发行可转换公司债券发生的交易费用，应当在负债成分和权益成分之间按照各自的相对公允价值进行分摊。企业应按实际收到的款项借记"银行存款"等科目，按可转换公司债券包含的负债成分面值贷记"应付债券——可转换公司债券（面值）"科目，按权益成分的公允价值贷记"其他权益工具"科目，按借贷双方之间的差额借记或贷记"应付债券——可转换公司债券（利息调整）"科目。

【例10-3】甲公司经批准于2017年1月1日按面值发行5年期一次还本、按年付息的可转换公司债券200 000 000元，款项已收存银行，债券票面年利率为6%。债券发行1年后可转换为普通股股票，初始转股价为每股10元，股票面值为每股1元。债券持有人若在当期付息前转换股票的，应按债券面值和应计利息之和除以转股价，计算转换的股份数。假定2017年1月1日债券持有人将持有的可转换公司债券全部转换为普通股股票，甲公司发行可转换公司债券时，二级市场上与之类似的没有附带转换权的债券市场利率为9%。假定不考虑发行费用。$P/S(9\%,5)=0.6499$，$P/A(9\%,5)=3.8897$。

甲公司的账务处理如下。

(1) 2017年1月1日，发行可转换公司债券时：

借：银行存款	200 000 000
应付债券——可转换公司债券（利息调整）	23 343 600

贷：应付债券——可转换公司债券（面值）	200 000 000
其他权益工具	23 343 600

可转换公司债券负债成分的公允价值＝200 000 000×0.649 9＋200 000 000×6%×3.889 7＝176 656 400（元）

可转换公司债券权益成分的公允价值＝200 000 000－176 656 400＝23 343 600（元）

（2）2017年12月31日，确认利息费用时：

应支付的利息费用额＝200 000 000×6%＝12 000 000（元）

应确认的利息费用金额＝176 656 400×9%＝15 899 076（元）

应摊销的利息调整额＝15 899 076－12 000 000＝3 899 076（元）

借：财务费用等	15 899 076
贷：应付利息——可转换公司债券利息	12 000 000
应付债券——可转换公司债券（利息调整）	3 899 076

（3）2018年1月1日，债券持有人行使转换权时（假定利息尚未支付）：

转换的股份数＝(200 000 000＋12 000 000)÷10＝21 200 000（股）

借：应付债券——可转换公司债券（面值）	200 000 000
应付利息——可转换公司债券利息	12 000 000
其他权益工具	23 343 600
贷：股本	21 200 000
应付债券——可转换公司债券（利息调整）	19 444 524
资本公积——股本溢价	194 699 076

第三节 长期应付款

长期应付款是指企业除长期借款和应付债券以外的其他各种长期应付款项，包括应付融资租入固定资产的租赁费、以分期付款方式购入固定资产发生的应付款项等。

一、应付融资租入固定资产的租赁费

企业采用融资租赁方式租入的固定资产，应在租赁期开始日，将租赁开始日租赁资产公允价值与最低租赁付款额现值两者中较低者，加上初始直接费用，作为租入资产的入账价值，借记"固定资产"等科目，按最低租赁付款额贷记"长期应付款"科目，按发生的初始直接费用贷记"银行存款"等科目，按其差额借记"未确认融资费用"科目。

企业在计算最低租赁付款额的现值时，能够取得出租人租赁内含利率的，应当采用租赁内含利率作为折现率；否则，应当采用租赁合同规定的利率作为折现率。企业无法取得出租人的租赁内含利率且租赁合同没有规定利率的，应当采用同期银行贷款利率作为折现率。租赁内含利率是指在租赁开始日，使最低租赁收款额的现值与未担保余值的现值之和等于租赁资产公允价值与出租人的初始直接费用之和的折现率。

未确认融资费用应当在租赁期内各个期间进行分摊。企业应当采用实际利率法计算确认当期的融资费用。

二、具有融资性质的延期付款购买资产

企业购买资产有可能延期支付有关价款。如果延期支付的购买价款超过正常信用条件，则实质上具有融资性质，所购资产的成本应当以延期支付购买价款的现值为基础确定。实际支付的价款与购买价款的现值之间的差额，应当在信用期间内采用实际利率法进行摊销，计入相关资产成本或当期损益。具体来说，企业购入资产超过正常信用条件延期付款实质上具有融资性质时，应按购买价款的现值借记"固定资产""在建工程"等科目，按应支付的价款总额贷记"长期应付款"科目，按其差额借记"未确认融资费用"科目。

本章小结

非流动负债主要是还款期限在一年以上或一个营业周期以上的负债，主要包括长期借款、应付债券、长期应付款三方面的内容，本章重点介绍了长期借款、应付债券的核算，从取得、期末到归还进行了全面的分析，并举例说明了相关的账务处理。

复习思考题

1. 什么是实际利率法？
2. 实际利率法下，应付债券的摊余成本如何计算？利息费用如何计算？
3. 应付债券核算应设哪些明细账？

第十一章 所有者权益

知识目标

1. 了解所有者权益的概念、特征和内容，以及所有者权益与负债的相同点和不同点。
2. 掌握资本公积、盈余公积和未分配利润的核算。
3. 掌握其他综合收益的内容和核算。

第一节 所有者权益概述

一、所有者权益的含义

所有者权益是指企业资产扣除负债后由所有者享有的剩余权益。公司的所有者权益又称为股东权益。所有者权益是企业的净资产，反映的是企业资产在偿付债权人权益之后，所有者享有的剩余索取权。现行国际会计准则和我国《企业会计准则——基本准则》均从定量方面说明了所有者权益的量化办法，即

$$所有者权益＝资产总计－负债总计$$

二、所有者权益的构成

所有者权益的来源包括所有者投入的资产、直接计入所有者权益的利得和损失、留存收益等。所有者权益通常由实收资本（或股本）、资本公积、其他综合收益、盈余公积和未分配利润构成。

所有者投入的资本是指所有者投入企业的资本部分，它既包括构成企业注册资本或者

股本部分的金额,也包括投入资本超过注册资本或者股本部分的金额,即资本溢价或者股本溢价。这部分投入资本在我国企业会计准则体系中被计入了资本公积,并在资产负债表中的资本公积项目下反映。

直接计入所有者权益的利得和损失是指不应计入当期损益、会导致所有者权益发生增减变动的、与所有者投入资本或者向所有者分配利润无关的利得或者损失。其中,利得是指由企业非日常活动形成的、会导致所有者权益增加的、与所有者投入资本无关的经济利益的流入,利得包括直接计入所有者权益的利得和直接计入当期利润的利得。损失是指由企业非日常活动发生的、会导致所有者权益减少的、与向所有者分配利润无关的经济利益的流出,损失包括直接计入所有者权益的损失和直接计入当期利润的损失。直接计入所有者权益的利得和损失主要包括可供出售金融资产的公允价值变动额、现金流量套期中套期工具公允价值变动额(有效套期部分)等。

留存收益是企业历年实现的净利润留存于企业的部分,主要包括累计计提的盈余公积和未分配利润。

三、所有者权益的确认

所有者权益体现的是所有者在企业中的剩余权益,因此,所有者权益的确认主要依赖于其他会计要素,尤其是资产和负债的确认,所有者权益金额的确定也主要取决于资产和负债的计量。例如,企业接受投资者投入的资产,在该资产符合企业资产确认条件时,就相应地符合了所有者权益的确认条件;当该资产的价值能够可靠计量时,所有者权益的金额也就可以确定。

所有者权益反映的是企业所有者对企业资产的索取权,负债反映的是企业债权人对企业资产的索取权,两者在性质上有本质区别,因此企业在会计确认、计量和报告中应当严格区分负债和所有者权益,以如实反映企业的财务状况,尤其是企业的偿债能力和产权比率等。在实务中,企业某些交易或者事项可能同时具有负债和所有者权益的特征,在这种情况下,企业应当将属于负债和所有者权益的部分分开核算和列报。例如,企业发行的可转换公司债券,企业应当将其中的负债部分和权益性工具部分进行分拆,分别确认负债和所有者权益。

按照企业资产经营的法律责任,可将企业划分为非公司型企业和公司型企业。不同的企业组织形式,涉及所有者权益的会计处理有所区别。本章主要以公司制特别是股份有限公司为基础进行阐述。

第二节 实收资本

一、投入资本的有关规定

我国有关法律规定,投资者设立企业首先必须投入资本。实收资本是投资者投入资本形成法定资本的价值,所有者向企业投入的资本,在一般情况下无需偿还,可以长期使用。实收资本的构成比例,即投资者的出资比例或股东的股份比例,通常是确定所有者在企业所有者权益中所占的份额和参与企业财务经营决策的基础,也是企业进行利润分配或股利分配的依据,同时还是企业清算时确定所有者对净资产的要求权的依据。

根据《中华人民共和国公司法》的规定,有限责任公司的股东可以用货币出资,也可以用实物、知识产权、土地使用权等可以用货币估价并可以依法转让的非货币财产作价出资,但是,法律、行政法规规定不得作为出资的财产除外。对于作为出资的非货币财产应当评估作价,核实财产,不得高估或者低估作价。法律、行政法规对评估作价有规定的,从其规定。全体股东的货币出资金额不得低于有限责任公司注册资本的30%。

初建有限责任公司时,各投资者按照合同、协议或公司章程投入企业的资本,应全部计入"实收资本"科目,注册资本为在公司登记机关登记的全体股东认缴的出资额。在企业增资时,如有新投资者介入,新介入的投资者缴纳的出资额大于按约定比例计算的其在注册资本中所占的份额部分不计入"实收资本"科目,而作为资本公积计入"资本公积"科目。

股份有限公司是指全部资本由等额股份构成并通过发行股票筹集资本、股东以其认购的股份为限对公司承担责任、公司以其全部财产对公司债务承担责任的企业法人。股份有限公司的设立有两种方式,即发起式和募集式。发起式设立的特点是公司的股份全部由发起人认购,不向发起人之外的任何人募集股份;募集式设立的特点是公司股份除发起人认购外,还可以采用向其他法人或自然人发行股票的方式进行募集。

二、实收资本初始计量的会计处理

(一)一般企业的会计处理

企业应当设置"实收资本"科目,核算企业接受投资者投入的实收资本。投资者可以用现金投资,也可以用现金以外的其他有形资产投资,符合国家规定比例的,还可以用无形资产投资。企业收到投资时,一般应做如下会计处理:收到投资人投入的现金,应在实际收到或者存入企业开户银行时,按实际收到的金额借记"银行存款"科目;以实物资产投资的,应在办理实物产权转移手续时,借记有关资产科目;以无形资产投资的,应按照合同、协议或公司章程规定移交有关凭证时,借记"无形资产"科目,按投入资本在注册资本或股本中所占份额贷记"实收资本"科目,按其差额贷记"资本公积——资本溢价"。

【例11-1】A有限责任公司由甲、乙两人共同投资设立,注册资本为20 000 000元。甲、乙出资分别为15 000 000元和5 000 000元,甲乙持股所占比例分别为75%和25%,2018年1月3日,A公司如期收到甲和乙一次性全额缴纳的款项。根据上述资料,A公司应做以下账务处理:

借:银行存款　　　　　　　　　　　　　　　　　　　　　2 000 000
　　贷:实收资本——甲　　　　　　　　　　　　　　　　　1 500 000
　　　　　　　——乙　　　　　　　　　　　　　　　　　　　500 000

(二)股份有限公司的会计处理

与其他企业相比,股份有限公司最显著的特点就是将企业的全部资本划分为等额股份,并通过发行股票的方式来筹集资本,股东以其所认购股份对公司承担有限责任。股份是很重要的指标,股票的面值与股份总数的乘积为股本,股本应等于企业的注册资本,所以股本也是很重要的指标。为了直观地反映这一指标,在会计处理上,股份有限公司应设置"股本"科目。

"股本"科目核算股东投入股份有限公司的股本,企业应将核定的股本总额、股份总数、每股面值在股本账户中做备查记录。为了提供企业股份的构成情况,企业可在"股本"科目下按股东单位或姓名设置明细账。企业的股本应在核定的股本总额范围内,通过发行股票取得。但值得注意的是,企业发行股票取得的收入与股本总额往往不一致,公司发行股票取得的收入大于股本总额的,称为溢价发行;小于股本总额的,称为折价发行;等于股本总额的,称为面值发行。我国不允许企业折价发行股票。在采用溢价发行股票的情况下,企业应将相当于股票面值的部分计入"股本"科目,其余部分在扣除发行手续费、佣金等发行费用后计入"资本公积——股本溢价"科目。

【例 11-2】B 股份有限公司发行普通股 20 000 000 股,每股面值为 1 元,发行价格为 6 元。股款 120 000 000 元已经全部收到,发行过程中发生相关税费 60 000 元。

根据上述资料,B 股份有限公司应做以下账务处理:

计入股本的金额＝20 000 000×1＝20 000 000(元)

计入资本公积的金额＝(6－1)×20 000 000－60 000＝99 940 000(元)

借：银行存款　　　　　　　　　　　　　　　　　　　　　　　　119 940 000

　　贷：股本　　　　　　　　　　　　　　　　　　　　　　　　　20 000 000

　　　　资本公积——股本溢价　　　　　　　　　　　　　　　　　99 940 000

三、实收资本增减变动的会计处理

(一) 实收资本增加的会计处理

▶ 1. 企业增加资本的一般途径

企业增加资本的途径一般有以下三条。

(1) 将资本公积转为实收资本或者股本。会计上应借记"资本公积——资本溢价"或"资本公积——股本溢价"科目,贷记"实收资本"或"股本"科目。

(2) 将盈余公积转为实收资本。会计上应借记"盈余公积"科目,贷记"实收资本"或"股本"科目。这里要注意的是,资本公积和盈余公积均属于所有者权益,转为实收资本或者股本时,企业如为独资企业的,核算比较简单,直接结转即可;如为股份有限公司或有限责任公司的,应按原投资者所持股份同比例增加各股东的股权。

(3) 所有者(包括原企业所有者和新投资者)投入。企业接受投资者投入的资本,借记"银行存款""固定资产""无形资产""长期股权投资"等科目,贷记"实收资本"或"股本"等科目。

【例 11-3】A 有限责任公司由甲、乙两人共同投资设立,原注册资本为 20 000 000 元。甲、乙出资分别为 15 000 000 元和 5 000 000 元,为了扩大经营规模,经批准,A 公司按照原出资比例将资本公积 5 000 000 元转增资本。

根据上述资料,A 公司应做以下账务处理:

借：资本公积　　　　　　　　　　　　　　　　　　　　　　　　　5 000 000

　　　　　贷：实收资本——甲　　　　　　　　　　　　　　　　　3 750 000
　　　　　　　　　——乙　　　　　　　　　　　　　　　　　1 250 000

▶ 2. 股份有限公司发放股票股利

股份有限公司采用发放股票股利实现增资的，在发放股票股利时，按照股东原来持有的股数分配，股东大会批准的利润分配方案中分配的股票股利，应在办理增资手续后，借记"利润分配"科目，贷记"股本"科目。

▶ 3. 可转换公司债券持有人行使转换权利

可转换公司债券持有人行使转换权利，将其持有的债券转换为股票，按可转换公司债券的余额借记"应付债券——可转换公司债券（面值、利息调整）"科目，按其权益成分的金额借记"其他权益工具"科目，按股票面值和转换的股数计算的股票面值总额贷记"股本"科目，按其差额贷记"资本公积"科目。

▶ 4. 企业将重组债务转为资本

企业将重组债务转为资本的，应按重组债务的账面余额借记"应付账款"等科目，按债权人因放弃债权而享有本企业股份的面值总额贷记"实收资本"或"股本"科目，按股份的公允价值总额与相应的实收资本或股本之间的差额贷记或借记"资本公积——资本溢价"或"资本公积——股本溢价"科目，按其差额贷记"营业外收入——债务重组利得"科目。

▶ 5. 以权益结算的股份支付的行权

以权益结算的股份支付换取职工或其他方提供服务的，应在行权日，按根据实际行权情况确定的金额借记"资本公积——其他资本公积"科目，按应计入实收资本或股本的金额贷记"实收资本"或"股本"科目。

（二）实收资本减少的会计处理

企业实收资本减少的原因大体有两种：资本过剩和企业发生重大亏损而需要减少实收资本。企业因资本过剩而减资，一般要发还股款。有限责任公司和一般企业发还投资的会计处理比较简单，按法定程序报经批准减少注册资本的，借记"实收资本"科目，贷记"库存现金""银行存款"等科目。

股份有限公司由于采用的是发行股票的方式筹集股本，发还股款时，则要回购发行的股票，发行股票的价格与股票面值可能不同，回购股票的价格也可能与发行价格不同。股份有限公司因减少注册资本而回购本公司股份的，应按实际支付的金额，借记"库存股"科目，贷记"银行存款"等科目。注销库存股时，应按股票面值和注销股数计算的股票面值总额借记"股本"科目，按注销库存股的账面余额贷记"库存股"科目，按其差额冲减股票发行时原计入资本公积的溢价部分借记"资本公积——股本溢价"科目，回购价格超过上述冲减"股本"及"资本公积——股本溢价"科目的部分，应依次借记"盈余公积""利润分配——未分配利润"等科目；如回购价格低于回购股份所对应的股本，所注销库存股的账面余额与所冲减股本的差额作为增加股本溢价处理，按回购股份所对应的股本面值借记"股本"科目，按注销库存股的账面余额贷记"库存股"科目，按其差额贷记"资本公积——股本溢价"科目。

【例 11-4】B 股份有限公司截至 2017 年 12 月 31 日共发行股票 30 000 000 股，股票面值为1元,资本公积(股本溢价)6 000 000元,盈余公积4 000 000元。经股东大会批准,B公司以现金回购本公司股票3 000 000股并注销。假定B公司按照每股4元回购股票,不考虑其他因素,B公司的会计处理如下。

库存股的成本=3 000 000×4=12 000 000(元)

借:库存股	12 000 000
贷:银行存款	12 000 000
借:股本	3 000 000
资本公积——股本溢价	6 000 000
盈余公积	3 000 000
贷:库存股	12 000 000

【例11-5】承例11-4,假定B公司以每股0.9元回购股票,其他条件不变,B公司的会计处理如下。

库存股的成本=3 000 000×0.9=2 700 000(元)

借:库存股	2 700 000
贷:银行存款	2 700 000
借:股本	3 000 000
贷:库存股	2 700 000
资本公积——股本溢价	300 000

由于B公司以低于面值的价格回购股票,股本与库存股成本的差额300 000元应作为增加资本公积处理。

第三节 资本公积和其他综合收益

一、资本公积

资本公积是企业收到投资者的超出其在企业注册资本(或股本)中所占份额的投资,以及直接计入所有者权益的利得和损失等。资本公积包括资本溢价(或股本溢价)和其他资本公积等。资本公积一般应当设置"资本溢价(或股本溢价)""其他资本公积"明细科目核算。

(一)资本溢价(或股本溢价)

资本溢价(或股本溢价)是企业收到投资者的超出其在企业注册资本(或股本)中所占份额的投资。形成资本溢价(或股本溢价)的原因有溢价发行股票、投资者超额缴入资本等。

▶ 1. 资本溢价

投资者经营的企业(不含股份有限公司),投资者依其出资份额对企业经营决策享有表决权,依其所认缴的出资额对企业承担有限责任。明确记录投资者认缴的出资额,真实地反映各投资者对企业享有的权利与承担的义务,是会计处理应注意的问题。为此,会计上应设置"实收资本"科目,核算企业投资者按照公司章程所规定的出资比例实际缴付的出资额。在企业创立时,出资者认缴的出资额全部计入"实收资本"科目。

在企业重组并有新的投资者加入时,为了维护原有投资者的权益,新加入的投资者的出资额并不一定全部作为实收资本处理。这是因为,在企业正常经营过程中投入的资金虽然与企业创立时投入的资金在数量上一致,但其获利能力却不一致。企业创立时,要经过筹建、试生产经营、为产品寻找市场、开辟市场等过程,从投入资金到取得投资回报,中间需要许多时间,并且这种投资具有风险性,这个过程中的资本利润率很低。而企业进行正常生产经营后,在正常情况下,资本利润率要高于企业初创阶段,而这高于初创阶段的资本利润率是初创时必要的垫支资本带来的,企业创办者为此付出了代价。因此,相同数量的投资,由于出资时间不同,其对企业的影响程度不同,由此而带给投资者的权力也不同,往往早期出资带给投资者的权利要大于后期出资带给投资者的权利。所以,新加入的投资者要付出大于原有投资者的出资额,才能取得与投资者相同的投资比例。另外,原投资者原有投资不仅从质量上发生了变化,而且从数量上也可能发生变化,这是因为企业经营过程中实现利润的一部分留在企业,形成留存收益,而留存收益也属于投资者权益,但其未转入实收资本。新加入的投资者如与原投资者共享这部分留存收益,也要求其付出大于原有投资者的出资额,才能取得与原投资者相同的投资比例。投资者投入的资本中,按其投资比例计算的出资额部分应计入"实收资本"科目,大于部分应计入"资本公积"科目。

【例11-6】A有限责任公司由甲、乙、丙三位股东各自出资150万元设立,设立时的实收资本为450万元。经过三年的经营,该企业留存收益为150万元。这时,又有丁投资者有意参加该企业,并表示愿意出资250万元,而仅占该企业股份的25%。

在会计处理时,将丁投资者投入资金中的150万元计入"实收资本"科目,其余100万元计入"资本公积"科目。

A公司收到丁投资者投入资金时,账务处理如下:

借:银行存款   2 500 000
　　贷:实收资本   1 500 000
　　　　资本公积——资本溢价   1 000 000

▶ 2. 股本溢价

股份有限公司是以发行股票的方式筹集股本的,股票是企业签发的证明股东按其所持股份享有权利和承担义务的书面证明。由于股东按其所持企业股份享有权利和承担义务,为了反映和便于计算各股东所持股份占企业全部股本的比例,企业的股本总额应按股票的面值与股份总数的乘积计算。国家规定,实收股本总额应与注册资本相等。因此,为提供企业股本总额及其构成,以及注册资本等信息,在采用与股票面值相同的价格发行股票的情况下,企业发行股票取得的收入,应全部计入"股本"科目;在采用溢价发行股票的情况下,企业发行股票取得的收入,相当于股票面值的部分计入"股本"科目,超出股票面值的溢价收入计入"资本公积"科目。委托证券商代理发行股票而支付的手续费、佣金等,应从溢价发行收入中扣除,企业应按扣除手续费、佣金后的数额计入"资本公积"科目。

【例 11-7】 A 公司委托 B 证券公司代理发行普通股 1 000 000 股,每股面值 1 元,按每股 1.3 元的价格发行。A 公司与 B 证券公司约定,按发行收入的 3% 收取手续费,从发行收入中扣除。假设收到的股款已存入银行。

根据上述资料,A 公司应做以下会计处理:

公司收到受托发行单位交来的现金 = 1 000 000 × 1.3 × (1 − 3%) = 1 261 000(元)

应计入"资本公积"科目的金额 = 溢价收入 − 发行手续费 = 1 000 000 × (1.3 − 1) − 1 000 000 × 1.3 × 3% = 261 000(元)

借:银行存款　　　　　　　　　　　　　　　　　　　　　1 261 000
　　贷:股本　　　　　　　　　　　　　　　　　　　　　　1 000 000
　　　　资本公积——股本溢价　　　　　　　　　　　　　　　261 000

另外,同一控制下控股合并形成的长期股权投资也可能会产生资本或股本溢价,主要是由于合并日取得被投资方净资产账面价值与支付合并对价账面价值之间的差额所导致,详见"长期股权投资"有关会计处理方法,本章不再赘述。

(二) 其他资本公积

其他资本公积是指资本溢价(或股本溢价)项目以外所形成的资本公积,其中主要包括以下内容。

▶ 1. 以权益结算的股份支付

以权益结算的股份支付换取职工或其他方提供服务的,应按照确定的金额计入"管理费用"等科目,同时增加资本公积(其他资本公积)。在行权日,应按实际行权的权益工具数量计算确定的金额借记"资本公积——其他资本公积"科目,按计入实收资本或股本的金额贷记"实收资本"或"股本"科目,并将其差额计入"资本公积——资本溢价"或"资本公积——股本溢价"。

▶ 2. 企业与股东之间的资本性交易

企业与股东之间的资本性交易即权益性交易,如股东对企业的捐赠、债务豁免、代为偿债等。企业应于发生该类业务时借记有关科目,贷记"资本公积——其他资本公积"科目。

▶ 3. 采用权益法核算的长期股权投资

权益法下,被投资企业发生的不属于净损益、其他综合收益及利润分配的权益变动份额,企业按持股比例计算应享有的份额。如果是利得,应当增加长期股权投资的账面价值,同时贷记"资本公积——其他资本公积"科目;如果是损失,应做相反的会计分录。当处置采用权益法核算的长期股权投资时,应当将原计入资本公积的相关金额转入投资收益。

(三) 资本公积转增资本

根据《中华人民共和国公司法》的规定,法定公积金(资本公积和盈余公积)转为资本时,所留存的该项公积金不得少于转增前公司注册资本的 25%。经股东大会或类似机构决议,用资本公积转增资本时,应冲减资本公积,同时按照转增前的实收资本(或股本)的结构或比例,将转增的金额计入"实收资本"(或"股本")科目下各所有者的明细分类账。

二、其他综合收益

其他综合收益是指企业根据其他会计准则未在当期损益中确认,直接计入所有者权益的利得和损失。其他综合收益主要包括以下两类。

(一) 以后会计期间不能重分类计入损益的其他综合收益项目

(1) 设定受益计划,重新计量其净资产(或净负债)产生的变动,计入其他综合收益,且以后会计期间不得转回损益。

(2) 权益法下,被投资企业属于以后会计期间不可计入损益的其他综合收益变动对应的份额(按相同基础)。

(二) 以后会计期间满足规定条件时能重分类计入损益的项目

以后会计期间满足规定条件时能重分类计入损益的项目主要由以下交易或事项引起。

(1) 权益法下,被投资企业属于以后会计期间可以计入损益的其他综合收益变动对应的份额(按相同基础)。企业按持股比例计算应享有的份额,如果是利得,应当增加长期股权投资的账面价值,同时贷记"其他综合收益"科目;如果是损失,应做相反的会计分录。当处置采用权益法核算的长期股权投资时,应将原计入其他综合收益的相关金额转入当期损益。

(2) 可供出售金融资产公允价值的变动;持有至到期投资重分类为可供出售金融资产时的账面价值与公允价值的差额。

(3) 现金流量套期工具中有效套期部分的利得或损失。

(4) 外币报表折算差额。

(5) 投资性房地产的转换。自用房地产或存货转换为以公允价值计量的投资性房地产,企业将自用的建筑物等转换为采用公允价值模式计量的投资性房地产时,转换日的公允价值大于账面价值的,按其差额贷记"其他综合收益"科目。当处置该项投资性房地产时,应将原计入其他综合收益的相关金额转入当期损益。

第四节 留存收益

留存收益是公司在经营过程中所创造的,没有分配给所有者而留存在公司的盈利。留存收益是指企业从历年实现的净收益中提取或留存于企业的内部积累,它来源于企业的生产经营活动所实现的净利润,包括盈余公积和未分配利润两个部分。

一、留存收益的构成

(一) 盈余公积

盈余公积是指企业按照规定从净利润中提取的各种积累资金。公司制企业的盈余公积分为法定盈余公积和任意盈余公积,两者的区别就在于其各自计提的依据不同。前者以国家的法律或行政规章为依据提取；后者则由企业自行决定提取。

企业提取盈余公积主要可以用于以下几个方面。

▶ 1. 弥补亏损

企业发生亏损时，应由企业自行弥补。弥补亏损的渠道主要有以下三条。

（1）用以后年度税前利润弥补。按照现行制度规定，企业发生亏损时，可以用以后五年内实现的税前利润弥补，即税前利润弥补亏损的期间为五年。

（2）用以后年度税后利润弥补。企业发生的亏损经过五年期间未弥补足额的，尚未弥补的亏损应用所得税后的利润弥补。

（3）以盈余公积弥补。企业以提取的盈余公积弥补亏损时，应当由公司董事会提议，并经股东大会批准。

▶ 2. 转增资本

企业将盈余公积转增资本时，必须经股东大会决议批准。在实际将盈余公积转增资本时，要按股东原有持股比例结转。

企业提取的盈余公积，无论是用于弥补亏损，还是用于转增资本，只不过是在企业所有者权益内部做结构上的调整。例如，企业以盈余公积弥补亏损时，实际是减少盈余公积留存的数额，以此抵补未弥补亏损的数额，并不引起企业所有者权益总额的变动；企业以盈余公积转增资本时，也只是减少盈余公积结存的数额，但同时增加企业实收资本或股本的数额，也并不引起所有者权益总额的变动。

▶ 3. 扩大企业生产经营

盈余公积的用途并不是指其实际占用形态，提取盈余公积也并不是单独将这部分资金从企业资金周转过程中抽出。企业盈余公积的结存数实际只表现为企业所有者权益的组成部分，表明企业生产经营资金的一个来源而已。其形成的资金可能表现为一定的货币资金，也可能表现为一定的实物资产，如存货和固定资产等，随同企业的其他来源所形成的资金进行循环周转，用于企业的生产经营。

（二）未分配利润

未分配利润是企业留待以后年度进行分配的结存利润，也是企业所有者权益的组成部分。相对于所有者权益的其他部分来讲，企业对于未分配利润的使用和分配有较大的自主权。从数量上来讲，未分配利润是期初未分配利润，加上本期实现的净利润，减去提取的各种盈余公积和分出利润后的余额。未分配利润有两层含义：一是留待以后年度处理的利润；二是未指明特定用途的利润。

二、留存收益的会计处理

（一）利润分配顺序

根据我国公司法等有关法规的规定，企业当年实现的净利润，一般应当按照以下顺序进行分配。

▶ 1. 提取法定公积金

公司制企业的法定公积金按照税后利润的 10% 的比例提取（非公司制企业也可按照大

于10%的比例提取），在计算提取法定盈余公积的基数时，不应包括企业年初未分配利润。公司法定公积金累计额为公司注册资本的50%以上时，可以不再提取法定公积金。

公司的法定公积金不足以弥补以前年度亏损的，在提取法定公积金之前，应当先用当年利润弥补亏损。

▶ **2. 提取任意公积金**

公司从税后利润中提取法定公积金后，经股东会或者股东大会决议，还可以从税后利润中提取任意公积金。非公司制企业经类似权力机构批准也可提取任意盈余公积。

▶ **3. 向投资者分配利润或股利**

公司弥补亏损和提取公积金后所余税后利润，有限责任公司股东按照实缴的出资比例分取红利，但是，全体股东约定不按照出资比例分取红利的除外；股份有限公司按照股东持有的股份比例分配，但是，股份有限公司章程规定不按持股比例分配的除外。

股东大会或者董事会违反规定，在公司弥补亏损和提取法定公积金之前向股东分配利润的，股东必须将违反规定分配的利润退还公司。公司持有的本公司股份不得分配利润。

（二）盈余公积的会计处理

为了反映盈余公积的形成及使用情况，企业应设置"盈余公积"科目。企业应当分别设置"法定盈余公积""任意盈余公积"进行明细核算。

▶ **1. 盈余公积的提取**

企业提取盈余公积时，借记"利润分配——提取法定盈余公积""利润分配——提取任意盈余公积"科目，贷记"盈余公积——法定盈余公积""盈余公积——任意盈余公积"科目。

【例11-8】甲股份有限公司的股本为200 000 000元，每股面值1元。2019年实现净利润50 000 000元。

假定公司按照2019年实现净利润的10%提取法定盈余公积，5%提取任意盈余公积。

借：利润分配——提取法定盈余公积　　　　　　　　　　　5 000 000
　　　　　　——提取任意盈余公积　　　　　　　　　　　2 500 000
　　贷：盈余公积——法定盈余公积　　　　　　　　　　　5 000 000
　　　　　　——任意盈余公积　　　　　　　　　　　　　2 500 000

▶ **2. 盈余公积弥补亏损或转增资本**

企业用盈余公积弥补亏损或转增资本时，借记"盈余公积"，贷记"利润分配——盈余公积补亏""实收资本"或"股本"科目。经股东大会决议，用盈余公积派送新股，按派送新股计算的金额借记"盈余公积"科目，按股票面值和派送新股总数计算的股票面值总额贷记"股本"科目。

（三）未分配利润的会计处理

在会计处理上，未分配利润是通过"利润分配"科目进行核算的，"利润分配"科目应当分别按"提取法定盈余公积""提取任意盈余公积""应付现金股利或利润""转作股本的股利""盈余公积补亏"和"未分配利润"等进行核算。

▶ **1. 分配股利或利润的会计处理**

经股东大会或类似机构决议，分配给股东或投资者的现金股利或利润，借记"利润分配——应付现金股利或利润"科目，贷记"应付股利"科目。经股东大会或类似机构决议，分配给股东的股票股利，应在办理增资手续后，借记"利润分配——转作股本的股利"科目，贷记"股本"科目。

▶ 2. 期末结转的会计处理

企业期末结转利润时，应将各损益类科目的余额转入"本年利润"科目，结平各损益类科目。结转后，"本年利润"的贷方余额为当年实现的净利润，借方余额为当期发生的净亏损。年度终了，应将本年收入和支出相抵后结出的本年实现的净利润或净亏损转入"利润分配——未分配利润"科目。同时，将"利润分配"科目所属的其他明细科目的余额转入"未分配利润"明细科目。结转后，"未分配利润"明细科目的贷方余额就是未分配利润的金额；如出现借方余额，则表示未弥补亏损的金额。"利润分配"科目所属的其他明细科目应无余额。

▶ 3. 弥补亏损的会计处理

企业在生产经营过程中既有可能发生盈利，也有可能出现亏损。企业在当年发生亏损的情况下，与实现利润的情况相同，应将本年发生的亏损自"本年利润"科目转入"利润分配——未分配利润"科目，借记"利润分配——未分配利润"科目，贷记"本年利润"科目。结转后，"利润分配"科目的借方余额即为未弥补亏损的数额，然后通过"利润分配"科目核算有关亏损的弥补情况。

由于未弥补亏损形成的时间长短不同等原因，以前年度未弥补亏损有的可以当年实现的税前利润弥补，有的则须用税后利润弥补。以当年实现的利润弥补以前年度结转的未弥补亏损，不需要进行专门的账务处理。企业应将当年实现的利润自"本年利润"科目转入"利润分配——未分配利润"科目的贷方，其贷方发生额与"利润分配——未分配利润"的借方余额自然抵补。无论是以税前利润还是以税后利润弥补亏损，其会计处理方法均相同。但是，两者在计算缴纳所得税时的处理是不同的。在以税前利润弥补亏损的情况下，其弥补的数额可以抵减当期企业应纳税所得额，而以税后利润弥补的数额，则不能作为纳税所得扣除处理。

【例 11-9】A 股份有限公司的股本为 200 000 000 元，每股面值 1 元。2019 年年初未分配利润为 60 000 000 元，2019 年实现净利润 10 000 000 元。

假定公司按照 2019 年实现净利润的 10% 提取法定盈余公积，5% 提取任意盈余公积，同时向股东按每股 0.1 元派发现金股利。2020 年 3 月 15 日，公司以银行存款支付了全部现金股利。A 公司的会计处理如下。

(1) 2017 年度终了时，企业结转本年实现的净利润：
借：本年利润　　　　　　　　　　　　　　　　　　　　　　　10 000 000
　　贷：利润分配——未分配利润　　　　　　　　　　　　　　　　　　10 000 000

(2) 提取法定盈余公积和任意盈余公积：
借：利润分配——提取法定盈余公积　　　　　　　　　　　　　　1 000 000
　　　　　　——提取任意盈余公积　　　　　　　　　　　　　　　　500 000
　　贷：盈余公积——法定盈余公积　　　　　　　　　　　　　　　1 000 000
　　　　　　　　——任意盈余公积　　　　　　　　　　　　　　　　500 000

(3) 结转"利润分配"的明细科目：
借：利润分配——未分配利润　　　　　　　　　　　　　　　　1 500 000
　　贷：利润分配——提取法定盈余公积　　　　　　　　　　　　1 000 000
　　　　　　　　——提取任意盈余公积　　　　　　　　　　　　　500 000

A公司2017年年底"利润分配——未分配利润"科目的余额＝60 000 000＋10 000 000－1 500 000＝68 500 000（元），即贷方余额为68 500 000元，反映企业的累计未分配利润为68 500 000元。

(4) 批准发放现金股利＝200 000 000×0.1＝20 000 000（元）
借：利润分配——应付现金股利　　　　　　　　　　　　　　　20 000 000
　　贷：应付股利　　　　　　　　　　　　　　　　　　　　　　20 000 000

2020年3月15日，实际发放现金股利：
借：应付股利　　　　　　　　　　　　　　　　　　　　　　　20 000 000
　　贷：银行存款　　　　　　　　　　　　　　　　　　　　　　20 000 000

本章小结

本章主要介绍了实收资本、资本公积、盈余公积和未分配利润的相关内容及账务处理方法，重点说明了其他综合收益的来源及账务处理，举例说明了它们的来源和用途。

复习思考题

1. 所有者权益有哪些来源？
2. 简述企业弥补亏损的途径及顺序。
3. 其他综合收益有哪些内容？

第十二章
收入、费用和利润

知识目标

1. 了解收入、费用和利润的概念。
2. 掌握收入确认和计量的原则。
3. 掌握收入的会计核算方法,特别是非正常情况的核算,以及费用和利润的核算。

第一节 收 入

一、收入的定义

收入是指企业在日常活动中形成的、会导致所有者权益增加的、与所有者投入资本无关的经济利益的总流入。其中,日常活动是指企业为完成其经营目标所从事的经常性活动以及与之相关的其他活动。新收入准则适用于所有与客户之间的合同,但下列各项除外:长期股权投资、金融工具确认和计量、金融资产转移、套期会计、合并财务报表、合营安排、租赁、保险合同。

企业按照经营业务的主次可以将收入分为主营业务收入和其他业务收入。

二、收入确认和计量的原则

随着市场经济的日益发展、交易事项的日趋复杂,实务中收入确认和计量面临越来越多的问题。为了适应越来越复杂的收入确认和计量问题,我国于 2017 年 7 月 5 日发布了《企业会计准则第 14 号——收入》(以下简称新收入准则)。对于新收入准则的施行时间,在境内外同时上市的企业以及在境外上市并采用国际财务报告准则或企业会计准则编制财务报表的企业,自 2018 年 1 月 1 日起施行;其他境内上市企业,自 2020 年 1 月 1 日起施行;执行企业会计准则的非上市企业,自 2021 年 1 月 1 日起施行。

新收入准则引入了《国际财务报告准则第 15 号》对收入确认"五步法"的主要内容,即识别与客户订立的合同、识别合同中的单项履约义务、确定交易价格、将交易价格分摊至各单项履约义务、履行每一单项履约义务时确认收入。"五步法"为不同行业不同类型的合同收入确认提供了详尽的指引,使收入确认过程更趋一致性及可操作性,同时,也扩大了如可变对价等估计的应用,对会计职业判断要求更高。

(一)识别与客户订立的合同

合同:是指双方或多方之间订立有法律约束力的权利义务的协议,包括书面形式、口头形式以及其他可验证的形式(如隐含于商业惯例或企业以往的习惯做法中等)。

▶ 1. 收入确认的原则

企业应当在履行了合同中的履约义务,即在客户取得相关商品控制权时确认收入。

其中,取得相关商品控制权,是指能够主导该商品的使用并从中获得几乎全部的经济利益,也包括有能力阻止其他方主导该商品的使用并从中获得经济利益。

▶ 2. 收入确认的前提条件

企业与客户之间的合同同时满足下列条件的,企业应当在客户取得相关商品控制权时确认收入。

(1)合同各方已批准该合同并承诺将履行各自义务;

(2)该合同明确了合同各方与所转让的商品(或提供的服务,以下简称"转让的商品")相关的权利和义务;如果一方有权单方面终止完全未执行的合同,且无需对合同其他方作出补偿,企业应当视为该合同不存在。

(3)该合同有明确的与所转让的商品相关的支付条款;

(4)该合同具有商业实质,即履行该合同将改变企业未来现金流量的风险、时间分布或金额。如两个房地产开发企业交换不同地点的商品房,就不满足确认收入的前提条件。

(5)企业因向客户转让商品而有权取得的对价很可能收回。此时仅应考虑客户到期时支付对价的能力和意图(客户的信用风险)。

实务中,企业可能存在一组类似的合同,企业在对该组合同中的每一份合同进行评估时,均认为其合同对价很可能收回,但是根据历史经验,企业预计可能无法收回该组合同的全部对价。在这种情况下,企业应当认为这些合同满足上述第(5)条,并以此为基础估计交易价格。与此同时,企业应当考虑这些合同下确认的合同资产或应收款项是否存在减值。

【例 12-1】甲房地产开发公司与乙公司签订合同,向其销售一栋建筑物,合同价款为 100 万元。该建筑物的成本为 60 万元,乙公司在合同开始日即取得了该建筑物的控制权。根据合同约定,乙公司在合同开始日支付了 5% 的保证金 5 万元,并就剩余 95% 的价款与甲公司签订了不附追索权的长期融资协议,如果乙公司违约,甲公司可重新拥有该建筑物,即使收回的建筑物不能涵盖所欠款项的总额,甲公司也不能向乙公司索取进一步的赔偿。

乙公司计划在该建筑物内开设一家餐馆。在该建筑物所在的地区,餐饮行业面临激烈的竞争，但乙公司缺乏餐饮行业的经营经验。

乙公司计划以该餐馆产生的收益偿还甲公司的欠款，除此之外并无其他的经济来源，乙公司也未对该笔欠款设定任何担保。

如果乙公司违约，甲公司虽然可重新拥有该建筑物，但即使收回的建筑物不能涵盖所欠款项的总额，甲公司也不能向乙公司索取进一步的赔偿。

因此，甲公司对乙公司还款的能力和意图存在疑虑，认为该合同不满足合同价款很可能收回的条件。甲公司应当将收到的5万元确认为一项负债。

【例12-2】A公司向国外B公司销售一批商品，合同标价为100万元。在此之前，A公司从未向B公司所在国家的其他客户进行过销售，B公司所在国家正在经历严重的经济困难。

A公司预计不能从B公司收回全部的对价金额，而是仅能收回60万元。尽管如此，A公司预计B公司所在国家的经济情况将在未来2~3年内好转，且A公司与B公司之间建立的良好关系将有助于其在该国家拓展其他潜在客户。

本例中，根据B公司所在国家的经济情况以及A公司的销售战略，A公司认为其将向B公司提供价格折让，A公司能够接受B公司支付低于合同对价的金额，即60万元，且估计很可能收回该对价。A公司认为，该合同满足"有权取得的对价很可能收回"的条件；该公司按照本准则的规定确定交易价格时，应当考虑其向B公司提供的价格折让的影响。因此，A公司确定的交易价格不是合同标价100万元，而是60万元。

▶3. 特殊情况的判断原则

(1)对于不能同时满足上述收入确认的五个条件的合同，企业只有在不再负有向客户转让商品的剩余义务(例如，合同已完成或取消)，且已向客户收取的对价(包括全部或部分对价)无需退回时，才能将已收取的对价确认为收入；否则，应当将已收取的对价作为负债进行会计处理。

(2)对于在合同开始日即满足上述收入确认条件的合同，企业在后续期间无需对其进行重新评估，除非有迹象表明相关事实和情况发生重大变化。

【例12-3】甲公司与乙公司签订合同，将一项专利技术授权给乙公司使用，并按其使用情况收取特许权使用费。甲公司评估认为，该合同在合同开始日满足本节合同确认收入的五个条件。该专利技术在合同开始日即授权给乙公司使用。

在合同开始日后的第一年内，乙公司每季度向甲公司提供该专利技术的使用情况报告，并在约定的期间内支付特许权使用费。

在合同开始日后的第二年内，乙公司继续使用该专利技术，但是乙公司的财务状况下滑，融资能力下降，可用现金不足。因此，乙公司仅按合同支付了当年第一季度的特许权使用费，而后三个季度仅按名义金额付款。

在合同开始日后的第三年内，乙公司继续使用甲公司的专利技术，但是，甲公司得知，乙公司已经完全丧失了融资能力，且流失了大部分客户，因此，乙公司的付款能力进一步恶化，信用风险显著升高。

本例中，该合同在合同开始日满足收入确认的前提条件，因此，甲公司在乙公司使用该专利技术的行为发生时，按照约定的特许权使用费确认收入。

合同开始日后的第二年,由于乙公司的信用风险升高,甲公司在确认收入的同时,按照金融资产减值的要求对乙公司的应收账款进行减值测试。

合同开始日后的第三年,由于乙公司的财务状况恶化,信用风险显著升高,甲公司对该合同进行了重新评估,认为"企业因向客户转让商品而有权取得的对价很可能收回"这一条件不再满足,因此,甲公司不再确认特许权使用费收入,同时对现有应收款项是否发生减值继续进行评估。

(3)对于不满足上述收入确认条件的合同,企业应当在后续期间对其进行持续评估,以判断其能否满足这些条件。

(4)企业如果在合同满足相关条件之前已经向客户转移了部分商品,当该合同在后续期间满足相关条件时,企业应当将在此之前已经转移的商品所分摊的交易价格确认为收入。

其中,合同开始日是指合同开始赋予合同各方具有法律约束力的权利和义务的日期,即合同生效日。

▶ 4. 合同存续期间的确定

(1)含义

合同存续期间:是合同各方拥有现时可执行的具有法律约束力的权利和义务的期间。

(2)具体判断原则

1)在确定合同存续期间时无论该合同是否有明确约定的合同期间,该合同的存续期间都不会超过已经提供的商品所涵盖的期间。

2)当合同约定任何一方在某一特定期间之后才可以随时无代价地终止合同时,该合同的存续期间不会超过该特定期间。

3)当合同约定任何一方均可以提前终止合同,但要求终止合同的一方需要向另一方支付重大的违约金时,合同存续期间很可能与合同约定的期间一致。特别注意的是,违约金必须达到"重大",否则可能并非如此。

4)当只有客户拥有无条件终止合同的权利时,客户的该项权利才会被视为客户拥有的一项续约选择权,重大的续约选择权应当作为单项履约义务进行会计处理。

▶ 5. 合同合并

企业与同一客户(或该客户的关联方)同时订立或在相近时间内先后订立的两份或多份合同,在满足下列条件之一时,应当合并为一份合同进行会计处理。

(1)该两份或多份合同基于同一商业目的而订立并构成一揽子交易。比如,一份合同在不考虑另一份合同的对价的情况下将会发生亏损。

(2)该两份或多份合同中的一份合同的对价金额取决于其他合同的定价或履行情况。如,一份合同如果发生违约,将会影响另一份合同的对价金额。

(3)该两份或多份合同中所承诺的商品(或每份合同中所承诺的部分商品)构成本节后文所述的单项履约义务。

两份或多份合同合并为一份合同进行会计处理的,仍然需要区分该一份合同中包含的各单项履约义务。

▶ 6. 合同变更

合同变更,是指经合同各方同意对原合同范围或价格(或两者)作出的变更。企业应当区分下列三种情形对合同变更分别进行会计处理。

(1)合同变更部分作为单独合同进行会计处理的情形

合同变更增加了可明确区分的商品及合同价款,且新增合同价款反映了新增商品单独售价的,应当将该合同变更作为一份单独的合同(一项新的合同)进行会计处理。

【例12-4】甲公司与客户乙公司签订销售合同,向客户出售120件产品,每件产品合同价格100元,共计12 000(120件×100元/件)元,这些产品在6个月内移交。在企业将60件产品移交之后,合同进行了修订,要求企业额外向客户再支付30件产品,这额外的30件产品按照每件90元的价格,共计2 700(30件×90元/件)元,该价格反映了这些产品当时的市场价格并且可以与原产品区别开来。试问:如何确认收入?

本例中,该30件额外产品进行的合同修订,事实上构成了一项关于未来产品的单独的合同,且该合同并不影响对现有合同的会计处理。企业应对原合同中的120件产品,每件确认100元的销售收入;对新合同中的30件产品,每件确认90元的销售收入。

(2)合同变更作为原合同终止及新合同订立进行会计处理的情形

合同变更不属于上述第(1)种情形,且在合同变更日已转让商品与未转让商品之间可明确区分的,应当视为原合同终止,同时,将原合同未履约部分与合同变更部分合并为新合同进行会计处理。新合同的交易价格应当为下列两项金额之和:一是原合同交易价格中尚未确认为收入的部分(包括已从客户收取的金额);二是合同变更中客户已承诺的对价金额。

【例12-5】A公司与客户签订合同,每周为客户的办公楼提供保洁服务,合同期为三年,客户每年向A公司支付服务费10万元(假定该价格反映了合同开始日该项服务的单独售价)。在第二年末,合同双方对合同进行了变更,将第三年的服务费调整为8万元(假定该价格反映了合同变更日该项服务的单独售价),同时以20万元的价格将合同期限延长三年(假定该价格不反映合同变更日该三年服务的单独售价),即每年的服务费为6.67万元(20万元/3年),于每年年初支付。上述价格均不包含增值税。

本例中,在合同开始日,A公司认为其每周为客户提供的保洁服务是可明确区分的,但由于A公司向客户转让的是一系列实质相同且转让模式相同的、可明确区分的服务,因此将其作为单项履约义务。在合同开始的前两年,即合同变更之前,A公司每年确认收入10万元。在合同变更日,由于新增的三年保洁服务的价格不能反映该项服务在合同变更时的单独售价,因此,该合同变更不能作为单独的合同进行会计处理。由于在剩余合同期间需提供的服务与已提供的服务是可明确区分的,A公司应当将该合同变更作为原合同终止,同时,将原合同中未履约的部分与合同变更合并为一份新合同进行会计处理。

该新合同的合同期限为四年,对价为28万元,即原合同下尚未确认收入的对价8万元与新增的三年服务相应的对价20万元之和,新合同中A公司每年确认的收入为7万元(28万元/4年)。

(3)合同变更部分作为原合同的组成部分进行会计处理的情形

合同变更不属于上述第(1)种情形,且在合同变更日已转让商品与未转让商品之间不可明确区分的，应当将该合同变更部分作为原合同的组成部分，在合同变更日重新计算履约进度，并调整当期收入和相应成本等。

【例12-6】2020年1月15日，乙建筑公司和客户签订了一项总金额为1 000万元的固定造价合同，在客户自有土地上建造一幢办公楼，预计合同总成本为700万元。假定该建造服务属于在某一时段内履行的履约义务，并根据累计发生的合同成本占合同预计成本的比例确定履约进度。截至2020年年末，乙公司累计已发生成本420万元，履约进度为60%（420万元/700万元）。因此，乙公司在2020年确认收入600万元（1 000万元×60%）。2021年年初，合同双方同意更改该办公楼屋顶的设计，合同价格和预计总成本因此分别增加200万元和120万元。

由于合同变更后拟提供的剩余服务与在合同变更日或之前已提供的服务不可明确区分（该合同仍为单项履约义务），因此，乙公司应当将合同变更作为原合同的组成部分进行会计处理。合同变更后的交易价格为1 200万元（1 000万元+200万元），乙公司重新估计的履约进度为51.2%[420万元/（700万元+120万元）]，乙公司在合同变更日应额外确认收入14.4万元（51.2%×1200万元－600万元）。

如果在合同变更日未转让商品为上述第(2)和第(3)种情形的组合，企业应当按照上述第(2)或第(3)种情形中更为恰当的一种方式对合同变更后尚未转让（或部分未转让）商品进行会计处理。

（二）识别合同中的单项履约义务

▶ 1. 总原则

合同开始日，企业应当对合同进行评估，识别该合同所包含的各单项履约义务，并确定各单项履约义务是在某一时段内履行，还是在某一时点履行；然后，在履行各单项履约义务时分别确认收入。

▶ 2. 含义

履约义务：是指合同中企业向客户转让可明确区分商品的承诺。

履约义务既包括合同中明确的承诺，也包括由于企业已公开宣布的政策、特定声明或以往的习惯做法等导致合同订立时客户合理预期企业将履行的承诺。例如，销售产品提供5年免费维修服务、销售软件提供软件升级服务等。

▶ 3. 作为单项履约义务的情况

企业应当将下列两种情况向客户转让商品的承诺作为单项履约义务，如表12-1所示。

表12-1 作为单项履约义务的两种情况

两种情况	具体内容
1. 企业向客户转让可明确区分商品（或者商品或服务的组合）的承诺	条件1：商品能区分，即客户能够从该商品本身或从该商品与其他易于获得资源一起使用中受益 条件2：合同层面可区分，即企业向客户转让该商品的承诺与合同中其他承诺可单独区分。 结论： (1) 同时满足两个条件：可明确区分履约义务； (2) 不同时满足两个条件：不可明确区分履约义务

续表

两种情况	具体内容
2. 企业向客户转让一系列实质相同且转让模式相同的、可明确区分商品的承诺	如提供保洁服务、酒店管理服务等。 特别提示： 企业为履行合同而开展的初始活动，通常不构成履约义务，除非该活动向客户转让了承诺的商品。如，某俱乐部为注册会员建立档案，不构成单项履约义务

▶ 4. 不可明确区分的情况

下列情形通常表明企业向客户转让该商品的承诺与合同中的其他承诺不可明确区分：

(1)企业需提供重大的服务以将该商品与合同中承诺的其他商品进行整合，形成合同约定的某个或某些组合产出转让给客户。以建造办公楼为例，砖头、水泥和人工等商品或服务彼此之间不能单独区分。

(2)该商品将对合同中承诺的其他商品予以重大修改或定制。例如，提供一款现有软件，并提供安装服务，为了与客户现有的信息系统相兼容，需要对该软件进行重大修改，此时，转让软件的承诺与提供定制化重大修改的承诺在合同层面是不可明确区分的。

(3)该商品与合同中承诺的其他商品具有高度关联性。也就是说，合同中承诺的每一单项商品均受到合同中其他商品的重大影响。例如，设计服务和生产样品的服务，需要不断改进、不断返工。

【例12-7】乙公司与客户签订合同，向客户出售一台其生产的设备并提供安装服务。该设备可以不经任何定制或改装而直接使用，也不需要复杂的安装，除乙公司外，市场上还有其他供应商也能提供此项安装服务。

(1) 第一种情形

客户可以使用该设备或将其以高于残值的价格转售，能够从该设备与市场上其他供应商提供的此项安装服务一起使用中获益，也可从安装服务与客户已经获得的其他资源（例如设备）一起使用中获益，表明该设备和安装服务能够明确区分。

此外，在该合同中，乙公司对客户的承诺是交付设备之后再提供安装服务，而非两者的组合产出，该设备仅需简单安装即可使用，乙公司并未对设备和安装提供重大整合服务，安装服务没有对该设备作出重大修改或定制，虽然客户只有获得设备的控制权之后才能从安装服务中获益，但是企业履行其向客户转让设备的承诺能够独立于其提供安装服务的承诺，因此安装服务并不会对设备产生重大影响。该设备与安装服务彼此之间不会产生重大的影响，也不具有高度关联性，表明两者在合同中彼此之间可明确区分。

因此，该项合同包含两项履约义务，即销售设备和提供安装服务。

(2) 第二种情形

假定其他条件不变，但是按照合同规定只能由乙公司向客户提供安装服务。在这种情况下，合同限制并没有改变相关商品本身的特征，也没有改变企业对客户的承诺。虽然根据合同约定，客户只能选择由乙公司提供安装服务，但是设备和安装服务本身仍然符合可明确区分的条件，仍然是两项履约义务。

（3）第三种情形

如果乙公司提供的安装服务很复杂，该安装服务可能对其销售的设备进行定制化的重大修改，即使市场上有其他供应商也可以提供此项安装服务，乙公司也不能将该安装服务作为单项履约义务，而是应当将设备和安装服务合并作为单项履约义务。

【例12-8】甲公司与乙公司签订合同，向其销售一批产品，并负责将该产品运送至乙公司指定的地点，甲公司承担相关运输费用，假定销售该商品属于在某一时点履行的履约义务，且控制权在出库时转移给乙公司。运输服务是否构成单项履约义务？

构成单项履约义务。因为甲公司向乙公司销售产品，并负责运输，该产品在出库时，控制权转移给乙公司。在此之后，甲公司为将产品运送至乙公司指定的地点发生的运输活动，属于为乙公司提供运输服务。如果该运输服务构成单项履约义务，且甲公司是运输服务的主要负责人，甲公司应当按照分摊该运输服务的交易价格确认收入。

（三）确定交易价格

▶ 1. 交易价格的定义

交易价格：是指企业因向客户转让商品而预期有权收取的对价金额。

企业代第三方收取的款项（如增值税）以及企业预期将退还给客户的款项，应当作为负债进行会计处理，不计入交易价格。

特别提示：①合同标价并不一定代表交易价格；②企业在确定交易价格时，应当假定将按照现有合同的约定向客户转让商品，且该合同不会被取消、续约或变更。

▶ 2. 四种特殊情况

确定交易价格的四种特殊情况及处理原则如表12-2所示。

表12-2 确定交易价格的四种特殊情况及具体处理原则

特殊情况	具体处理原则
可变对价	企业在确定将多少可变对价计入交易价格时应考虑收入转回的风险（如基数不确定的业绩奖励等）
重大的融资成分	企业应调整承诺的对价金额，以反映货币的时间价值
非现金对价	公允价值能够合理估计，则非现金对价应以公允价值计量； 公允价值不能合理估计，则企业应以承诺用于换取非现金对价的商品或服务的单独售价来间接计量非现金对价
应付给客户的对价	企业需要确定应付给客户的对价是应抵减交易价格，还是用来支付可明确区分的商品或服务，或者两者相结合（如上架费、进场费、互相销售商品等）

其具体内容包括以下几方面。

（1）可变对价

可变对价主要包括折扣、价格折让、返利、退款、奖励积分、激励措施、业绩奖金、索赔、或有事项的发生等。

1）可变对价最佳估计数的确定

企业应当按照期望值或可能发生金额确定可变对价的最佳估计数。其中，当合同仅有两个可能结果时，通常按照最可能发生金额估计可变对价金额。

2) 计入交易价格的可变对价金额的限制

① 包含可变对价的交易价格，应当不超过在相关不确定性消除时，累计已确认的收入极可能不会发生重大转回的金额。这里的极可能是指应远高于很可能但不要求达到基本确定。

② 企业在评估是否极可能不会发生重大转回时，应当同时考虑收入转回的可能性及其比重（同时考虑固定对价和可变对价，即相对于合同总对价的比重）。

③ 每一资产负债表日，企业应当重新估计应计入交易价格的可变对价金额，包括重新评估将估计的可变对价计入交易价格是否受到限制，以如实反映报告期末存在的情况以及报告期内发生的情况变化。

特别提示：将可变对价计入交易价格的限制条件不适用于企业向客户授予知识产权许可并约定按客户实际销售或使用情况收取特许权使用费的情况。不得将收费的估计包括在交易价格中，以下情况强调孰晚原则：①客户后续销售或使用行为实际发生；②企业履行相关履约义务。

【例 12-9】2020 年 3 月 1 日，某公交公司为企业提供为期一年的班车服务，合同总金额 100 万元，其中固定金额 80 万元，其余 20 万元按照准点率等因素计算后作为奖金，该奖金分为四个档次（具体计算方法略），根据经验，获得奖金的各种可能性如表 12-3 所示。

表 12-3 获得奖金的各种可能性

奖金额（万元）	可能性（%）
0	5
10	10
15	15
20	70

可变对价的最佳估计数 $=0\times 5\%+10\times 10\%+15\times 15\%+20\times 70\%=17.25$（万元）。

公交公司 2020 年应确认的收入 $=(80+17.25)\div 12\times 10=81.04$（万元）。

另一种情况：如果上题中合同明确约定，如果全年的准点率在 80% 以上，则可以获取 20 万元奖金，未达到标准，则没有奖金，通常按照最可能发生金额估计可变对价金额。

(2) 合同中存在重大的融资成分

1) 合同中存在重大融资成分的，企业应当按照假定客户在取得商品控制权时即以现金支付的应付金额（现销价格）确定交易价格。企业确定的交易价格与合同承诺的对价金额之间的差额，应当在合同期间内采用实际利率法摊销。

2) 合同中存在重大融资成分的，企业在确定该重大融资成分的金额时，应使用将合同对价的名义金额折现为商品的现销价格的折现率。该折现率一经确定，不得因后续市场利率或客户信用风险等情况的变化而变更。

3) 如果在合同开始日,企业预计客户取得商品控制权与客户支付价款间隔不超过一年的,可以不考虑合同中存在的重大融资成分。企业应当对类似情形下的类似合同一致地应用这一简化处理方法。

4) 表明企业与客户之间的合同未包含重大融资成分的情形有以下三种

① 客户就商品支付了预付款,且可以自行决定这些商品的转让时间。例如,企业向客户出售其发行的储值卡,客户可随时到该企业持卡购物;企业向客户授予奖励积分,客户可随时到该企业兑换这些积分等。

② 客户承诺支付的对价中有相当大的部分是可变的,该对价金额或付款时间取决于某一未来事项是否发生,且该事项实质上不受客户或企业控制。例如,按照实际销量收取的特许权使用费。

③ 合同承诺的对价金额与现销价格之间的差额是由于向客户或企业提供融资利益以外的其他原因所导致的,且这一差额与产生该差额的原因是相称的。例如,合同约定的支付条款的目的是向企业或客户提供保护,以防止另一方未能依照合同充分履行其部分或全部义务(质保金)。

【例12-10】2019年1月1日,甲公司与乙公司签订合同,向其销售一批产品。合同约定,该批产品将于2年之后交货。合同中包含两种可供选择的付款方式,即乙公司可以在2年后交付产品时支付449.44万元,或者在合同签订时支付400万元。乙公司选择在合同签订时支付货款。该批产品的控制权在交货时转移。甲公司于2019年1月1日收到乙公司支付的货款。上述价格均不包含增值税,且假定不考虑相关税费影响。

根据 $400\times(1+i)^2=449.44$(万元),则内含利率 $i=6\%$;

考虑到乙公司付款时间和产品交付时间之间的间隔以及现行市场利率水平,甲公司认为该合同包含重大融资成分。假定该融资费用不符合借款费用资本化的要求。

甲公司的账务处理为:

(1)2019年1月1日收到货款。

借:银行存款	4 000 000
未确认融资费用	494 400
贷:合同负债	4 494 400

(2)2019年12月31日确认融资成分的影响。

借:财务费用	(4 000 000×6%)240 000
贷:未确认融资费用	240 000

(3)2020年12月31日交付产品。

借:财务费用	(4 240 000×6%)254 400
贷:未确认融资费用	254 400
借:合同负债	4 494 400
贷:主营业务收入	4 494 400

(3)非现金对价

非现金对价包括实物资产、无形资产、股权、客户提供的广告服务等。

1）客户支付非现金对价的，通常情况下，企业应当按照非现金对价在合同开始日的公允价值确定交易价格。

2）非现金对价公允价值不能合理估计的，企业应当参照其承诺向客户转让商品的单独售价间接确定交易价格。

3）非现金对价的公允价值变动额的处理。

① 合同开始日后，非现金对价的公允价值因对价形式（如收取股票、股价的波动）而发生变动的，该变动金额不应计入交易价格；

② 合同开始日后，非现金对价的公允价值因对价形式以外的原因而发生变动的，应当作为可变对价，按照与计入交易价格的可变对价金额的限制条件相关的规定进行处理。

【例 12-11】甲企业为客户生产一台专用设备。双方约定，如果甲企业能够在 30 天内交货，则可以额外获得 100 股客户的股票作为奖励。合同开始日，该股票的价格为每股 5 元；由于缺乏执行类似合同的经验，当日，甲企业估计，该 100 股股票的公允价值计入交易价格将不满足累计已确认的收入极可能不会发生重大转回的限制条件。合同开始日之后的第 25 天，企业将该设备交付给客户，从而获得了 100 股股票，该股票在此时的价格为每股 6 元。假定企业将该股票作为以公允价值计量且其变动计入当期损益的金融资产。

合同开始日，该股票的价格为每股 5 元，由于缺乏执行类似合同的经验，当日，甲企业估计，该 100 股股票的公允价值计入交易价格将不满足累计已确认的收入极可能不会发生重大转回的限制条件，因此，甲企业不应将该 100 股股票的公允价值 500 元计入交易价格。合同开始日之后的第 25 天，甲企业获得了 100 股股票，该股票在此时的价格为每股 6 元。甲企业应当将股票（非现金对价）的公允价值因对价形式以外的原因而发生的变动，即 500 元（5 元/股×100 股）确认为收入，因对价形式原因而发生的变动，即 100 元（600－500）计入公允价值变动损益。甲公司的账务处理如下：

借：交易性金融资产　　　　　　　　　　　　　　　　　　　　　600
　　贷：主营业务收入　　　　　　　　　　　　　　　　　　　　500
　　　　公允价值变动损益　　　　　　　　　　　　　　　　　　100

（4）应付给客户的对价

企业存在应付客户对价的，应当将该应付对价冲减交易价格，但应付客户对价是为了从客户取得其他可明确区分商品的除外。企业应付客户对价是为了向客户取得其他可明确区分商品的，应当采用与企业其他采购相一致的方式确认所购买的商品。企业应付客户对价超过向客户取得可明确区分商品公允价值的，超过金额应当冲减交易价格。向客户取得的可明确区分商品公允价值不能合理估计的，企业应当将应付客户对价全额冲减交易价格。在将应付客户对价冲减交易价格处理时，企业应当在确认相关收入与支付（或承诺支付）客户对价二者孰晚的时点冲减当期收入。

【例 12-12】某消费品制造企业与大型连锁超市签订一年期合同，约定超市在合同期内至少购买价值 1 500 万元的产品。合同规定：企业需要在合同开始日向超市支付 150 万元的不可返还款项，以补偿超市为了摆放商品更改货架发生的支出。

(1) 企业支付给超市的150万元并未取得可明确区分的商品或服务，因此为交易价格的抵减。

(2) 企业应在确认商品销售收入的同时，按比例抵销售收入10%(150/15 000)。例如，企业在某月实现了发票金额为200万元的销售，则应当确认收入为180万元(200－200×10%)。

(四) 将交易价格分摊至各单项履约义务

▶ 1. 分摊的一般原则

合同中包含两项或多项履约义务的，企业应当在合同开始日，按照各单项履约义务所承诺商品的单独售价的相对比例，将交易价格分摊至各单项履约义务。单独售价是指企业向客户单独销售商品的价格。单独售价无法直接观察的，企业应当综合考虑其能够合理取得的全部相关信息，采用市场调整法、成本加成法、余值法等方法合理估计单独售价。市场调整法是指企业根据某商品或类似商品的市场售价，考虑本企业的成本和毛利等进行适当调整后的金额，确定其单独售价的方法；成本加成法是指企业根据某商品的预计成本加上其合理毛利后的金额，确定其单独售价的方法；余值法是指企业根据合同交易价格减去合同中其他商品可观察单独售价后的余额，确定某商品单独售价的方法。

【例12-13】甲公司与客户签订合同，向其销售A、B、C三件产品，合同价款为10 000元。A、B、C产品的单独售价分别为5 000元、2 500元和7 500元，合计15 000元。上述价格均不包含增值税。

根据上述交易价格分摊原则，进行以下处理：

A产品应当分摊的交易价格＝10 000×(5 000÷15 000)≈3 333(元)

B产品应当分摊的交易价格＝10 000×(2 500÷15 000)≈1 667(元)

C产品应当分摊的交易价格＝10 000×(7 500÷15 000)＝5 000(元)

▶ 2. 分摊合同折扣

合同折扣，是指合同中各单项履约义务所承诺商品的单独售价之和高于合同交易价格的金额。企业应当在各单项履约义务之间按比例分摊合同折扣。有确凿证据表明合同折扣仅与合同中一项或多项(而非全部)履约义务相关的，企业应当将该合同折扣分摊至相关的一项或多项履约义务。

【例12-14】甲公司与客户签订合同，向其销售A、B、C三种产品，合同总价款为120万元，这三种产品构成三项履约义务。甲公司经常以50万元单独出售A产品，其单独售价可直接观察；B产品和C产品的单独售价不可直接观察，企业采用市场调整法估计的B产品单独售价为25万元，采用成本加成法估计的C产品单独售价为75万元。则甲公司通常将B产品和C产品组合在一起以70万元的价格销售。上述价格均不包含增值税。

三种产品的单独售价合计为150万元(50+25+75)，而该合同的价格为120万元，该合同的整体折扣为30万元。由于甲公司经常将B产品和C产品组合在一起以70万元的价格销售，该价格与其单独售价之和(25+75＝100万元)的差额为30万元，与该合同的整体折扣一致，而A产品单独销售的价格与其单独售价一致，证明该合同的整体折扣仅应归属于 B 产品和 C 产品。

A 产品应分摊的交易价格＝50(万元)
B 产品应分摊的交易价格＝70×25/(25+75)＝17.5(万元)
C 产品应分摊的交易价格＝70×75/(25+75)＝52.5(万元)
合计＝50+70＝120(万元)

有确凿证据表明，合同折扣仅与合同中的一项或多项(而非全部)履约义务相关，且企业采用余值法估计单独售价的，应当首先在该一项或多项(而非全部)履约义务之间分摊合同折扣，然后再采用余值法估计单独售价。

▶ **3. 分摊可变对价**

合同中包含可变对价的，该可变对价可能与整个合同相关，也可能仅与合同中的某一特定组成部分有关，后者包括两种情形：一是可变对价可能与合同中的一项或多项(而非全部)履约义务有关，例如，是否获得奖金取决于企业能否在指定时期内转让某项已承诺的商品。二是可变对价可能与企业向客户转让的构成单项履约义务的一系列可明确区分商品中的一项或多项(而非全部)商品有关，例如，为期两年的保洁服务合同中，第二年的服务价格将根据指定的通货膨胀率确定。

同时满足下列两项条件的，企业应当将可变对价及可变对价的后续变动额全部分摊至与之相关的某项履约义务，或者构成单项履约义务的一系列可明确区分商品中的某项商品：

(1)可变对价的条款专门针对企业为履行该项履约义务或转让该项可明确区分商品所做的努力(或者是履行该项履约义务或转让该项可明确区分商品所导致的特定结果)；

(2)企业在考虑了合同中的全部履约义务及支付条款后，将合同对价中的可变金额全部分摊至该项履约义务或该项可明确区分商品符合分摊交易价格的目标。

对于不满足上述条件的可变对价及可变对价的后续变动额，以及可变对价及其后续变动额中未满足上述条件的剩余部分，企业应当按照分摊交易价格的一般原则，将其分摊至合同中的各单项履约义务。对于已履行的履约义务，其分摊的可变对价后续变动额应当调整变动当期的收入。

【例 12-15】甲公司与乙公司签订合同，将其拥有的两项专利技术 X 和 Y 授权给乙公司使用。假定两项授权均分别构成单项履约义务，且都属于在某一时点履行的履约义务。合同约定，授权使用专利技术 X 的价格为 80 万元，授权使用专利技术 Y 的价格为乙公司使用该专利技术所生产的产品销售额的 3%。专利技术 X 和 Y 的单独售价分别为 80 万元和 100 万元。甲公司估计其就授权使用专利技术 Y 而有权收取的特许权使用费为 100 万元。上述价格均不包含增值税。

该合同中包含固定对价和可变对价，其中，授权使用专利技术 X 的价格为固定对价，且与其单独售价一致，授权使用专利技术 Y 的价格为乙公司使用该专利技术所生产的产品销售额的 3%，属于可变对价，该可变对价全部与授权使用专利技术 Y 能够收取的对价有关，且甲公司基于实际销售情况估计收取的特许权使用费的金额接近 Y 的单独售价。因此，甲公司将可变对价部分的特许权使用费金额全部由 Y 承担符合交易价格的分摊目标。

甲公司授权乙公司使用专利技术 Y 时，不确认收入，甲公司在乙公司发生后续销售时确认基于销售的使用费收入；当授权乙公司使用专利技术 X 时确认收入 80 万元。

4. 交易价格的后续变动

合同开始日之后，由于相关不确定性的消除或环境的其他变化等原因，交易价格可能会发生变化，从而导致企业因向客户转让商品而预期有权收取的对价金额发生变化。交易价格发生后续变动的，企业应当按照在合同开始日所采用的基础将该后续变动金额分摊至合同中的履约义务。企业不得因合同开始日之后单独售价的变动而重新分摊交易价格。

对于合同变更导致的交易价格后续变动，应当按照准则有关合同变更的规定进行会计处理。合同变更之后发生可变对价后续变动的，企业应当区分下列三种情形分别进行会计处理：

(1)合同变更属于前述第(1)规定情形的，企业应当判断可变对价后续变动与哪一项合同相关，并按照分摊可变对价的相关规定进行会计处理。

(2)合同变更属于前述第(2)规定情形，且可变对价后续变动与合同变更前已承诺可变对价相关的，企业应当首先将该可变对价后续变动额以原合同开始日确定的单独售价为基础进行分摊，然后再将分摊至合同变更日尚未履行履约义务的该可变对价后续变动额以新合同开始日确定的基础进行二次分摊。

(3)合同变更之后发生除上述第(1)和(2)种情形以外的可变对价后续变动的，企业应当将该可变对价后续变动额分摊至合同变更日尚未履行(或部分未履行)的履约义务。

(五) 履行每一单项履约义务时确认收入

履约义务的实现方式及确认收入总原则如表 12-4 所示：

表 12-4　履约义务的实现方式及确认收入总原则

履约义务的实现方式	确认收入的总原则
在某一时段内履行	企业应当选取恰当的方法来确定履约进度
在某一时点履行	企业应当综合分析控制权转移的迹象，判断其转移时点

1. 某一时段内履行的履约义务

(1) 在某一时段内履行的履约义务的收入确认条件

满足下列条件之一的，属于在某一时段内履行的履约义务，相关收入应当在该履约义务履行的期间内确认。

1) 客户在企业履约的同时即取得并消耗企业履约所带来的经济利益。

确认原则：企业在履约过程中是持续地向客户转移该服务的控制权的，该履约义务属于在某一时段内履行的履约义务，企业应当在提供该服务的期间内确认收入。

判断原则：企业在进行判断时，可以假定在企业履约的过程中更换为其他企业继续履行剩余履约义务，如果该继续履行合同的企业实质上无需重新执行企业累计至今已经完成的工作，则表明客户在企业履约的同时即取得并消耗了企业履约所带来的经济利益。

举例：企业常规或经常性的服务，如长途运输，从 A 到 B，途经 C；1 年期的财税咨询服务,等等。

2)客户能够控制企业履约过程中在建的商品。

在建的商品包括有形或无形的商品,例如在客户场地上建造资产。

【例 12-16】企业与客户签订合同,在客户拥有的土地上按照客户的设计要求为其建造厂房。在建造过程中客户有权修改厂房设计,并与企业重新协商设计变更后的合同价款。客户每月末按当月工程进度向企业支付工程款。如果客户终止合同,已完成建造部分的厂房归客户所有。

企业为客户建造厂房,该厂房位于客户的土地上,客户终止合同时,已建造的厂房归客户所有。这些均表明客户在该厂房建造的过程中就能够控制该在建的厂房。

因此,企业提供的该建造服务属于在某一时段内履行的履约义务,企业应当在提供该服务的期间内确认收入。

3)企业履约过程中所产出的商品具有不可替代用途,且该企业在整个合同期间内有权就累计至今已完成的履约部分收取款项。

例如,企业为客户建造只有客户能够使用的专项资产,或按照客户的指示建造资产。

【例 12-17】甲公司是一家造船企业,与乙公司签订了一份船舶建造合同,按照乙公司的具体要求设计和建造船舶。甲公司在自己的厂区内完成该船舶的建造,乙公司无法控制在建过程中的船舶。甲公司如果想把该船舶出售给其他客户,需要发生重大的改造成本。双方约定,如果乙公司单方面解约,乙公司需向甲公司支付相当于合同总价30%的违约金,且建造中的船舶归甲公司所有。假定该合同仅包含一项履约义务,即设计和建造船舶。

解析:船舶是按照乙公司的具体要求进行设计和建造的,甲公司需要发生重大的改造成本将该船舶改造之后才能将其出售给其他客户,因此,该船舶具有不可替代用途。

然而,如果乙公司单方面解约,仅需向甲公司支付相当于合同总价30%的违约金,表明甲公司无法在整个合同期间内都有权就累计至今已完成的履约部分收取能够补偿其已发生成本和合理利润的款项。

因此,甲公司为乙公司设计和建造船舶不属于在某一时段内履行的履约义务。

(2)在某一时段内履行的履约义务的收入确认方法

企业应当考虑商品的性质,采用产出法或投入法确定恰当的履约进度,并且在确定履约进度时,应当扣除那些控制权尚未转移给客户的商品和服务。

1)产出法

产出法主要是根据已转移给客户的商品对于客户的价值确定履约进度,主要包括按照实际测量的完工进度、评估已实现的结果、已达到的里程碑、时间进度、已完工或交付的产品等确定履约进度的方法。需注意的是,应当考虑所选择的产出指标是否能够如实地反映向客户转移商品的进度。

优点:直接计量已完成的产出,一般能够客观地反映履约进度

缺点:履约进度往往不易直接观察

2)投入法

投入法主要是根据企业履行履约义务的投入确定履约进度,主要包括以投入的材料数

量、花费的人工工时或机器工时、发生的成本和时间进度等投入指标确定履约进度。

当企业从事的工作或发生的投入是在整个履约期间内平均发生时,按照直线法确认收入是合适的。如:健身俱乐部收年费3 600元,不限次,则每月确认收入=3600÷12=300元;若限制100次,则按次数确认收入。

由于企业的投入与向客户转移商品的控制权之间未必存在直接的对应关系,因此,企业在采用投入法时,应当扣除那些虽然已经发生、但是未导致向客户转移商品的投入。如企业为履行合同所开展一些初始活动。

实务中,企业通常按照累计实际发生的成本占预计总成本的比例(成本法)确定履约进度。企业在采用成本法确定履约进度时,可能需要对已发生的成本进行适当调整的情形有以下两种。

① 已发生的成本并未反映企业履行其履约义务的进度。例如,企业因生产效率低下等原因而导致的非正常消耗的料、工、费,除非已经预见并包括在合同中。

② 已发生的成本与企业履行其履约义务的进度不成比例。

注意:当企业在合同开始日就能够预期将满足下列所有条件时,企业在采用成本法时不应包括该商品的成本,而是应当按照其成本金额确认收入:

① 该商品不构成单项履约义务;
② 客户先取得该商品的控制权,之后才接受与之相关的服务;
③ 该商品的成本占预计总成本的比重较大;
④ 企业自第三方采购该商品,且未深入参与其设计和制造,对于包含该商品的履约义务而言,企业是主要责任人。

特别提示:

① 当期收入=合同的交易价格×履约进度-以前会计期间累计已确认的收入

当期成本=合同预计总成本×履约进度-以前会计期间累计已确认的成本

② 当履约进度不能合理确定时,企业已经发生的成本预计能够得到补偿的,应当按照已经发生的成本金额确认收入,直到履约进度能够合理确定为止。

③ 每一资产负债表日,企业应当对履约进度进行重新估计。

【例12-18】甲公司与客户签订合同,为该客户拥有的一条铁路更换100根铁轨,合同价格为10万元(不含税价)。截至2020年12月31日,甲公司共更换铁轨60根,剩余部分预计在2021年3月31日之前完成。该合同仅包含一项履约义务,且该履约义务满足在某一时段内履行的条件。假定不考虑其他情况。

采用产出法,甲公司提供的更换铁轨的服务属于在某一时段内履行的履约义务,甲公司按照已完成的工作量确定履约进度。

因此,截至2020年12月31日,该合同的履约进度为60%(60÷100),甲公司应确认的收入为6万元(10万元×60%)。

【例12-19】2020年10月,甲公司与客户签订合同,为客户装修一栋办公楼并安装一部电梯,合同总金额为100万元。甲公司预计的合同总成本为80万元,其中包括电梯的采购成本30万元(假定无毛利)。

2020年12月，甲公司将电梯运达施工现场并经过客户验收，客户已取得对电梯的控制权，但是根据装修进度，预计到2021年2月才会安装该电梯。截至2020年12月，甲公司累计发生成本40万元，其中包括支付给电梯供应商的采购成本30万元以及因采购电梯发生的运输和人工等相关成本5万元。假定该装修服务（包括安装电梯）构成单项履约义务，并属于在某一时段内履行的履约义务，甲公司是主要责任人，但不参与电梯的设计和制造，甲公司用成本法确定履约进度。上述金额均不含增值税。

采用投入法。截至20×8年12月，甲公司发生成本40万元（包括电梯采购成本30万元以及因采购电梯发生的运输和人工等相关成本5万元），甲公司认为其已发生的成本和履约进度不成比例，因此需要对履约进度计算做出调整，将电梯的采购成本排除在已发生成本和预计总成本之外，在该合同中，该电梯不构成单项履约义务，其成本相对于预计总成本而言是重大的。甲公司是主要负责人，但是未参与该电梯的设计和制造，客户先取得了电梯的控制权，随后才接受与之相关的安装服务，因此，甲公司在客户取得该电梯控制权时，按照电梯采购成本的金额确认转让电梯产生的收入。

2020年12月，该合同进行以下处理：

履约进度＝[(40－30)÷(80－30)]×100%＝20%

应确认的收入＝(100－30)×20%＋30＝44（万元）

应确认的成本＝(80－30)×20%＋30＝40（万元）

▶ 2. 在某一时点履行的履约义务

对于在某一时点履行的履约义务，企业应当在客户取得相关商品控制权时点确认收入。

在判断客户是否已取得商品控制权时，企业应当考虑以下六个方面。

(1)企业就该商品享有现时收款权利，即客户就该商品负有现时付款义务。

(2)企业已将该商品的法定所有权转移给客户，即客户已拥有该商品的法定所有权。

(3)企业已将该商品实物转移给客户，即客户已实物占有该商品，客户如果已经实物占有商品，则可能表明其有能力主导该商品的使用并从中获得其几乎全部的经济利益，或者使其他企业无法获得这些利益。

(4)企业已将该商品所有权上的主要风险和报酬转移给客户，即客户已取得该商品所有权上的主要风险和报酬。例如，销售产品和维护服务均构成单项履约义务。

(5)客户已接受该商品。

(6)其他表明客户已取得商品控制权的迹象。

【例12-20】对于在某一时点履行的履约义务，企业应当在客户取得相关商品控制权时确认收入。在判断客户是否取得商品的控制权时，企业应当考虑的迹象有（　　）。

A. 客户已接受该商品

B. 客户已拥有该商品的法定所有权

C. 客户已取得该商品所有权上的主要风险和报酬

D. 客户就该商品负有现时付款义务

【答案】ABCD

三、关于合同成本

(一)合同履约成本

企业为履行合同发生的成本,不属于其他规范范围且同时满足下列条件的,应当作为合同履约成本确认为一项资产。

(1)该成本与一份当前或预期取得的合同直接相关。包括直接人工、直接材料、制造费用或类似费用,以及明确由客户承担的成本以及仅因该合同而发生的其他成本。

(2)该成本增加了企业未来用于履行或持续履行履约义务的资源。

(3)该成本预期能够收回。

企业应当在下列支出发生时,将其计入当期损益。

(1)管理费用,除非这些费用明确由客户承担。

(2)非正常消耗的直接材料、直接人工和制造费用(或类似费用),这些支出为履行合同发生,但未反映在合同价格中。

(3)与履约义务中已履行(包括已全部履行或部分履行)部分相关的支出,即该支出与企业过去的履约活动相关。

(4)无法在尚未履行的与已履行(或已部分履行)的履约义务之间区分的相关支出。

【例12-21】甲公司与乙公司签订合同,为其信息中心提供管理服务,合同期限为5年。在向乙公司提供服务之前,甲公司设计并搭建了一个信息技术平台供其内部使用,该信息技术平台由相关的硬件和软件组成。甲公司需要提供设计方案,将该信息技术平台与乙公司现有的信息系统对接,并进行相关测试。该平台并不会转让给乙公司,但是将用于向乙公司提供服务。甲公司为该平台进行设计、购买硬件和软件,以及为信息中心进行测试都发生了成本。除此之外,甲公司专门指派两名员工,负责向乙公司提供服务。

甲公司为履行合同发生的上述成本,应进行如下会计处理:

(1)购买硬件和软件的成本应当分别按照固定资产和无形资产进行会计处理;

(2)设计服务成本和信息中心的测试成本不属于其他章节的规范范围,但是这些成本与履行该合同直接相关,并且增加了甲公司未来用于履行履约义务(即提供管理服务)的资源,如果甲公司预期该成本可通过未来提供服务收取的对价收回,则甲公司应当将这些成本确认为一项资产;

(3)甲公司向两名负责该项目的员工支付的工资费用,虽然与向乙公司提供服务有关,但是由于其并未增加企业未来用于履行履约义务的资源,因此,应当于发生时计入当期损益。

(二)合同取得成本

企业为取得合同发生的增量成本预期能够收回的,应当作为合同取得成本确认为一项资产。其中,增量成本是指企业不取得合同就不会发生的成本,例如销售佣金等。

为简化实务操作,该资产摊销期限不超过一年的,可以在发生时计入当期损益。企业采用该简化处理方法的,应当对所有类似合同一致采用。

企业为取得合同发生的除预期能够收回的增量成本之外的其他支出。例如,无论是否取得合同均会发生的差旅费、投标费，为准备投标资料发生的相关费用等，应当在发生时计入当期损益，除非这些支出明确由客户承担。

需特别注意的是，企业因现有合同续约或发生合同变更需要支付的额外佣金，也属于为取得合同发生的增量成本。

【例12-22】甲公司是一家咨询公司，其通过竞标赢得一个新客户，为取得该客户的合同，甲公司发生下列支出：

(1)聘请外部律师进行尽职调查的支出为15 000元(不属于增量成本，计入当期损益)；

(2)因投标发生的差旅费为10 000元(不属于增量成本，计入当期损益)；

(3)销售人员佣金为5 000元(合同取得成本，确认为一项资产)甲公司预期这些支出未来能够收回；

(4)甲公司根据其年度销售目标、整体盈利情况及个人业绩等，向销售部门经理支付年度奖金10 000元(不属于增量成本，计入当期损益)。

【例12-23】甲公司相关政策规定，销售部门的员工每取得一份新的合同，可以获得提成100元，现有合同每续约一次，员工可以获得提成60元。甲公司预期上述提成均能够收回。

甲公司为取得新合同支付给员工的提成100元，属于为取得合同发生的增量成本，且预期能够收回，因此，应当确认为一项资产。

同样，甲公司为现有合同续约支付给员工的提成60元，也属于为取得合同发生的增量成本，这是因为如果不发生合同续约，就不会支付相应的提成，由于该提成预期能够收回，甲公司应当在每次续约时将应支付的相关提成确认为一项资产。

除上述规定外，当合同变更时，如果客户在原合同的基础上，向甲公司支付额外的对价以购买额外的商品，甲公司根据该新增的合同金额向销售人员支付一定的提成，此时，无论相关合同变更属于本节合同变更的哪一种情形，甲公司均应当将应支付的提成视同为取得合同(变更后的合同)发生的增量成本进行会计处理。

(三) 与合同履约成本和合同取得成本有关的资产的摊销和减值

▶ 1. 摊销

(1)摊销的总原则，对于确认为资产的合同履约成本和合同取得成本，企业应当采用与该资产相关的商品收入确认相同的基础进行摊销，即在履约义务履行的时点或按照履约义务的履行进度进行摊销，计入当期损益。

(2)在确定与合同履约成本和合同取得成本有关的资产的摊销期限和方式时，如果该资产与一份预期将要取得的合同(如续约后的合同)相关，则在确定相关摊销期限和方式时，应当考虑该预期将要取得的合同的影响。对于合同取得成本而言，如果合同续约时，企业仍需要支付与取得原合同相当的佣金，这表明取得原合同时支付的佣金与预期将要取得的合同无关，该佣金只能在原合同的期限内进行摊销。

(3)企业应当根据预期向客户转让与上述资产相关的商品的时间，对资产的摊销情况进行复核并更新，以反映该预期时间的重大变化。此类变化应当作为会计估计变更进行会计处理。

2. 减值

（1）计提减值准备。

合同履约成本和合同取得成本的账面价值高于下列两项的差额的，超出部分应当计提减值准备，并确认为资产减值损失：

①企业因转让与该资产相关的商品预期能够取得的剩余对价；

②为转让该相关商品估计将要发生的成本。

（2）减值的转回。

以前期间减值的因素之后发生变化，使得前款①减②的差额高于该资产账面价值的，应当转回原已计提的资产减值准备，并计入当期损益，但转回后的资产账面价值不应超过假定不计提减值准备情况下该资产在转回日的账面价值。

特别注意的是，在确定合同履约成本和合同取得成本的减值损失时，企业应当首先确定其他资产减值损失（如固定资产、无形资产等），然后按照本节的要求确定合同履约成本和合同取得成本的减值损失。

企业按照《企业会计准则第8号——资产减值》测试相关资产的减值情况时，应当将按照上述规定确定上述资产减值后的新账面价值计入相关资产组的账面价值。

四、收入核算应设置的会计科目

收入核算需要设置"主营业务收入""其他业务收入""主营业务成本""其他业务成本""合同取得成本""合同履约成本""合同资产""合同负债""合同履约成本减值准备""合同取得成本减值准备""合同资产减值准备"等科目。

"合同取得成本"科目核算企业取得合同发生的、预计能够收回的增量成本。该科目借方登记发生的合同取得成本，贷方登记摊销的合同取得成本，期末借方余额，反映企业尚未结转的合同取得成本。该科目可按合同进行明细核算。

"合同履约成本"科目核算企业为履行当前或预期取得的合同所发生的、不属于其他企业会计准则规范范围且按照收入准则应当确认为一项资产的成本。该科目借方登记发生的合同履约成本，贷方登记摊销的合同履约成本，期末借方余额，反映企业尚未结转的合同履约成本。该科目可按合同分别以"服务成本""工程施工"等进行明细核算。

"合同资产"科目核算企业已向客户转让商品而有权收取对价的权利，且该权利取决于时间流逝之外的其他因素（如履行合同中的其他履约义务）。该科目借方登记因已转让商品而有权收取的对价金额，贷方登记取得无条件收款权的金额，期末借方余额，反映企业已向客户转让商品而有权收取的对价金额。该科目按合同进行明细核算。

"合同负债"科目核算企业已收或应收客户对价而应向客户转让商品的义务。企业在向客户转让商品之前，客户已经支付了合同对价或企业已经取得了无条件收取合同对价权利的，企业应当在客户实际支付款项与到期应支付款项孰早时点，按照该已收或应收的金额，借记"银行存款""应收账款""应收票据"等科目，贷记本科目；企业向客户转让相关商品时，借记本科目，贷记"主营业务收入""其他业务收入"等科目。涉及增值税的，还应进行相应的处理。企业因转让商品收到的预收款适用本准则进行会计处理时,不再使用"预收账款"科目及"递延收益"科目。

"应收退货成本"核算销售商品时预期将退回商品的账面价值,扣除收回该商品预计发生的成本(包括退回商品的价值减损)后的余额。企业发生附有销售退回条款的销售的,应在客户取得相关商品控制权时,按照已收或应收合同价款,借记"银行存款""应收账款""应收票据""合同资产"等科目,按照因向客户转让商品而预期有权收取的对价金额(不包含预期因销售退回将退还的金额),贷记"主营业务收入""其他业务收入"等科目,按照预期因销售退回将退还的金额,贷记"预计负债——应付退货款"等科目;结转相关成本时,按照预期将退回商品转让时的账面价值,扣除收回该商品预计发生的成本(包括退回商品的价值减损)后的余额,借记本科目,按照已转让商品转让时的账面价值,贷记"库存商品"等科目,按其差额,借记"主营业务成本""其他业务成本"等科目。涉及增值税的,还应进行相应处理。

五、收入的会计处理

(一)一般收入业务的会计处理

▶ 1. 按时点确认收入的会计处理

按时点确认收入时,企业应按已收或应收的合同或协议价款,加上应收的增值税税额,借记"银行存款""应收账款""应收票据"等科目,按确定的收入金额贷记"主营业务收入""其他业务收入"等科目,按应收取的增值税税额贷记"应交税费——应交增值税(销项税额)"科目,同时结转相应的成本。如果售出商品不符合收入确认条件,则不应确认收入,已经发出的商品应当通过"发出商品"科目进行核算。

【例12-24】甲公司委托乙公司销售W商品1 000件,W商品已经发出,每件成本为0.7万元。合同约定乙公司应按每件1万元对外销售,甲公司按不含增值税的销售价格的10%向乙公司支付手续费。除非这些商品在乙公司存放期间内由于乙公司的责任发生毁损或丢失,否则在W商品对外销售之前,乙公司没有义务向甲公司支付货款。乙公司不承担包销责任,没有售出的W商品须退回给甲公司,同时,甲公司也有权要求收回W商品或将其销售给其他的客户。乙公司对外实际销售1 000件,开出的增值税专用发票上注明的销售价格为1 000万元,增值税税额为130万元。款项一经收到,乙公司立即向甲公司开具代销清单并支付货款。甲公司收到乙公司开具的代销清单时,向乙公司开具一张相同金额的增值税专用发票。假定甲公司发出W商品时纳税义务尚未发生,手续费增值税税率为6%,不考虑其他因素。

本例中,甲公司将W商品发送至乙公司后,乙公司虽然已经实物占有W商品,但是仅是接受甲公司的委托销售W商品,并根据实际销售的数量赚取一定比例的手续费。甲公司有权要求收回W商品或将其销售给其他的客户,乙公司并不能主导这些商品的销售,这些商品对外销售与否、是否获利以及获利多少等不由乙公司控制,乙公司没有取得这些商品的控制权。因此,甲公司将W商品发送至乙公司时,不应确认收入,而应当在乙公司将W商品销售给最终客户时确认收入。

根据上述资料,甲公司的账务处理如下:

(1)发出商品。

借:发出商品　　　　　　　　　　　　　　　　　　　　　(1 000×7‰)7000

　　贷:库存商品　　　　　　　　　　　　　　　　　　　　　　　　　700

(2)收到代销清单,在乙公司将W商品销售给最终客户时确认收入。

借:应收账款　　　　　　　　　　　　　　　　　　　　　　　1 130 000

　　贷:主营业务收入　　　　　　　　　　　　　　　　　　　　1 000 000

　　　　应交税费——应交增值税(销项税额)　　　　　　　　　　130 000

借:主营业务成本　　　　　　　　　　　　　　　　　　　　　　700 000

　　贷:发出商品　　　　　　　　　　　　　　　　　　　　　　　700 000

借:销售费用——代销手续费　　　　　　　　　　　　(1 000×10%)100

　　应交税费——应交增值税(进项税额)　　　　　　　　　　　　6 000

　　贷:应收账款　　　　　　　　　　　　　　　　　　　　　　　106 000

(3)收到乙公司支付的货款

借:银行存款　　　　　　　　　　　　　　(1 130 000-106 000)1 024 000

　　贷:应收账款　　　　　　　　　　　　　　　　　　　　　　1 024 000

乙公司的账务处理如下:

(1)收到商品

借:受托代销商品　　　　　　　　　　　　　　　　　　　　　1 000 000

　　贷:受托代销商品款　　　　　　　　　　　　　　　　　　　1 000 000

(2)对外销售

借:银行存款　　　　　　　　　　　　　　　　　　　　　　　1 130 000

　　贷:受托代销商品　　　　　　　　　　　　　　　　　　　　1 000 000

　　　　应交税费——应交增值税(销项税额)　　　　　　　　　　130 000

(3)收到增值税专用发票

借:受托代销商品款　　　　　　　　　　　　　　　　　　　　1 000 000

　　应交税费——应交增值税(进项税额)　　　　　　　　　　　130 000

　　贷:应付账款　　　　　　　　　　　　　　　　　　　　　　1 130 000

(4)支付货款并计算代销手续费

借:应付账款　　　　　　　　　　　　　　　　　　　　　　　1 130 000

　　贷:银行存款　　　　　　　　　　　　　　　　　　　　　　1 024 000

　　　　其他业务收入——代销手续费　　　　　　　　　　　　　100 000

　　　　应交税费——应交增值税(销项税额)　　　　　　　　　　　6 000

▶2. 按履约进度确认收入的会计处理

按履约进度确认收入时,履约进度的确定方法包括两种:产出法和投入法。

产出法是根据已转移给客户的商品对于客户的价值确定履约进度。投入法是根据企业为履行履约义务的投入确定履约进度。企业应根据具体情况选择适当的确定方法。

【例12-25】甲公司为增值税一般纳税人,装修服务适用增值税税率为9%。2019年12月1日,甲公司与乙公司签订一项为期3个月的装修合同,合同约定装修价款为500 000元,增值税税额为45 000元,装修费用每月末按完工进度支付。2019年12月31日,经专业测量师测量后,确定该项劳务的完工程度为25%;乙公司按完工进度支付价款及相应的增值税款。截至2019年12月31日,甲公司为完成该合同累计发生劳务成本100 000元(假定均为装修人员薪酬),估计还将发生劳务成本300 000元。假定该业务属于甲公司的主营业务,全部由其自行完成;该装修服务构成单项履约义务,并属于在某一时段内履行的履约义务;甲公司按照实际测量的完工进度确定履约进度。

(1)实际发生劳务成本100 000元。

借:合同履约成本　　　　　　　　　　　　　　　　　　　　　100 000
　　贷:应付职工薪酬　　　　　　　　　　　　　　　　　　　　100 000

(2)2019年12月31日确认劳务收入并结转劳务成本

2019年12月31日确认的劳务收入＝500 000×25%－0＝125 000(元)

借:银行存款　　　　　　　　　　　　　　　　　　　　　　　136 250
　　贷:主营业务收入　　　　　　　　　　　　　　　　　　　　125 000
　　　　应交税费——应交增值税(销项税额)　　　　　　　　　　11 250

借:主营业务成本　　　　　　　　　　　　　　　　　　　　　100 000
　　贷:合同履约成本　　　　　　　　　　　　　　　　　　　　100 000

2020年1月31日,经专业测量师测量后,确定该项劳务的完工程度为70%;乙公司按完工进度支付价款同时支付对应的增值税款。2020年1月,为完成该合同发生劳务成本180 000元(假定均为装修人员薪酬),为完成该合同估计还将发生劳务成本120 000元。

甲公司应编制如下会计分录。

(1)实际发生劳务成本180 000元。

借:合同履约成本　　　　　　　　　　　　　　　　　　　　　180 000
　　贷:应付职工薪酬　　　　　　　　　　　　　　　　　　　　180 000

(2)2020年1月31日确认劳务收入并结转劳务成本。

2020年1月31日确认的劳务收入＝500 000×70%－125 000＝225 000(元)

借:银行存款　　　　　　　　　　　　　　　　　　　　　　　245 250
　　贷:主营业务收入　　　　　　　　　　　　　　　　　　　　225 000
　　　　应交税费——应交增值税(销项税额)　　　　　　　　　　20 250

借:主营业务成本　　　　　　　　　　　　　　　　　　　　　180 000
　　贷:合同履约成本　　　　　　　　　　　　　　　　　　　　180 000

2020年2月28日,装修完工;乙公司验收合格,按完工进度支付价款同时支付对应的增值税款。2020年2月,为完成该合同发生劳务成本120 000元(假定均为装修人员薪酬)。甲公司应编制如下会计分录:

(1)实际发生劳务成本120 000元。

借：合同履约成本　　　　　　　　　　　　　　　　　　　　　　120 000
　　贷：应付职工薪酬　　　　　　　　　　　　　　　　　　　　　120 000

(2) 2020年2月28日确认劳务收入并结转劳务成本：

2020年2月28日确认的劳务收入＝500 000－125 000－225 000＝150 000（元）

借：银行存款　　　　　　　　　　　　　　　　　　　　　　　　163 500
　　贷：主营业务收入　　　　　　　　　　　　　　　　　　　　　150 000
　　　　应交税费——应交增值税（销项税额）　　　　　　　　　　　13 500

借：主营业务成本　　　　　　　　　　　　　　　　　　　　　　120 000
　　贷：合同履约成本　　　　　　　　　　　　　　　　　　　　　120 000

(二) 特殊收入业务的会计处理

▶ 1. 附有销售退回条款的商品销售

附有销售退回条款的商品销售是指购买方依照有关协议有权退货的销售方式。在这种销售方式下，企业根据以往经验能够合理估计退货的可能性且确认与退货相关负债的，通常应在发出商品时确认收入；企业不能合理估计退货可能性的，通常应在售出商品退货期满时确认收入。

在客户取得相关商品控制权时，按照因向客户转让商品而预期有权收取的对价金额（即不包含预期因销售退回将退还的金额）确认收入，按照预期因销售退回将退还的金额确认负债；同时，按照预期将退回商品转让时的账面价值，扣除收回该商品预计发生的成本（包括退回商品的价值减损）后的余额，确认为一项资产，按照所转让商品转让时的账面价值，扣除上述资产成本的净额结转成本。每一个资产负债表日，企业应当重新估计未来销售退回情况，如有变化，应当作为会计估计变更进行会计处理。

【例12-26】甲公司是一家健身器材销售公司。2019年11月1日，甲公司向乙公司销售5 000件健身器材，单位销售价格为500元，单位成本为400元，开出的增值专用发票上注明的销售价格为250万元，增值税为32.5万元。甲公司健身器材已经发出，但款项尚未收到。根据协议约定，乙公司应于2019年12月31日之前支付货款。在2020年3月31日之前有权退还健身器材。甲公司根据过去的经验，估计该批健身器材的退货率约为20%。在2019年12月31日，甲公司对退货率进行了重新评估，认为只有10%的健身器材会被退回。甲公司为增值税一般纳税人，健身器材发出时纳税义务已经发生，实际发生退回时取得税务机关开具的红字增值税专用发票。假定健身器材发出时控制权转移给乙公司。

甲公司的账务处理如下：

(1) 2019年11月1日发出健身器材时

借：应收账款　　　　　　　　　　　　　　　　　　　　　　　　2 825 000
　　贷：主营业务收入　　　　　　　　　　　［5 000×(1－20%)×500］2 000 000
　　　　预计负债——应付退货款　　　　　　　　（5 000×20%×500）500 000
　　　　应交税费——应交增值税（销项税额）　　　　　　　　　　　325 000

借：主营业务成本　　　　　　　　　　　　［5 000×(1－20%)×400］1 600 000

应收退货成本　　　　　　　　　　　　　　　(5 000×20%×400)400 000
　　　贷：库存商品　　　　　　　　　　　　　　　　　　　　　　2 000 000
(2)2019年12月31日前收到货款时
　　借：银行存款　　　　　　　　　　　　　　　　　　　　　　2 825 000
　　　贷：应收账款　　　　　　　　　　　　　　　　　　　　　2 825 000
(3)2019年12月31日，甲公司对退货率进行重新评估
　　借：预计负债——应付退货款　　　　　　　　　　　　　　　 250 000
　　　贷：主营业务收入　　　　　　　　　　　　　　　　　　　 250 000
　　借：主营业务成本　　　　　　　　　　　　　　　　　　　　 200 000
　　　贷：应收退货成本　　　　　　　　　　　　　　　　　　　 200 000
(4)销售退回。
1)第一种情况：
2020年3月31日发生销售退回，实际退货量为400件，退货款项已经支付(预计退10%，计500件，比预计退的少100件)。
　　借：库存商品　　　　　　　　　　　　　　　　　(400×400)160 000
　　　　应交税费——应交增值税(销项税额)　　　　(400×500×13%)26 000
　　　　预计负债——应付退货款　　　　　　　　　　　　　　　 250 000
　　　　主营业务成本　　　　　(退的少，确认100件成本，100×400)40 000
　　　贷：应收退货成本　　　　　　　　　　　　　　　(冲减余额)200 000
　　　　　主营业务收入　　　　　(退的少，确认100件收入，100×500)50 000
　　　　　银行存款　　　　　　　　　　　　　　　(400×500×1.13)226 000
2)第二种情况：
2020年3月31日发生销售退回，实际退货量为500件，退货款项已经支付(预计退10%，计500件，与预计退货相等)。
　　借：库存商品　　　　　　　　　　　　　　　　　(500×400)200 000
　　　　应交税费——应交增值税(销项税额)　　　　(500×500×13%)32 500
　　　　预计负债——应付退货款　　　　　　　　　　　(冲减余额)250 000
　　　贷：应收退货成本　　　　　　　　　　　　　　　(冲减余额)200 000
　　　　　银行存款　　　　　　　　　　　　　　　(500×500×1.13)282 500
3)第三种情况：
2020年3月31日发生销售退回，实际退货量为600件，退货款项已经支付(预计退10%，计500件，比预计退的多100件)。
　　借：库存商品　　　　　　　　　　　　　　　　　　　　　　　240 000
　　　　应交税费——应交增值税(销项税额)　　　　　　　　　　　39 000
　　　　预计负债——应付退货款(冲减余额)　　　　　　　　　　　250 000
　　　　主营业务收入　　　　　　　　　　　　　　　　　　　　　 50 000
　　　贷：应收退货成本(冲减余额)　　　　　　　　　　　　　　　200 000

银行存款	339 000
主营业务成本	40 000

▶ 2. 附有质量保证条款的商品销售

实务中，企业根据合同、法律或商业惯例为其销售的商品提供质量保证是很常见的，例如，生产商的保修、标准质量保证或延长质量保证等。不同行业及合同的质量保证条款性质可能差别很大，有些质量保证条款向客户提供相关商品符合合同约定的正常质量保证，而有些质量保证条款则是向客户提供商品符合合同约定的正常质量保证之外的服务。

对于附有质量保证条款的商品销售，企业应当评估该质量保证是否在向客户保证所销售商品符合既定标准之外提供了一项单独的服务。企业提供额外服务的，应当作为单项履约义务，按照相关准则规定进行会计处理；否则，质量保证责任应当按照《企业会计准则第 13 号——或有事项》的规定进行会计处理。在评估质量保证是否在向客户保证所销售商品符合既定标准之外提供了一项单独的服务时，企业应当考虑该质量保证是否为法定要求、质量保证期限，以及企业承诺履行任务的性质等因素。客户能够选择单独购买质量保证的，该质量保证构成单项履约义务。

【例 12-27】甲公司为一家精密仪器生产和销售企业。甲公司与乙公司签订一项精密仪器的销售合同，合同约定甲公司向乙公司销售一批精密仪器，售价为 780 万元。甲公司承诺该批仪器售出后 1 年内如出现非意外事件造成的故障或质量问题，甲公司免费负责保修（含零部件的更换），同时甲公司还向乙公司提供一项延保服务，即在法定保修期 1 年之外，延长保修期 3 年。该批精密仪器和延保服务的单独标价分别为 700 万元和 80 万元。甲公司根据以往经验估计在法定保修期（1 年）内将发生的保修费用为 20 万元。该批精密仪器的成本为 500 万元。合同签订当日，甲公司将该批仪器交付给乙公司，同时乙公司向甲公司支付了 780 万价款。假定不考虑相关税费及货币时间价值因素。

甲公司的会计处理如下：

借：银行存款	780 000
贷：主营业务收入	700 000
合同负债	80 000
借：主营业务成本	500 000
贷：库存商品	500 000
借：销售费用	20 000
贷：预计负债	20 000

甲公司确认的延保服务收费 80 万元应当在延保期间根据延保服务进度确认为收入。

▶ 3. 主要责任人和代理人的商品销售

企业应当根据其在向客户转让商品前是否拥有对该商品的控制权，来判断其从事交易时的身份是主要责任人还是代理人。企业在向客户转让商品前能够控制该商品的，该企业为主要责任人，应当按照已收或应收对价总额确认收入；否则，该企业为代理人，应当按照预期有权收取的佣金或手续费的金额确认收入，该金额应当按照已收或应收对价总额扣除应支付给其他相关方的价款后的净额,或者按照既定的佣金金额或比例等确定。

企业向客户转让商品前能够控制该商品的情形包括:

(1) 企业自第三方取得商品或其他资产控制权后,再转让给客户;

(2) 企业能够主导第三方代表本企业向客户提供服务;

(3) 企业自第三方取得商品控制权后,通过提供重大的服务将该商品与其他商品整合成某组合产出转让给客户。

在具体判断向客户转让商品前是否拥有对该商品的控制权时,企业不应仅局限于合同的法律形式,而应当综合考虑所有相关事实和情况,这些事实和情况包括:

(1) 企业承担向客户转让商品的主要责任;

(2) 企业在转让商品之前或之后承担了该商品的存货风险;

(3) 企业有权自主决定所交易商品的价格;

(4) 其他相关事实和情况。

【例12-28】甲公司经营一家电商平台,平台商家自行负责商品的采购、定价、发货以及售后服务,甲公司仅提供平台供商家与消费者进行交易并负责协助商家和消费者结算货款,甲公司按照货款的5%向商家收取佣金,并判断自己在商品买卖交易中是代理人。2019年,甲公司向平台的消费者销售了1 000张不可退的电子购物卡,每张卡的面值为200元,总额20万元。假设不考虑相关税费的影响。

考虑到甲公司在商品买卖交易中为代理人,仅为商家和消费者提供平台及结算服务,并收取佣金,因此,甲公司销售电子购物卡收取的款项20万元中,仅佣金部分1万元(20万元×5%,不考虑相关税费)代表甲公司已收客户(商家)对价而应在未来消费者消费时作为代理人向商家提供代理服务的义务,应当确认合同负债。对于其余部分(即19万元),为甲公司代商家收取的款项,作为其他应付款,待未来消费者消费时支付给相应的商家。

借:银行存款 20 000
　　贷:合同负债 1 000
　　　　其他应付款 19 000

▶ 4. 附有客户额外购买选择权的商品销售

实务中,涉及附有客户额外购买选择权的商品销售的行业较多,如通信行业的积分奖励、航空行业的里程奖励、零售行业的优惠券等,该类选择权会授予客户可免费或按折扣取得额外商品或服务的权利,常见的形式主要有销售激励措施、客户奖励积分、续约选择权、针对未来商品或服务的其他折扣等。

对于附有客户额外购买选择权的商品销售,企业应当评估该选择权是否向客户提供了一项重大权利。企业提供重大权利的,应当作为单项履约义务,按照规定将交易价格分摊至该履约义务,在客户未来行使购买选择权取得相关商品控制权时,或者该选择权失效时,确认相应的收入。客户额外购买选择权的单独售价无法直接观察的,企业应当综合考虑客户行使和不行使该选择权所能获得的折扣的差异、客户行使该选择权的可能性等全部相关信息后,予以合理估计。

【例12-29】2019年1月1日,甲公司开始推行一项奖励积分计划。根据该计划,客户在甲公司每消费10元可获得1个积分,每个积分从次月开始在购物时可以抵减1元。截至2019年1月31日,客户共消费100 000元,可获得10 000个积分,根据历史经验,甲公司估计该积分的兑换率为95%。假定上述金额均不包含增值税等的影响。

(1) 甲公司认为其授予客户的积分为客户提供了一项重大权利,应当作为一项单独的履约义务。

客户购买商品的单独售价合计为100 000元,考虑积分的兑换率,甲公司估计积分的单独售价为9 500元(1元×10 000个积分×95%)。甲公司按照商品和积分单独售价的相对比例对交易价格进行分摊,具体如下:

分摊至商品的交易价格=100 000×[100 000÷(100 000+9 500)]≈91 324(元)

分摊至积分的交易价格=100 000×[9 500÷(100 000+9 500)]≈8 676(元)

因此,甲公司应当在商品的控制权转移时确认收入91 324元,同时确认合同负债8 676元。

借:银行存款　　　　　　　　　　　　　　　　　　　　　　100 000
　　贷:主营业务收入　　　　　　　　　　　　　　　　　　　　91 324
　　　　合同负债　　　　　　　　　　　　　　　　　　　　　　8 676

(2) 截至2019年12月31日,客户共兑换了4 500个积分,甲公司对该积分的兑换率进行了重新估计,仍然预计客户总共将会兑换9 500个积分。因此,甲公司以客户兑换的积分数占预期将兑换的积分总数的比例为基础确认收入。

积分应当确认的收入=8 676×(4 500÷9 500)≈4 110(元);

剩余未兑换的积分=8 676-4 110=4 566(元),仍然作为合同负债。

借:合同负债　　　　　　　　　　　　　　　　　　　　　　4 110
　　贷:主营业务收入　　　　　　　　　　　　　　　　　　　　4 110

(3) 截至2020年12月31日,客户累计兑换了8 500个积分。甲公司对该积分的兑换率进行了重新估计,预计客户总共将会兑换9 700个积分。

积分应当确认的收入=8 676×(8 500÷9 700)-4 110≈3 493(元);

剩余未兑换的积分=8 676-4 110-3 493=1 073(元),仍然作为合同负债。

▶ 5.向客户授予知识产权许可的商品销售

向客户授予知识产权许可,即向客户让渡了一项无形资产的使用权。知识产权包括软件及技术,电影、音乐及其他媒体和娱乐形式,特许权,专利权,商标权和版权等。

企业向客户授予知识产权许可的,应当评估该知识产权许可是否构成单项履约义务,构成单项履约义务的,应当进一步确定其是在某一时段内履行还是在某一时点履行。

企业向客户授予知识产权许可,同时满足下列条件时,应当作为在某一时段内履行的履约义务确认相关收入;否则,应当作为在某一时点履行的履约义务确认相关收入:

(1) 合同要求或客户能够合理预期企业将从事对该项知识产权有重大影响的活动;

(2) 该活动将对客户产生有利或不利影响;

(3) 该活动不会导致向客户转让某项商品。

企业向客户授予知识产权许可,并约定按客户实际销售或使用情况收取特许权使用费的,应当在下列两项孰晚的时点确认收入:

(1)客户后续销售或使用行为实际发生;

(2)企业履行相关履约义务。

【例12-30】甲公司是一家著名的足球俱乐部。甲公司授权乙公司在其设计生产的服装、帽子、水杯以及毛巾等产品上使用甲公司球队的名称和图标,授权期间为2年。合同约定,甲公司收取的合同对价由两部分组成:一是200万元固定金额的使用费;二是按照乙公司销售上述商品所取得销售额的5%计算的提成。乙公司预期甲公司会继续参加当地顶级联赛,并取得优异的成绩。

该合同仅包括一项履约义务,即授予使用权许可,甲公司继续参加比赛并取得优异成绩等活动是该许可的组成部分,而并未向客户转让任何可明确区分的商品或服务。由于乙公司能够合理预期甲公司将继续参加比赛,甲公司的成绩将会对其品牌(包括名称和图标等)的价值产生重大影响,而该品牌价值可能会进一步影响乙公司产品的销量,甲公司从事的上述活动并未向乙公司转让任何可明确区分的商品,因此,甲公司授予的该使用权许可,属于在某一时段内履行的履约义务。甲公司收取的200万元固定金额的使用费应当在2年内平均确认收入,按照乙公司销售相关商品所取得销售额的5%计算的提成应当在乙公司的销售实际完成时确认收入。

▶ **6. 售后回购**

售后回购是一种较为特殊的销售模式,是指企业出售一项商品的同时,在同一合同或其他合同中承诺回购或拥有回购这项商品选择权的一种交易形式。通常采用的形式有企业有义务回购商品(远期合同)、企业有权利回购商品(看涨期权),以及企业有义务应客户要求回购商品(看跌期权)。

对于售后回购交易,企业应当区分下列两种情形分别进行会计处理。

(1)企业因存在与客户的远期安排而负有回购义务或企业享有回购权利的,表明客户在销售时点并未取得相关商品控制权,企业应当作为租赁交易或融资交易进行相应的会计处理。其中,回购价格低于原售价的,应当视为租赁交易,按照《企业会计准则第21号——租赁》的相关规定进行会计处理;回购价格不低于原售价的,应当视为融资交易,在收到客户款项时确认金融负债,并将该款项和回购价格的差额在回购期间内确认为利息费用等。企业到期未行使回购权利的,应当在该回购权利到期时终止确认金融负债,同时确认收入。

(2)企业负有应客户要求回购商品义务的,应当在合同开始日评估客户是否具有行使该要求权的重大经济动因。客户具有行使该要求权重大经济动因的,企业应当将售后回购作为租赁交易或融资交易,按照第(1)条的规定进行会计处理;否则,企业应当将其作为附有销售退回条款的商品销售交易,按照附有销售退回条款的商品销售进行会计处理。

【例12-31】2018年4月1日,甲公司向乙公司销售一台设备,销售价格为200万元,同时双方约定2年之后,即2020年4月1日,甲公司将以120万元的价格回购该设备。

根据合同约定,甲公司负有在2年后回购该设备的义务,因此,乙公司并未取得该设备的控制权。假定不考虑货币时间价值,该交易的实质是乙公司支付了80万元的对价取得了该设备2年的使用权。甲公司应当将该交易作为租赁交易进行会计处理。

【例12-32】2018年4月1日,甲公司向乙公司销售一台设备,销售价格为200万元,同时双方约定2年之后,即在2020年4月1日甲公司将以250万元的价格回购该设备。

假定不考虑货币时间价值,该交易的实质是甲公司以该设备作为质押取得了200万元的借款,两年后归还本息合计250万元。甲公司应当将该交易视为融资交易,不应当终止确认该设备,而应当在收到客户款项时确认金融负债,并将该款项和回购价格的差额在回购期间内确认为利息费用等。

【例12-33】甲公司向乙公司销售其生产的一台设备,销售价格为2 000万元,双方约定,乙公司在5年后有权要求甲公司以1 500万元的价格回购该设备。甲公司预计该设备在回购时的市场价值(假定300万元)将远低于1 500万元。

假定不考虑时间价值的影响,甲公司的回购价格1 500万元低于原售价2 000万元,但远高于该设备在回购时的市场价值,甲公司判断乙公司有重大的经济动因行使其权利要求甲公司回购该设备。因此,甲公司应当将该交易作为租赁交易进行会计处理。

▶ 7. 客户未行使的权利(预收款)

企业向客户预收销售商品款项的,应当首先将该款项确认为负债,待履行了相关履约义务时再转为收入。当企业预收款项无需退回,且客户可能会放弃其全部或部分合同权利时(如放弃储值卡的使用等),企业预期有权获得与客户所放弃的合同权利相关的金额的,应当按照客户行使合同权利的模式按比例将上述金额确认为收入;否则,企业只有在客户要求其履行剩余履约义务的可能性极低时,才能将上述负债的相关余额转为收入。

如果有相关法律规定,企业所收取的与客户未行使权利相关的款项须转交给其他方的(如法律规定无人认领的财产需上交政府),企业不应将其确认为收入。

【例12-34】甲公司经营连锁面包店。2020年,甲公司向客户销售5000张储值卡,每张卡的面值为200元,总额为1 000 000元。客户可在甲公司经营的任何一家门店使用该储值卡进行消费。根据历史经验,甲公司预期客户购买的储值卡中将有大约相当于储值卡面值金额5%(50 000元)的部分不会被消费。截至2020年12月31日,客户使用该储值卡消费的金额为400 000元。甲公司为增值税一般纳税人,在客户使用该储值卡消费时发生增值税纳税义务。

甲公司预期将有权获得与客户未行使的合同权利相关的金额为50 000元,该金额应当按照客户行使合同权利的模式按比例确认为收入。

因此:

甲公司在2020年销售的储值卡应当确认的收入
=(400 000+50 000×400 000/950 000)÷(1+13%)≈372 613(元)

甲公司的应进行以下账务处理。

(1)销售储值卡:

借:库存现金　　　　　　　　　　　　　　　　　　　　　　　　　1 000 000

贷：合同负债　　　　　　　　　　　　　　　　[10 000 000÷(1＋13%)]884 956
　　　　应交税费——待转销项税额　　　　　　　　　　　　　　　　　　115 044
(2)根据储值卡的消费金额确认收入,同时将对应的待转销项税额确认为销项税额:
　　借：合同负债　　　　　　　　　　　　　　　　　　　　　　　　　372 613
　　　　贷：主营业务收入　　　　　　　　　　　　　　　　　　　　　　372 613
　　借：应交税费——待转销项税额　　　　　　　　　　　　　　　　　　46 018
　　　　贷：应交税费——应交增值税(销项税额)　　[400 000÷(1＋13%)×13%]46 018

▶ **8. 无需退回的初始费**

企业在合同开始(或接近合同开始)日向客户收取的无需退回的初始费(如俱乐部的入会费等)应当计入交易价格。企业应当评估该初始费是否与向客户转让已承诺的商品相关。该初始费与向客户转让已承诺的商品相关,并且该商品构成单项履约义务的,企业应当在转让该商品时,按照分摊至该商品的交易价格确认收入;该初始费与向客户转让已承诺的商品相关,但该商品不构成单项履约义务的,企业应当在履行该商品的单项履约义务时,按照分摊至该单项履约义务的交易价格确认收入;该初始费与向客户转让已承诺的商品不相关的,该初始费应当作为未来将转让商品的预收款,在未来转让该商品时确认为收入。

【例 12-35】甲公司系一马术俱乐部,2019 年 12 月,甲公司发展马术俱乐部会员 100 人,向每位会员收取 2020 年度的入会费 30 000 元,款项已收存银行。

根据该马术俱乐部的规定,会员的入会费不予退回(亦不递延下年使用),会员缴纳了每年的入会费后,在俱乐部每年 100 次以内的马术训练享受优惠价格,每次 200 元;非会员或会员马术训练超过 100 次时,每次马术训练收费 800 元。

2020 年 1 月,甲公司的 100 名会员在俱乐部人均进行马术训练 10 次,甲公司共计收取马术训练费 200 000 元,款项已存银行。

假定不考虑增值税等其他因素。

(1)2019 年 12 月,甲公司收到会员入会费时:
　　借：银行存款　　　　　　　　　　　　　　　　　　　　　　　　3 000 000
　　　　贷：预收账款　　　　　　　　　　　　　　　　　　　　　　3 000 000
(2)2020 年 1 月,甲公司提供服务并收到会员马术训练费时:
　　借：银行存款　　　　　　　　　　　　　　　　　　　　　　　　　200 000
　　　　预收账款　　　　　　　　　　　　　　　　　　　　　　　　　300 000
　　　　贷：主营业务收入　　　　　　　　　　　　　　　　　　　　　500 000
(3)2020 年 2—12 月的相关会计处理与 1 月相同,此处不再赘述。
(4)2020 年 12 月 31 日,假定甲公司所收入会费只使用结转了 80%,剩余 20%预期无履约义务,则结转为收入时:
　　借：预收账款　　　　　　　　　　　　　　　　　　　　　　　　　600 000
　　　　贷：主营业务收入　　　　　　　　　　　　　　　　　　　　　600 000

第二节 费用

一、费用的确认

费用是指企业在日常活动中发生的、会导致所有者权益减少的、与向所有者分配利润无关的经济利益的总流出。

费用有广义和狭义之分。广义的费用泛指企业各种日常活动发生的所有耗费,狭义的费用仅指与本期营业收入相配比的那部分耗费。费用应按照权责发生制和配比原则确认,凡应属于本期发生的费用,不论其款项是否支付,均确认为本期费用;反之,不属于本期发生的费用,即使其款项已在本期支付,也不确认为本期费用。

在确认费用时,首先,应当划分生产费用与非生产费用的界限。生产费用是指与企业日常生产经营活动有关的费用,如生产产品所发生的原材料费用、人工费用等;非生产费用是指不属于生产费用的费用,如用于购建固定资产所发生的费用等。其次,应当分清生产费用与产品成本的界限。生产费用与一定的期间相联系,而与生产的产品无关;产品成本与一定品种和数量的产品相联系,而不论发生在哪一期。最后,应当分清生产费用与期间费用的界限。生产费用应当计入产品成本,而期间费用直接计入当期损益。

在确认费用时,对于确认为期间费用的费用,必须进一步划分为管理费用、销售费用和财务费用;对于确认为生产费用的费用,必须根据该费用发生的实际情况区分不同的费用性质将其确认为不同产品所负担的费用;对于几种产品共同发生的费用,必须按受益原则,采用一定方法和程序将其分配计入相关产品的生产成本。本节主要介绍期间费用。

二、期间费用

期间费用是企业当期发生的费用中的重要组成部分,是指本期发生的、不能直接或间接归入某种产品成本的、直接计入损益的各项费用,包括管理费用、销售费用和财务费用。

(一) 管理费用

管理费用是指企业为组织和管理企业生产经营所发生的管理费用,包括企业在筹建期间发生的开办费、董事会和行政管理部门在企业的经营管理中发生的或者应由企业统一负担的公司经费(包括行政管理部门职工工资及福利费、物料消耗、低值易耗品摊销、办公费和差旅费等)、工会经费、董事会费(包括董事会成员津贴、会议费和差旅费等)、聘请中介机构费、咨询费(含顾问费)、诉讼费、业务招待费、技术转让费、矿产资源补偿费、研究费用、排污费,以及企业生产车间(部门)和行政管理部门等发生的固定资产修理费用等。

企业发生的管理费用,在"管理费用"科目核算,并在"管理费用"科目中按费用项目设置明细账,进行明细核算。期末,"管理费用"科目的余额结转"本年利润"科目后无余额。

(二) 销售费用

销售费用是指企业在销售商品和材料、提供劳务的过程中发生的各种费用,包括企业在销售商品过程中发生的保险费、包装费、展览费和广告费、商品维修费、预计产品质量保证损失、运输费、装卸费等,以及为销售本企业商品而专设的销售机构(含销售网点、售后服务网点等)的职工薪酬、业务费、折旧费、固定资产修理费等费用。

企业发生的销售费用在"销售费用"科目核算,并在"销售费用"科目中按费用项目设置明细账,进行明细核算。期末,"销售费用"科目的余额结转"本年利润"科目后无余额。

(三) 财务费用

财务费用是指企业为筹集生产经营所需资金等而发生的筹资费用,包括利息支出(减利息收入)、汇兑损益,以及相关的手续费、企业发生的现金折扣或收到的现金折扣等。

企业发生的财务费用在"财务费用"科目核算,并在"财务费用"科目中按费用项目设置明细账,进行明细核算。期末,"财务费用"科目的余额结转"本年利润"科目后无余额。

第三节 利 润

一、利润的构成

企业作为独立的经济实体,应当以自己的经营收入抵补其成本费用,并且实现盈利。企业盈利的大小在很大程度上反映企业生产经营的经济效益,表明企业在每一会计期间的最终经营成果。

利润是指企业在一定会计期间的经营成果,包括收入减去费用后的净额、直接计入当期利润的利得和损失等。直接计入当期利润的利得和损失是指应当计入当期损益、会导致所有者权益发生增减变动的、与所有者投入资本或者向所有者分配利润无关的利得或者损失。

与利润相关的计算公式如下。

(一) 营业利润

营业利润=营业收入-营业成本-税金及附加-销售费用-管理费用-研发费用-财务费用-资产减值损失-信用减值损失+其他收益+投资收益(-投资损失)+公允价值变动收益(-公允价值变动损失)+资产处置收益(-资产处置损失)

式中,营业收入是指企业经营业务所实现的收入总额,包括主营业务收入和其他业务收入；营业成本是指企业经营业务所发生的实际成本总额，包括主营业务成本和其他业务成本；资产减值损失是指企业计提各项资产减值准备所形成的损失；公允价值变动收益（或损失）是指企业交易性金融资产等公允价值变动形成的应计入当期损益的利得（或损失）；投资收益（或损失）是指企业以各种方式对外投资所取得的收益（或发生的损失）；资产处置收益包括企业出售划分为持有待售的非流动资产（金融工具、长期股权投资和投资性房地产除外）或处置组时确认的处置利得或损失、处置未划分为持有待售的固定资产、在建工程、生产性生物资产及无形资产而产生的处置利得或损失，以及债务重组中因处置非流动资产产生的利得或损失和非货币性资产交换产生的利得或损失；其他收益是指与企业日常活动相关的政府补助等。

（二）利润总额

$$利润总额＝营业利润＋营业外收入－营业外支出$$

式中，营业外收入（或支出）是指企业发生的与日常活动无直接关系的各项利得（或损失）。

（三）净利润

$$净利润＝利润总额－所得税费用$$

式中，所得税费用是指企业确认的应从当期利润总额中扣除的所得税费用。

二、营业外收支的会计处理

营业外收支是指企业发生的与日常活动无直接关系的各项收支。营业外收支虽然与企业生产经营活动没有多大的关系，但从企业主体来考虑，同样带来收入或形成企业的支出，也是增加或减少利润的因素，对企业的利润总额及净利润产生较大的影响。

（一）营业外收入

营业外收入是指企业发生的与日常活动无直接关系的各项利得。营业外收入并不是由企业经营资金耗费所产生的，不需要企业付出代价，实际上是一种纯收入，不可能也不需要与有关费用进行配比。因此，在会计处理上，应当严格区分营业外收入与营业收入的界限。营业外收入主要包括债务重组利得、与企业日常活动无关的政府补助、盘盈利得、捐赠利得等。

债务重组利得是指重组债务的账面价值超过清偿债务的现金、非现金资产的公允价值、所转股份的公允价值或者重组后债务账面价值之间的差额。

盘盈利得是指企业对于现金等资产清查盘点中盘盈的资产，报经批准后计入营业外收入的金额。

捐赠利得是指企业接受捐赠产生的利得。

企业应当通过"营业外收入"科目，核算营业外收入的取得和结转情况。该科目可按营业外收入项目进行明细核算。期末，应将该科目余额转入"本年利润"科目，结转后该科目无余额。

（二）营业外支出

营业外支出是指企业发生的与日常活动无直接关系的各项损失。营业外支出主要包括债务重组损失、公益性捐赠支出、非常损失、盘亏损失、非流动资产毁损报废损失等。

债务重组损失是指重组债权的账面余额超过受让资产的公允价值、所转股份的公允价值或者重组后债权的账面价值之间的差额。

公益性捐赠支出是指企业对外进行公益性捐赠发生的支出。

非常损失是指企业对于因客观因素（如自然灾害等）造成的损失，在扣除保险公司赔偿后计入营业外支出的净损失。

企业应通过"营业外支出"科目，核算营业外支出的发生及结转情况。该科目可按营业外支出项目进行明细核算。期末，应将该科目余额转入"本年利润"科目，结转后该科目无余额。

需要注意的是，营业外收入和营业外支出应当分别核算。在具体核算时，不得以营业外支出直接冲减营业外收入，也不得以营业外收入冲减营业外支出，即企业在会计核算时，应当区分营业外收入和营业外支出分别进行核算。

三、本年利润的会计处理

企业应设置"本年利润"科目，核算企业当期实现的净利润（或发生的净亏损）。

企业期（月）末结转利润时，应将各损益类科目的金额转入本科目，结平各损益类科目。结转后本科目的贷方余额为当期实现的净利润；借方余额为当期发生的净亏损。

年度终了，应将本年的收入、利得和费用、损失相抵后结出的本年实现的净利润，转入"利润分配"科目，借记本科目，贷记"利润分配——未分配利润"科目；如为净亏损，则做相反的会计分录。结转后本科目应无余额。

本章小结

本章介绍了收入、费用、利润的相关内容及账务处理方法，梳理了相关概念及确认原则，重点阐述了收入的确认及账务处理，举例说明了各种复杂情况中收入的确认方法。

复习思考题

1. 简述收入的概念、特征和种类。
2. 简述收入的确认条件和方法。
3. 简述费用的概念、特征。
4. 简述利润的构成内容是什么？

第十三章 财务报告

> **知识目标**
> 1. 了解财务报告的概念及构成内容。
> 2. 熟悉各种报表的构成及编制依据。
> 3. 掌握资产负债表、利润表、现金流量表的编制方法。
> 4. 领会各种报表指标的内在含义,以及财务报表应如何体现会计信息质量特征的基本要求。

第一节 财务报告概述

一、财务报告的含义

财务报告是指企业对外提供的反映企业某一特定日期的财务状况和某一会计期间的经营成果、现金流量等会计信息的文件。财务报告包括财务报表和其他应当在财务报告中披露的相关信息和资料。本章主要介绍财务报表。

财务报表是对企业财务状况、经营成果和现金流量的结构性表述。财务报表至少应当包括下列组成部分:资产负债表、利润表、现金流量表、所有者权益(或股东权益,下同)变动表和附注。

二、财务报表的作用

财务报表全面、系统地反映了企业一定时期的财务状况、经营成果和现金流量,对各类财务报告使用者都能起到重要的作用。

（1）财务报表有利于企业管理层了解本单位各项任务指标的完成情况，为经济预测和决策提供依据。

（2）财务报表有助于国家经济管理部门通过对各单位提供的财务报表资料进行汇总和分析，了解和掌握各行业、各地区的经济发展情况，以便宏观调控经济运行，优化资源配置，保证国民经济稳定持续发展。

（3）财务报表是投资者、债权人和其他有关各方分析企业的盈利能力、偿债能力、投资收益、发展前景等的依据。

（4）财务报表有利于各职能部门监督企业的经营管理。通过财务报表可以检查、监督各企业是否遵守国家的各项法律、法规和制度，有无偷税漏税的行为。

三、财务报表的分类

财务报表可以按照不同的标准进行分类。

（一）按财务报表编报期间的不同分类

按财务报表编报期间的不同，财务报表可以分为中期财务报表和年度财务报表。中期财务报表是以短于一个完整会计年度的报告期间为基础编制的财务报表，包括月报、季报和半年报等。企业在中期不得随意变更会计政策，应当采用与年度财务报表相一致的会计政策。

（二）按财务报表编报主体的不同分类

按财务报表编报主体的不同，财务报表可以分为个别财务报表和合并财务报表。个别财务报表是由企业在自身会计核算的基础上对账簿记录进行加工而编制的财务报表，主要用于反映企业自身的财务状况、经营成果和现金流量情况。合并财务报表是以母公司和子公司组成的企业集团为会计主体，根据母公司和所属子公司的财务报表，由母公司编制的综合反映企业集团财务状况、经营成果及现金流量的财务报表。

此外，财务报表还可以按照反映的经济内容和服务对象等标准进行分类。

四、财务报表列报的基本要求

（一）企业必须依据各项会计准则确认和计量的结果编制财务报表

企业应当根据实际发生的交易和事项，按照各项具体会计准则的规定进行确认和计量，并在此基础上编制财务报表。企业应当在附注中对遵循企业会计准则编制的财务报表做出声明。

企业不应以在附注中披露代替对交易和事项的确认和计量，也就是说，企业如果采用不恰当的会计政策，不得通过在附注中披露等其他形式予以更正，企业应当对交易和事项进行正确的确认和计量。

（二）以持续经营作为列报基础

在编制财务报表的过程中，企业管理层应当对企业持续经营的能力进行评价，需要考虑的因素包括市场经营风险、企业目前或长期的盈利能力、偿债能力、财务弹性，以及企业管理层改变经营政策的意向等。评价后，对企业持续经营的能力产生严重怀疑的，应当在附注中披露导致对持续经营能力产生重大怀疑的重要的不确定因素。

（三）除现金流量表按照收付实现制原则编报外，企业应当以权责发生制原则编制财务报表

略。

（四）列报的一致性

财务报表项目的列报应当在各个会计期间保持一致，不得随意变更，但下列情形除外：①会计准则要求改变；②企业经营业务的性质发生重大变化后，变更财务报表项目的列报能够提供更可靠、更相关的会计信息。

（五）重要性和项目列报

关于项目在财务报表中是单独列报还是合并列报，应当依据重要性原则来判断。重要性应当根据企业所处的具体环境，从项目的性质和金额两方面予以判断，且对各项目重要性的判断标准一经确认不得随意变更。具体来说，包括以下几点。

（1）性质或功能不同的项目，一般应当在财务报表中单独列报，但是不具有重要性的项目可以合并列报。

（2）性质或功能类似的项目，其所属类别具有重要性的，应当按其类别在财务报表中单独列报。

（3）某些项目的重要性程度不足以在资产负债表、利润表、现金流量表或所有者权益变动表中单独列示，但是可能对附注而言却具有重要性，在这种情况下应当在附注中单独披露。

（六）财务报表项目金额间的相互抵销

财务报表项目应当以总额列报，资产和负债的金额、收入和费用的金额、直接计入当期利润的利得项目和损失项目的金额，不能相互抵销，但其他会计准则另有规定的除外。

下列三种情况不属于抵销，可以以净额列示。

（1）一组类似交易形成的利得和损失以净额列示的，不属于抵销，如汇兑损益应当以净额列报。但是，如果相关的利得和损失具有重要性，则应当单独列报。

（2）资产项目按扣除减值准备后的净额列示，不属于抵销。

（3）非日常活动产生的利得和损失，以同一交易形成的收益扣减相关费用后的净额列示更能反映交易实质的，不属于抵销。

（七）比较信息的列报

企业在列报当期财务报表时，至少应当提供所有列报项目上可比会计期间的比较数据，以及与理解当期财务报表相关的说明，但其他会计准则另有规定的除外。在财务报表项目的列报确需发生变更的情况下，企业应当对可比期间的数据按照当期的列报要求进行调整，并在附注中披露调整的原因和性质，以及调整的各项目金额。但是，在某些情况下，对上期比较数据进行调整是不切实可行的，则应当在附注中披露不能调整的原因。

（八）企业应当在财务报表的显著位置至少披露的内容

（1）编报企业的名称。

（2）资产负债表日或财务报表涵盖的会计期间。

（3）人民币金额单位。

（4）财务报表是合并财务报表的，应当予以标明。

（九）报告期间

企业至少应当编制年度财务报表。根据《中华人民共和国会计法》的规定，会计年度自公历1月1日起至12月31日止。因此，在编制年度财务报表时，可能存在年度财务报表涵盖的期间短于一年的情况，如企业在年度中间（如3月1日）开始设立等，在这种情况下，企业应当披露年度财务报表的实际涵盖期间及其短于一年的原因，并应当说明由此引起财务报表项目与比较数据不具可比性的事实。

第二节 资产负债表

资产负债表是反映企业在某一特定日期的财务状况的会计报表，即反映了某一特定日期关于企业资产、负债、所有者权益及其相互关系的信息。

一、资产负债表的列报方法

企业应当根据资产、负债和所有者权益类科目的期末余额填列资产负债表"期末余额"栏，具体包括以下情况。

▶ 1. 根据总账科目的余额填列

"以公允价值计量且其变动计入当期损益的金融资产""工程物资""固定资产清理""递延所得税资产""短期借款""以公允价值计量且其变动计入当期损益的金融负债""应付票据""应交税费""专项应付款""预计负债""递延收益""递延所得税负债"及所有者权益各项目，应根据有关总账科目的余额填列。

有些项目则应根据几个总账科目的余额计算填列，例如，"货币资金"项目需根据"库存现金""银行存款""其他货币资金"三个总账科目余额的合计数填列；"其他流动资产""其他流动负债"项目应根据有关科目的期末余额分析填列。

其中，有其他综合收益相关业务的企业，应当设置"其他综合收益"科目进行会计处理，该科目应当按照其他综合收益项目的具体内容设置明细科目。企业在对其他综合收益进行会计处理时，应当通过"其他综合收益"科目处理，并与"资本公积"科目相区分。

▶ 2. 根据明细账科目的余额计算填列

"开发支出"项目应根据"研发支出"科目中所属的"资本化支出"明细科目期末余额填

列；"应付账款"项目应根据"应付账款"和"预付账款"科目所属的相关明细科目的期末贷方余额合计数填列；"一年内到期的非流动资产""一年内到期的非流动负债"项目应根据有关非流动资产或负债项目的明细科目余额分析填列；"应付职工薪酬"项目应根据"应付职工薪酬"科目的明细科目期末余额分析填列；"长期借款""应付债券"项目应分别根据"长期借款""应付债券"科目的明细科目余额分析填列；"未分配利润"项目应根据"利润分配"科目中所属的"未分配利润"明细科目期末余额填列。

▶ 3. 根据总账科目和明细账科目的余额分析计算填列

"长期借款"项目应根据"长期借款"总账科目余额扣除"长期借款"科目所属的明细科目中将在资产负债表日起一年内到期，且企业不能自主地将清偿义务展期的长期借款后的金额计算填列；"长期待摊费用"项目应根据"长期待摊费用"科目的期末余额减去将于一年内(含一年)摊销的数额后的金额填列；"其他非流动资产"项目应根据有关科目的期末余额减去将于一年内(含一年)收回的数额后的金额填列；"其他非流动负债"项目应根据有关科目的期末余额减去将于一年内(含一年)到期偿还的数额后的金额填列。

▶ 4. 根据有关科目余额减去其备抵科目余额后的净额填列

"可供出售金融资产""持有至到期投资""长期股权投资""在建工程""商誉"项目应根据相关科目的期末余额填列，已计提减值准备的，还应扣减相应的减值准备；"固定资产""无形资产""投资性房地产""生产性生物资产""油气资产"项目应根据相关科目的期末余额扣减相关的累计折旧(或摊销、折耗)填列，已计提减值准备的，还应扣减相应的减值准备，采用公允价值计量的上述资产，应根据相关科目的期末余额填列；"长期应收款"项目应根据"长期应收款"科目的期末余额，减去相应的"未实现融资费用"科目和"坏账准备"科目所属相关明细科目期末余额后的金额填列；"长期应付款"项目应根据"长期应付款"科目的期末余额，减去相应的"未确认融资费用"科目期末余额后的金额填列。

▶ 5. 综合运用上述填列方法分析填列

"应收账款"项目应根据"应收账款"和"预收账款"科目所属各明细科目的期末借方余额合计数，减去"坏账准备"科目中有关应收账款计提的坏账准备期末余额后的金额填列；"预付款项"项目应根据"预付账款"和"应付账款"科目所属各明细科目的期末借方余额合计数，减去"坏账准备"科目中有关预付款项计提的坏账准备期末余额后的金额填列；"存货"项目应根据"材料采购""原材料""发出商品""库存商品""周转材料""委托加工物资""生产成本""受托代销商品"等科目的期末余额合计，减去"受托代销商品款""存货跌价准备"科目期末余额后的金额填列，材料采用计划成本核算，以及库存商品采用计划成本核算或售价核算的企业，还应按加或减材料成本差异、商品进销差价后的金额填列；"划分为持有待售的资产""划分为持有待售的负债"项目应根据相关科目的期末余额分析填列等。

二、资产负债表编制实例

【例 13-1】 A 股份有限公司 2019 年 12 月 31 日各科目余额如表 13-1 所示。

该公司 2020 年发生以下业务，存货采用实际成本计价。

表 13-1　科目余额表

2019 年　　　　　　　　　　　　　　　　　　　　　　　　　单位：元

科 目 名 称	借方余额	科 目 名 称	贷方余额
库存现金	2 000	短期借款	400 000
银行存款	1 000 000	应付票据	
其他货币资金		应付账款	275 000
以公允价值计量且其变动计入当期损益的金融资产		其他应付款	69 00
应收票据	90 000	应付职工薪酬	280 000
应收账款	300 000	应交税费	120 000
坏账准备	−9 000	应付利息	
预付账款		应付股利	
其他应收款	3 000	一年内到期的长期负债	
原材料	350 000	股本	4 500 000
周转材料	50 000	盈余公积	592 500
库存商品	500 000	利润分配（未分配利润）	549 600
其他流动资产			
长期股权投资	1 018 000		
固定资产	2 600 000		
累计折旧	−60 000		
固定资产减值准备	−80 000		
工程物资			
在建工程	800 000		
无形资产	220 000		

续表

科 目 名 称	借方余额	科 目 名 称	贷方余额
累计摊销	－60 000		
递延所得税资产			
其他长期资产			
合计	6 724 000	合计	6 724 000

(1) 向B公司销售商品一批,商品已发出,开出的增值税专用发票上注明的价款为400 000元,增值税税额为52 000元。款项已收存银行。该批商品的成本为200 000元。截至年末,款项仍未收到。

(2) 销售甲商品一批,售价为100 000元,增值税税额为13 000元,成本为60 000元,货款已收存银行。

(3) 购入原材料一批,价款为300 000元,增值税税额为39 000元,该批材料已验收入库,该公司存货按实际成本计价,款项已由银行存款支付。

(4) 领用原材料共480 000元,其中,产品生产领用450 000元,车间一般耗用20 000元,管理部门一般耗用10 000元。

(5) 处置一项专利权。该专利权原入账价值为180 000元,已摊销金额为50 000元。专利权转让收入126 000元。假设不考虑任何税费。

(6) A公司应付B公司货款价税合计4 000元,因B公司原因导致无法偿付。

(7) 应收票据90 000元到期收存银行(系销售商品取得)。

(8) 计提固定资产折旧,其中,生产部门40 000元,管理部门8 000元,专设销售机构12 000元。

(9) 计提短期借款利息8 000元。

(10) 按成本法核算收到被投资企业分配的现金股利60 000元(不考虑税费)。

(11) 计提坏账准备14 040元,计提存货跌价准备30 000元。

(12) 以银行存款偿还短期借款本息408 000元。

(13) 分配职工工资140 000元,其中,生产工人工资80 000元,车间管理人员工资10 000元,行政人员工资10 000元,在建工程人员工资40 000元。

(14) 提取职工福利费19 600元,其中,生产工人工资11 200元,车间管理人员工资1 400元,行政人员工资1 400元,在建工程人员工资5 600元。

(15) 以银行存款支付职工工资140 000元。

(16) 结转制造费用。

(17) 本期产品全部完工验收入库(期初无在产品)。

(18) 计提应交城市维护建设税3 780元,应交教育费附加1 080元。

(19) 以银行存款缴纳城市维护建设税3 780元,缴纳教育费附加1 080元。

(20) 计算所得税费用(假设无纳税调整事项)50 425元。
(21) 结转本年利润。
(22) 按净利润10%提取法定盈余公积。
(23) 结转未分配利润。

根据上述资料,编制记账凭证及科目余额表(见表13-2)。

(1) 借:应收账款　　　　　　　　　　　　　　　　452 000
　　　贷:主营业务收入　　　　　　　　　　　　　　　　400 000
　　　　　应交税费——应交增值税(销项税额)　　　　 52 000
　　借:主营业务成本　　　　　　　　　　　　　　　200 000
　　　贷:库存商品　　　　　　　　　　　　　　　　　　200 000
(2) 借:银行存款　　　　　　　　　　　　　　　　113 000
　　　贷:主营业务收入　　　　　　　　　　　　　　　　100 000
　　　　　应交税费——应交增值税(销项税额)　　　　 13 000
　　借:主营业务成本　　　　　　　　　　　　　　　 60 000
　　　贷:库存商品　　　　　　　　　　　　　　　　　　 60 000
(3) 借:原材料　　　　　　　　　　　　　　　　　300 000
　　　　应交税费——应交增值税(进项税额)　　　　　 39 000
　　　贷:银行存款　　　　　　　　　　　　　　　　　　339 000
(4) 借:生产成本　　　　　　　　　　　　　　　　450 000
　　　　制造费用　　　　　　　　　　　　　　　　 20 000
　　　　管理费用　　　　　　　　　　　　　　　　 30 000
　　　贷:原材料　　　　　　　　　　　　　　　　　　　500 000
(5) 借:银行存款　　　　　　　　　　　　　　　　126 000
　　　　累计摊销　　　　　　　　　　　　　　　　 50 000
　　　　资产处置损益　　　　　　　　　　　　　　　 4 000
　　　贷:无形资产　　　　　　　　　　　　　　　　　　180 000
(6) 借:应付账款　　　　　　　　　　　　　　　　　4 000
　　　贷:营业外收入　　　　　　　　　　　　　　　　　　4 000
(7) 借:银行存款　　　　　　　　　　　　　　　　 90 000
　　　贷:应收票据　　　　　　　　　　　　　　　　　　 90 000
(8) 借:制造费用　　　　　　　　　　　　　　　　 40 000
　　　　管理费用　　　　　　　　　　　　　　　　　8 000
　　　　销售费用　　　　　　　　　　　　　　　　 12 000
　　　贷:累计折旧　　　　　　　　　　　　　　　　　　 60 000
(9) 借:财务费用　　　　　　　　　　　　　　　　　8 000
　　　贷:应付利息　　　　　　　　　　　　　　　　　　　8 000
(10) 借:银行存款　　　　　　　　　　　　　　　　 60 000

	贷：投资收益	60 000
(11) 借：资产减值损失		24 040
	贷：坏账准备	14 040
	存货跌价准备	10 000
(12) 借：短期借款		400 000
	应付利息	8 000
	贷：银行存款	408 000
(13) 借：生产成本		80 000
	制造费用	10 000
	管理费用	10 000
	在建工程	40 000
	贷：应付职工薪酬——工资	140 000
(14) 借：生产成本		11 200
	制造费用	1 400
	管理费用	1 400
	在建工程	5 600
	贷：应付职工薪酬——福利费	19 600
(15) 借：应付职工薪酬——工资		140 000
	贷：银行存款	140 000
(16) 借：生产成本		71 400
	贷：制造费用	71 400
(17) 借：库存商品		612 600
	贷：生产成本	612 600
(18) 借：税金及附加		4 860
	贷：应交税费——应交城市维护建设税	3 780
	——应交教育费附加	1 080
(19) 借：应交税费——应交城市维护建设税		3 780
	——应交教育费附加	1 080
	贷：银行存款	4 860
(20) 借：所得税费用		50 425
	贷：应交税费——应交所得税	50 425
(21) 借：本年利润		412 725
	贷：主营业务成本	260 000
	税金及附加	4 860
	管理费用	49 400
	财务费用	8 000
	销售费用	12 000

资产处置损益		4 000
资产减值损失		24 040
所得税费用		50 425
借：主营业务收入		500 000
投资收益		60 000
营业外收入		4 000
贷：本年利润		564 000
借：本年利润		151 275
贷：利润分配——未分配利润		151 275
(22) 借：利润分配——提取法定盈余公积		15 127.5
贷：盈余公积——法定盈余公积		15 127.5
(23) 借：利润分配——未分配利润		15 127.5
贷：利润分配——提取法定盈余公积		15 127.5

年初余额填列时，应当根据上年年末资产负债表"期末余额"栏有关项目填列本年度资产负债表"年初余额"栏。如果企业发生了会计政策变更、前期差错更正，应当对"年初余额"栏中的有关项目进行相应调整；如果企业上年度资产负债表规定的项目名称和内容与本年度不一致，应当对上年年末资产负债表相关项目的名称和金额按照本年度的规定进行调整，填入"年初余额"栏。

表 13-2　科目余额表

2020 年　　　　　　　　　　　　　　　　　　　　　　　　　　　　　　单位：元

科 目 名 称	借方余额	科 目 名 称	贷方余额
库存现金	2 000	短期借款	
银行存款	489 140	应付票据	
其他货币资金		应付账款	271 000
以公允价值计量且其变动计入当期损益的金融资产		其他应付款	69 00
应收票据		应付职工薪酬	299 600
应收账款	768 000	应交税费	204 425
坏账准备	−23 040	应付利息	
预付账款		应付股利	
其他应收款	3 000	一年内到期的长期负债	
原材料	150 000	长期借款	
周转材料	50 000	股本	4 500 000
库存商品	852 600	盈余公积	607 627.5

科 目 名 称	借方余额	科 目 名 称	贷方余额
存货跌价准备	−10 000	利润分配(未分配利润)	685 747.5
其他流动资产			
长期股权投资	1 018 000		
固定资产	2 600 000		
累计折旧	−120 000		
固定资产减值准备	−80 000		
工程物资			
在建工程	845 600		
无形资产	40 000		
累计摊销	−10 000		
递延所得税资产			
其他长期资产			
合计	6 575 300	合计	6 575 300

根据上列资料编制该公司2020年资产负债表，如表13-3所示。

表13-3 资产负债表

编制单位：A股份有限公司　　　2020年12月31日　　　　　　会企01表　单位：元

资　产	期末余额	年初余额	负债和所有者权益	期末余额	年初余额
流动资产：			流动负债：		
货币资金	491 140	1 002 000	短期借款	0	400 000
以公允价值计量且其变动计入当期损益的金融资产	0		以公允价值计量且其变动计入当期损益的金融负债	0	0
应收票据	0	90 000	应付票据	0	0
			应付账款	271 000	275 000
应收账款	744 960	291 000	预收款项	0	0
预付款项	0		应付职工薪酬	299 600	280 000

续表

资　　产	期末余额	年初余额	负债和所有者权益	期末余额	年初余额
应收利息	0		应交税费	204 425	120 000
应收股利	0		应付利息	0	0
其他应收款	3 000	3 000	应付股利	0	0
存货	1 042 600	900 000	其他应付款	6 900	6 900
持有待售资产	0		持有待售负债	0	0
一年内到期的非流动资产	0		一年内到期的非流动负债	0	0
其他流动资产			其他流动负债	0	0
流动资产合计	2 281 700	2 286 000	流动负债合计	781 925	1 081 900
非流动资产：			非流动负债：		
可供出售金融资产	0	0	长期借款	0	0
持有至到期投资	0	0	应付债券	0	0
长期应收款	0	0	长期应付款	0	0
长期股权投资	1 018 000	1 018 000	专项应付款	0	0
投资性房地产	0	0	预计负债		
固定资产	2 400 000	2 460 000	递延所得税负债	0	0
在建工程	845 600	800 000	其他非流动负债	0	0
工程物资			非流动负债合计	0	0
固定资产清理	0		负债合计	0	0
生产性生物资产	0		所有者权益（或股东权益）：		
油气资产	0		实收资本（或股本）	4 500 000	4 500 000
无形资产	30 000	160 000	其他权益工具	0	0
开发支出	0		资本公积	0	0
商誉	0		减：库存股	0	0
			其他综合收益	0	0

续表

资　　产	期末余额	年初余额	负债和所有者权益	期末余额	年初余额
长期待摊费用	0		盈余公积	607 627.5	592 500
递延所得税资产	0		未分配利润	685 747.5	549 600
其他非流动资产			所有者权益（或股东权益）合计	5 793 375	5 642 100
非流动资产合计	4 293 600	4 438 000			
资产总计	6 575 300	6 724 000	负债和所有者权益总计	6 575 300	6 724 000

第三节　利润表

一、利润表的内容及结构

（一）利润表的内容

利润表是反映企业在一定会计期间的经营成果的会计报表。利润表的列报必须充分反映企业经营业绩的主要来源和构成，有助于使用者判断净利润的质量及其风险，有助于使用者预测净利润的持续性，从而做出正确的决策。通过利润表，可以反映企业一定会计期间的收入实现情况。

（二）利润表的结构

常见的利润表结构主要有单步式和多步式两种。在我国，企业利润表采用的是多步式结构，即通过对当期的收入、费用、支出项目按性质加以归类，按利润形成的主要环节列示一些中间性利润指标，分步计算当期净损益。

利润表主要反映以下几方面的内容。

（1）营业收入，由主营业务收入和其他业务收入组成。

（2）营业利润，营业收入减去营业成本（主营业务成本、其他业务成本）、税金及附加、销售费用、管理费用、财务费用、资产减值损失，加上公允价值变动收益、投资收益，即为营业利润。

（3）利润总额，营业利润加上营业外收入，减去营业外支出，即为利润总额。

（4）净利润，利润总额减去所得税费用，即为净利润。

（5）每股收益，普通股或潜在普通股已公开交易的企业，以及正处于公开发行普通股或潜在普通股过程中的企业，还应当在利润表中列示每股收益信息，包括基本每股收益和稀释每股收益两项指标。

此外，为了使报表使用者通过比较不同期间利润的实现情况，判断企业经营成果的未来发展趋势，企业需要提供比较利润表，利润表还就各项目再分为"本期金额"和"上期金额"两栏分别填列。

二、利润表的填列方法

（一）基本项目的列报

利润表中的栏目分为"本期金额"栏和"上期金额"栏。"本期金额"栏根据各损益类科目的发生额分析填列。其中，"营业利润""利润总额""净利润"项目根据表中相关项目计算填列。

利润表中"上期金额"栏应根据上年该期利润表"本期金额"栏内所列数字填列。如果上年该期利润表规定的各个项目的名称和内容同本期不一致，应对上年该期利润表各项目的名称和数字按本期的规定进行调整，填入"上期金额"栏。

（二）综合收益的列报

综合收益是指企业在某一期间除与所有者以其所有者身份进行的交易之外的其他交易或事项所引起的所有者权益变动。综合收益总额项目反映净利润和其他综合收益扣除所得税影响后的净额相加后的合计金额。其他综合收益是指企业根据其他会计准则规定未在当期损益中确认的各项利得和损失。

企业应当以扣除相关所得税影响后的净额在利润表上单独列示各项其他综合收益项目，并且其他综合收益项目应当根据其他相关会计准则的规定分为下列两类列报：

（1）以后会计期间不能重分类计入损益的其他综合收益项目，主要包括：

① 重新计量设定受益计划的净负债或净资产导致的变动；

② 按照权益法核算的在被投资企业不能重分类计入损益的其他综合收益变动中所享有的份额。

（2）以后会计期间在满足规定条件时将重分类计入损益的其他综合收益项目，主要包括：

① 按照权益法核算的在被投资企业可重分类计入损益的其他综合收益中所享有的份额；

② 可供出售金融资产公允价值变动形成的利得或损失、持至到期投资重分类为可供出售金融资产形成的利得或损失；

③ 现金流量套期工具产生的利得或损失中属于有效套期的部分；

④ 外币财务报表折算差额；

⑤根据相关会计准则规定的其他项目。例如，根据《企业会计准则第3号——投资性房地产》，自用房地产或作为存货的房地产转换为以公允价值模式计量的投资性房地产在转换日公允价值大于账面价值部分计入其他综合收益；待该投资性房地产处置时，将该部分转入当期损益等。

(三) 每股收益的列报

普通股或潜在普通股已公开交易的企业，以及正处于公开发行普通股或潜在普通股过程中的企业，还应当在利润表中列示每股收益信息，并在附注中详细披露计算过程，以供投资者投资决策参考。每股基本收益和稀释每股收益项目应当按照《企业会计准则第34号——每股收益》的规定计算填列。

三、利润表编制示例

【例 13-2】承例 13-1，A 股份有限公司 2019 年度有关损益类科目本年累计发生净额如表 13-4 所示。

表 13-4　A 股份有限公司损益类科目 2019 年度累计发生净额　　单位：元

科目名称	借方发生额	贷方发生额
主营业务收入		500 000
主营业务成本	260 000	
税金及附加	4 860	
销售费用	12 000	
管理费用	49 400	
财务费用	8 000	
资产减值损失	24 040	
投资收益		60 000
营业外收入		4 000
资产处置损益	4 000	
所得税费用	50 425	

根据上述资料，编制 A 股份有限公司 2019 年度利润表，如表 13-5 所示。

表 13-5　利　润　表

会企02表

编制单位：A 股份有限公司　　　　　2019 年　　　　　单位：元

项　　目	本期金额	上期金额（略）
一、营业收入	500 000	
减：营业成本	260 000	
税金及附加	4 860	

续表

项　　目	本期金额	上期金额(略)
销售费用	12 000	
管理费用	49 400	
财务费用	8 000	
资产减值损失	24 040	
加：公允价值变动收益(损失以"一"号填列)	0	
投资收益(损失以"一"号填列)	60 000	
其中：对联营企业和合营企业的投资收益	0	
资产处置收益(损失以"一"号填列)	-4 000	
其他收益		
二、营业利润(亏损以"一"号填列)	197 700	
加：营业外收入	4 000	
减：营业外支出		
三、利润总额(亏损总额以"一"号填列)	201 700	
减：所得税费用	50 425	
四、净利润(净亏损以"一"号填列)	151 275	
(一)持续经营净利润(净亏损以"一"号填列)	151 275	
(二)终止经营净利润(净亏损以"一"号填列)		
五、其他综合收益税后净额	略	
(一)以后不能重分类进损益的其他综合收益	略	
(二)以后将重分类进损益的其他综合收益	略	
六、综合收益总额	略	
七、每股收益	略	
(一)每股基本收益	略	
(二)稀释每股收益	略	

第四节 现金流量表

一、现金流量表的内容及结构

(一) 现金流量表的内容

现金流量表是指反映企业在一定会计期间现金和现金等价物流入和流出的报表。从编制原则来看,现金流量表按照收付实现制编制,将权责发生制下的盈利信息调整为收付实现制下的现金流量信息,便于信息使用者了解企业净利润的质量。从内容来看,现金流量表被划分为经营活动、投资活动和筹资活动三个部分,每类活动又分为各具体项目,这些项目从不同角度反映企业业务活动的现金流入与流出,弥补了资产负债表和利润表提供信息的不足。通过现金流量表,报表使用者能够了解现金流量的影响因素,评价企业的支付能力、偿债能力和周转能力,预测企业未来现金流量,为其决策提供有力依据。

(二) 现金流量表的结构

在现金流量表中,现金及现金等价物被视为一个整体,企业现金形式的转换不会产生现金的流入和流出。例如,企业从银行提取现金,是企业现金存放形式的转换,并未流出企业,不构成现金流量。同样,现金与现金等价物之间的转换也不属于现金流量,例如,企业用现金购买三个月到期的国库券。根据企业业务活动的性质和现金流量的来源,现金流量表在结构上将企业一定期间产生的现金流量分为三类:经营活动产生的现金流量、投资活动产生的现金流量和筹资活动产生的现金流量。

二、现金流量表的填列方法

(一) 经营活动产生的现金流量

经营活动是指企业投资活动和筹资活动以外的所有交易和事项。各类企业由于行业特点不同,对经营活动的认定存在一定差异。对于工商企业而言,经营活动主要包括销售商品、提供劳务、购买商品、接受劳务、支付税费等。对于商业银行而言,经营活动主要包括吸收存款、发放贷款、同业存放、同业拆借等。对于保险公司而言,经营活动主要包括原保险业务和再保险业务等。对于证券公司而言,经营活动主要包括自营证券、代理承销证券、代理兑付证券、代理买卖证券等。

在我国,企业经营活动产生的现金流量应当采用直接法填列。直接法是指通过现金收入和现金支出的主要类别列示经营活动的现金流量。

(二) 投资活动产生的现金流量

投资活动是指企业长期资产的购建和不包括在现金等价物范围内的投资及其处置活

动。长期资产是指固定资产、无形资产、在建工程、其他资产等持有期限在一年或一个营业周期以上的资产。这里所讲的投资活动，既包括实物资产投资，也包括金融资产投资。这里之所以将"包括在现金等价物范围内的投资"排除在外，是因为已经将包括在现金等价物范围内的投资视同现金。不同企业由于行业特点不同，对投资活动的认定也存在差异。例如，交易性金融资产所产生的现金流量，对于工商企业而言，属于投资活动现金流量，而对于证券公司而言，属于经营活动现金流量。

（三）筹资活动产生的现金流量

筹资活动是指导致企业资本及债务规模和构成发生变化的活动。其中，资本既包括实收资本（股本），也包括资本溢价（股本溢价）；债务指对外举债，包括向银行借款、发行债券及偿还债务等。通常情况下，应付账款、应付票据等商业应付款等属于经营活动，不属于筹资活动。

此外，对于企业日常活动之外特殊的、不经常发生的特殊项目，如自然灾害损失、保险赔款、捐赠等，应当归并到相关类别中，并单独反映。例如，对于自然灾害损失和保险赔款，如果能够确定属于流动资产损失，应当列入经营活动产生的现金流量；属于固定资产损失，应当列入投资活动产生的现金流量。

（四）汇率变动对现金及现金等价物的影响

编制现金流量表时，应当将企业外币现金流量以及境外子公司的现金流量折算成记账本位币。外币现金流量以及境外子公司的现金流量，应当采用现金流量发生日的即期汇率或按照系统合理的方法确定的、与现金流量发生日即期汇率近似的汇率折算。汇率变动对现金的影响额应作为调节项目，在现金流量表中单独列报。

汇率变动对现金的影响是指企业外币现金流量及境外子公司的现金流量折算成记账本位币时，所采用的是现金流量发生日的汇率或按照系统合理的方法确定的、与现金流量发生日即期汇率近似的汇率，而现金流量表"现金及现金等价物净增加额"项目中外币现金净增加额是按资产负债表日的即期汇率折算的。这两者的差额即为汇率变动对现金的影响。

在编制现金流量表时，对当期发生的外币业务，也可不必逐笔计算汇率变动对现金的影响，可以通过现金流量表补充资料中"现金及现金等价物净增加额"数额与现金流量表中"经营活动产生的现金流量净额""投资活动产生的现金流量净额""筹资活动产生的现金流量净额"三项之和比较，其差额即为"汇率变动对现金的影响额"。

（五）现金流量表补充资料

除现金流量表反映的信息外，企业还应在附注中披露将净利润调节为经营活动现金流量、不涉及现金收支的重大投资和筹资活动、现金和现金等价物的构成等信息。

▶ 1. 将净利润调节为经营活动现金流量

现金流量表采用直接法反映经营活动产生的现金流量，同时，企业还应采用间接法反映经营活动产生的现金流量。间接法是指以本期净利润为起点，通过调整不涉及现金的收入、费用、营业外收支，以及经营性应收应付等项目的增减变动，调整不属于经营活动的现金收支项目，据此计算并列报经营活动产生的现金流量的方法。在我国，现金流量表补充资料应采用间接法反映经营活动产生的现金流量情况，以对现金流量表中采用直接法反映的经营活动现金流量进行核对和补充说明。

采用间接法列报经营活动产生的现金流量时，需要对四大类项目进行调整：①实际没有支付现金的费用；②实际没有收到现金的收益；③不属于经营活动的损益；④经营性应收应付项目的增减变动。

▶ 2. 不涉及现金收支的重大投资和筹资活动

不涉及现金收支的重大投资和筹资活动，反映企业一定期间内影响资产或负债但不形成该期现金收支的所有投资和筹资活动的信息。这些投资和筹资活动虽然不涉及现金收支，但对以后各期的现金流量有重大影响。例如，企业融资租入设备，将形成的负债计入"长期应付款"账户，当期并不支付设备款及租金，但以后各期必须为此支付现金，从而在一定期间内形成了一项固定的现金支出。

企业应当在附注中披露不涉及当期现金收支，但影响企业财务状况或在未来可能影响企业现金流量的重大投资和筹资活动，主要包括：①债务转为资本，反映企业本期转为资本的债务金额；②一年内到期的可转换公司债券，反映企业一年内到期的可转换公司债券的本息；③融资租入固定资产，反映企业本期融资租入的固定资产。

▶ 3. 现金和现金等价物的构成

企业应当在附注中披露与现金和现金等价物有关的下列信息：①现金和现金等价物的构成及其在资产负债表中的相应金额；②企业持有但不能由母公司或集团内其他子公司使用的大额现金和现金等价物金额。企业持有现金和现金等价物但不能被集团使用的情形多种多样，例如，国外经营的子公司，由于受当地外汇管制或其他立法的限制，其持有的现金和现金等价物，不能由母公司或其他子公司正常使用。

三、现金流量表的编制方法

（一）直接法和间接法

编制现金流量表时，列报经营活动现金流量的方法有两种：直接法和间接法。在直接法下，一般是以利润表中的营业收入为起算点，调节与经营活动有关的项目的增减变动，然后计算出经营活动产生的现金流量。在间接法下，将净利润调节为经营活动现金流量，实际上就是将按权责发生制原则确定的净利润调整为现金净流入，并剔除投资活动和筹资活动对现金流量的影响。

采用直接法编报现金流量表，便于分析企业经营活动产生的现金流量的来源和用途，预测企业现金流量的未来前景；采用间接法编报现金流量表，便于将净利润与经营活动产生的现金流量净额进行比较，了解净利润与经营活动产生的现金流量差异的原因，从现金流量的角度分析净利润的质量。所以，我国《企业会计准则——基本准则》规定企业应当采用直接法编报现金流量表，同时要求在附注中提供以净利润为基础调节经营活动现金流量的信息。

（二）工作底稿法、T 形账户法和分析填列法

在具体编制现金流量表时，可以采用工作底稿法或 T 形账户法，也可以根据有关科目的记录分析填列。

▶ 1. 工作底稿法

采用工作底稿法编制现金流量表，是以工作底稿为手段，以资产负债表和利润表数据为基础，对每一项目进行分析并编制调整分录，从而编制现金流量表。采用工作底稿法编制现金流量表的步骤如下。

（1）将资产负债表的期初数和期末数过入工作底稿的期初数栏和期末数栏。

（2）对当期业务进行分析并编制调整分录。编制调整分录时，要以利润表项目为基础，从"营业收入"开始，结合资产负债表项目逐一进行分析。在调整分录中，有关现金和现金等价物的事项并不直接借记或贷记现金，而是分别计入"经营活动产生的现金流量""投资活动产生的现金流量""筹资活动产生的现金流量"有关项目，借记表示现金流入，贷记表示现金流出。

（3）将调整分录过入工作底稿中的相应部分。

（4）核对调整分录，借方、贷方合计数均已经相等，资产负债表项目期初数加减调整分录中的借贷金额以后，也等于期末数。

（5）根据工作底稿中的现金流量表项目部分编制正式的现金流量表。

▶ 2. T 形账户法

采用 T 形账户法编制现金流量表，是以 T 形账户为手段，以资产负债表和利润表数据为基础，对每一项目进行分析并编制调整分录，从而编制现金流量表。采用 T 形账户法编制现金流量表的步骤如下。

（1）为所有的非现金项目（包括资产负债表项目和利润表项目）分别开设 T 形账户，并将各自的期末、期初变动数分别过入该账户。如果项目的期末数大于期初数，则将差额过入和项目余额相同的方向；反之，过入相反的方向。

（2）开设一个大的"现金及现金等价物"T 形账户，每边分为经营活动、投资活动和筹资活动三个部分，左边记现金流入，右边记现金流出。与其他账户一样，过入期末、期初变动数。

（3）以利润表项目为基础，结合资产负债表分析每一个非现金项目的增减变动，并据此编制调整分录。

（4）将调整分录过入各 T 形账户，并进行核对，该账户借贷相抵后的余额与原先过入的期末、期初变动数应当一致。

（5）根据大的"现金及现金等价物"T 形账户编制正式的现金流量表。

▶ 3. 分析填列法

分析填列法是直接根据资产负债表、利润表和有关会计科目明细账的记录，分析计算出现金流量表各项目的金额，并据以编制现金流量表的一种方法。

四、现金流量表编制示例

【例 13-3】 承例 13-1 和例 13-2,采用简化的 T 形账户法,编制 A 股份有限公司 2020 年度的现金流量表。

A 股份有限公司 2020 年度有关现金及等价物各项目调整分录如下:

(1) 借:销售商品,提供劳务收到的现金　　　　　　　　　　113 000
　　　贷:主营业务收入　　　　　　　　　　　　　　　　　　　100 000
　　　　　应交税费——应交增值税(销项税额)　　　　　　　　 13 000
(2) 借:原材料　　　　　　　　　　　　　　　　　　　　　　300 000
　　　　　应交税费——应交增值税(进项税额)　　　　　　　　 39 000
　　　贷:购买商品,接受劳务支付的现金　　　　　　　　　　　339 000
(3) 借:处置固定资产、无形资产和其他长期资产收到的现金　　126 000
　　　　　累计摊销　　　　　　　　　　　　　　　　　　　　　50 000
　　　　　资产处置损益　　　　　　　　　　　　　　　　　　　 4 000
　　　贷:无形资产　　　　　　　　　　　　　　　　　　　　　180 000
(4) 借:销售商品、提供劳务收到的现金　　　　　　　　　　　 90 000
　　　贷:应收票据　　　　　　　　　　　　　　　　　　　　　 90 000
(5) 借:取得投资收益收到的现金　　　　　　　　　　　　　　 60 000
　　　贷:投资收益　　　　　　　　　　　　　　　　　　　　　 60 000
(6) 借:短期借款　　　　　　　　　　　　　　　　　　　　　400 000
　　　　　应付利息　　　　　　　　　　　　　　　　　　　　　 8 000
　　　贷:偿还债务支付的现金　　　　　　　　　　　　　　　　400 000
　　　　　分配股利、利润或偿付利息支付的现金　　　　　　　　 8 000
(7) 借:应付职工薪酬——工资　　　　　　　　　　　　　　　140 000
　　　贷:支付给职工以及为职工支付的现金　　　　　　　　　　100 000
　　　　　购建固定资产、无形资产和其他长期资产支付的现金　　 40 000
(8) 借:应交税费——应交城市维护建设税　　　　　　　　　　 3 780
　　　　　　　　　——应交教育费附加　　　　　　　　　　　　 1 080
　　　贷:支付的各项税费　　　　　　　　　　　　　　　　　　 4 860

根据以上资料编制现金流量表,如表 13-6 和表 13-7 所示。

表 13-6　现金流量表

会企 03 表

编制单位:A 股份有限公司　　　　　2020 年　　　　　　　　单位:元

项　目	本期金额	上期金额
一、经营活动产生的现金流量		略
销售商品、提供劳务收到的现金	203 000	

续表

项　　目	本期金额	上期金额
收到的税费返还	0	
收到其他与经营活动有关的现金	0	
经营活动现金流入小计	203 000	
购买商品、接受劳务支付的现金	339 000	
支付给职工以及为职工支付的现金	100 000	
支付的各项税费	4 860	
支付其他与经营活动有关的现金	0	
经营活动现金流出小计	443 860	
经营活动产生的现金流量净额	－240 860	
二、投资活动产生的现金流量		
收回投资收到的现金	0	
取得投资收益收到的现金	60 000	
处置固定资产、无形资产和其他长期资产收回的现金净额	126 000	
处置子公司及其他营业单位收到的现金净额	0	
收到其他与投资活动有关的现金	0	
投资活动现金流入小计	186 000	
购建固定资产、无形资产和其他长期资产支付的现金	40 000	
投资支付的现金	0	
取得子公司及其他营业单位支付的现金净额	0	
支付其他与投资活动有关的现金	0	
投资活动现金流出小计	40 000	
投资活动产生的现金流量净额	146 000	
三、筹资活动产生的现金流量		
吸收投资收到的现金	0	
取得借款收到的现金	0	
收到其他与筹资活动有关的现金	0	

续表

项　　目	本期金额	上期金额
筹资活动现金流入小计	0	
偿还债务支付的现金	400 000	
分配股利、利润或偿付利息支付的现金	8 000	
支付其他与筹资活动有关的现金	0	
筹资活动现金流出小计	408 000	
筹资活动产生的现金流量净额	-408 000	
四、汇率变动对现金及现金等价物的影响	0	
五、现金及现金等价物净增加额	-502 860	
加：期初现金及现金等价物余额	1 002 000	
六、期末现金及现金等价物余额	493 140	

表13-7　现金流量表补充资料　　　　　　　　　　　　　　　单位：元

补充资料	本期金额	上期金额
1. 将净利润调节为经营活动现金流量：		略
净利润	151 395	
加：资产减值准备	23 920	
固定资产折旧、油气资产折耗、生产性生物资产折旧	60 000	
无形资产摊销	0	
长期待摊费用摊销	0	
处置固定资产、无形资产和其他长期资产的损失（收益以"-"号填列）	4 000	
固定资产报废损失（收益以"-"号填列）	0	
公允价值变动损失（收益以"-"号填列）	0	
财务费用（收益以"-"号填列）	8 000	
投资损失（收益以"-"号填列）	-60 000	
递延所得税资产减少（增加以"-"号填列）	0	
递延所得税负债增加（减少以"-"号填列）	0	

续表

补 充 资 料	本 期 金 额	上期金额
存货的减少(增加以"一"号填列)	−142 600	
经营性应收项目的减少(增加以"一"号填列)	−373 000	
经营性应付项目的增加(减少以"一"号填列)	87 425	
其他	0	
经营活动产生的现金流量净额	−240 860	
2. 不涉及现金收支的重大投资和筹资活动:		
债务转为资本	0	
一年内到期的可转换公司债券	0	
融资租入固定资产	0	
3. 现金及现金等价物净变动情况:		
现金的期末余额	499 140	
减:现金的期初余额	1 002 000	
加:现金等价物的期末余额	0	
减:现金等价物的期初余额	0	
现金及现金等价物净增加额	−502 860	

第五节 所有者权益变动表

一般企业列报所有者权益变动表时,企业应当根据所有者权益类科目和损益类有关科目的发生额分析填列所有者权益变动表"本年金额"栏,具体包括以下情况。

一、"上年年末余额"项目和"本年年初余额"项目

"上年年末余额"项目应根据上年资产负债表中"实收资本(或股本)""资本公积""其他综合收益""盈余公积""未分配利润"等项目的年末余额填列。

"会计政策变更"和"前期差错更正"项目应根据"盈余公积""利润分配""以前年度损益调整"等科目的发生额分析填列,并在"上年年末余额"的基础上调整得出"本年年初金额"项目。

二、"本年增减变动金额"项目

▶ 1. "综合收益总额"项目

"综合收益总额"项目反映企业当年的综合收益总额,应根据当年利润表中"其他综合收益的税后净额"和"净利润"项目填列,并对应列在"其他综合收益"和"未分配利润"栏。

▶ 2. "所有者投入和减少资本"项目

"所有者投入和减少资本"项目反映企业当年所有者投入的资本和减少的资本。其中,"所有者投入资本"项目反映企业接受投资者投入形成的实收资本(或股本)和资本公积,应根据"实收资本""资本公积"等科目的发生额分析填列,并对应列在"实收资本"和"资本公积"栏;"股份支付计入所有者权益的金额"项目反映企业处于等待期中的权益结算的股份支付当年计入资本公积的金额,应根据"资本公积"科目所属的"其他资本公积"二级科目的发生额分析填列,并对应列在"资本公积"栏。

▶ 3. "利润分配"下各项目

"利润分配"下各项目反映当年对所有者(或股东)分配的利润(或股利)金额和按照规定提取的盈余公积金额,并对应列在"未分配利润"和"盈余公积"栏。其中,"提取盈余公积"项目反映企业按照规定提取的盈余公积应根据"盈余公积""利润分配"科目的发生额分析填列;"对所有者(或股东)的分配"项目反映对所有者(或股东)分配的利润(或股利)金额,应根据"利润分配"科目的发生额分析填列。

▶ 4. "所有者权益内部结转"下各项目

"所有者权益内部结转"下各项目反映不影响当年所有者权益总额的所有者权益各组成部分之间当年的增减变动,包括资本公积转增资本(或股本)、盈余公积转增资本(或股本)、盈余公积弥补亏损等。其中,"资本公积转增资本(或股本)"项目反映企业以资本公积转增资本或股本的金额,应根据"实收资本""资本公积"等科目的发生额分析填列;"盈余公积转增资本(或股本)"项目反映企业以盈余公积转增资本或股本的金额,应根据"实收资本""盈余公积"等科目的发生额分析填列;"盈余公积弥补亏损"项目反映企业以盈余公积弥补亏损的金额,应根据"盈余公积""利润分配"等科目的发生额分析填列。

企业应当根据上年度所有者权益变动表"本年金额"栏内所列数字填列本年度"上年金额"栏内各项数字。如果上年度所有者权益变动表规定的项目的名称和内容同本年度不一致,应对上年度所有者权益变动表相关项目的名称和金额按本年度的规定进行调整,填入所有者权益变动表"上年金额"栏内。

所有者权益变动表如表13-8所示。

第十三章 财务报告

表 13-8 所有者权益变动表

2017 年

编制单位：   会企 04 表
单位：元

项目	本年金额						上年金额（略）					
	实收资本（或股本）	资本公积	减：库存股	盈余公积	未分配利润	所有者权益合计	实收资本（或股本）	资本公积	减：库存股	盈余公积	未分配利润	所有者权益合计
一、上年年末余额	4 500 000			592 500	549 600	5 642 100						
加：会计政策变更												
前期差错更正												
二、本年年初余额	4 500 000			592 500	549 600	5 642 100						
三、本年年增减变动金额（减少以"－"号填列）					151 395							
（一）其他综合收益												
（二）综合收益总额												
（三）所有者投入和减少资本												
1. 所有者投入资本												
2. 股份支付计入所有者权益的金额												
3. 其他												
（四）利润分配												
1. 提取盈余公积				15 139.5	－15 139.5							
2. 对所有者（或股东）的分配												
3. 其他												
（五）所有者权益内部结转												
1. 资本公积转增资本（或股本）												
2. 盈余公积转增资本（或股本）												
3. 盈余公积弥补亏损												
4. 其他												
五、本年年末余额	4 500 000			607 639.5	685 855.5	5 793 495						

第六节 财务报表附注

财务报表附注是对资产负债表、利润表、现金流量表和所有者权益变动表等报表中列示项目的文字描述或明细资料,以及对未能在这些报表中列示项目的说明等。附注是财务报表的重要组成部分。企业应当按照各项会计准则的规定在附注中披露相关信息。

一、附注披露的总体要求

附注相关信息应当与资产负债表、利润表、现金流量表和所有者权益变动表等报表中列示的项目相互参照,以有助于使用者联系相关联的信息,并由此从整体上更好地理解财务报表。企业在披露附注信息时,应当与定量、定性的信息相结合,按照一定的结构对附注信息进行系统、合理的排列和分类,以便使用者理解和掌握。

二、附注披露的主要内容

附注应当按照以下顺序披露有关内容。

(一)企业的基本情况

(1)企业注册地、组织形式和总部地址。

(2)企业的业务性质和主要经营活动。

(3)母公司及集团最终母公司的名称。

(4)财务报告的批准报出者和财务报告批准报出日,或者以签字人及其签字日期为准。

(5)营业期限有限的企业,还应披露有关其营业期限的信息。

(二)财务报表的编制基础

略。

(三)遵循企业会计准则的声明

企业应当明确说明编制的财务报表符合企业会计准则的要求,真实、公允地反映了企业的财务状况、经营成果和现金流量等有关信息,以此明确企业编制财务报表所依据的制度基础。

如果企业编制的财务报表只是部分地遵循了企业会计准则,附注中不得做出这种表述。

(四)重要会计政策和重要会计估计

▶ 1. 重要会计政策的说明

企业应当披露采用的重要会计政策,并结合企业的具体实际披露其重要会计政策的确定依据和财务报表项目的计量基础。其中,会计政策的确定依据主要是指企业在运用会计政策的过程中所做的重要判断，这些判断对在报表中确认的项目金额具有重要影响。例如，企业如何判断持有的金融资产是持有至到期的投资而不是交易性投资。财务报表项目的计量基础包括历史成本、重置成本、可变现净值、现值和公允价值等会计计量属性，如存货是按成本计量还是按可变现净值计量等。

▶ 2. 重要会计估计的说明

现行企业会计准则规定，企业应当披露重要会计估计，并结合企业的具体实际披露其会计估计所采用的关键假设和不确定因素。重要会计估计的说明包括可能导致下一个会计期间内资产、负债账面价值重大调整的会计估计的确定依据等。例如，固定资产可收回金额的计算需要根据其公允价值减去处置费用后的净额与预计未来现金流量的现值两者之间的较高者确定，在计算资产预计未来现金流量的现值时需要对未来现金流量进行预测，并选择适当的折现率，企业应当在附注中披露未来现金流量预测所采用的假设及其依据、所选择的折现率为什么是合理的等。

（五）会计政策、会计估计变更和差错更正的说明

企业应当按照《企业会计准则第 28 号——会计政策、会计估计变更和差错更正》及其应用指南的规定，披露与会计政策、会计估计变更和差错更正有关的情况。

（六）重要报表项目的说明

企业应当按照资产负债表、利润表、现金流量表、所有者权益变动表及其项目列示的顺序，采用文字和数字描述相结合的方式披露报表重要项目的说明。报表重要项目的明细金额合计，应当与报表项目金额相衔接。重要报表项目包括以公允价值计量且其变动计入当期损益的金融资产、应收款项、存货、其他流动资产、可供出售金融资产、持有至到期投资、长期股权投资、投资性房地产、固定资产、无形资产、递延所得税资产和递延所得税负债、资产减值准备、以公允价值计量且其变动计入当期损益的金融负债、应付职工薪酬、应交税费、长短期借款、应付债券、费用、营业收入、投资收益、资产减值损失、营业外收支、所得税费用、每股收益，以及其他需要说明的事项，包括非货币性资产交换和债务重组。

（七）或有和承诺事项、资产负债表日后非调整事项、关联方关系及其交易等需要说明的事项

或有和承诺事项、资产负债表日后非调整事项、关联方关系及其交易等需要说明的事项，企业应当按照相关会计准则的规定进行披露。

（八）有助于财务报表使用者评价企业管理资本的目标、政策及程序的信息

略。

（九）其他需要披露的说明

现行企业会计准则规定，企业还应当在附注中披露以下信息。

(1) 费用按照性质分类的利润表补充资料，可将费用分为耗用的原材料、职工薪酬费用、折旧费用、摊销费用等。

(2) 关于其他综合收益各项目的信息，包括：①其他综合收益各项目及其所得税影

响；②其他综合收益各项目原计入其他综合收益、当期转出计入当期损益的金额；③其他综合收益各项目的期初和期末余额及其调节情况。

（3）在资产负债表日后、财务报告批准报出日前提议或宣布发放的股利总额和每股股利金额（或向投资者分配的利润总额）。

（4）终止经营的收入、费用、利润总额、所得税费用和净利润，以及归属于母公司所有者的终止经营利润。企业披露的上述数据应当是针对终止经营在整个报告期间的经营成果。

（5）持有代售的企业组成部分（或非流动资产）。

本章小结

本章主要介绍了财务报告的概念和构成内容，财务报告是由报表和附注组成。文中对资产负债表、利润表、现金流量表的构成内容、编制方法进行了详细描述，举例说明了各种报表的编制。

复习思考题

1. 反映单位财务状况的报表有哪些？
2. 反映经营成果的报表是什么？
3. 为什么说现金流量表和财务状况变动表是资产负债表的补充？
4. 资产负债表的编制依据是什么？
5. 财务报表附注应包含哪些内容？

参考文献

[1] 张俊民,吕学典. 中级财务会计[M]. 北京:高等教育出版社,2012.
[2] 方晶晶,张琪. 中级财务会计[M]. 北京:清华大学出版社,2013.
[3] 路国平,黄中生. 中级财务会计[M]. 北京:北京邮电大学出版社,2011.
[4] 朱国泓. 中级财务会计[M]. 北京:中国人民大学出版社,2015.
[5] 毛腊梅,周建龙. 中级财务会计[M]. 北京:中国传媒大学出版社,2014.
[6] 郑英莲. 中级财务会计[M]. 北京:中国原子能出版社,2015.
[7] 中国注册会计师协会. 会计[M]. 北京:中国财政经济出版社,2017.

教学支持说明

▶▶ **课件申请**

尊敬的老师:

您好!感谢您选用清华大学出版社的教材!为更好地服务教学,我们为采用本书作为教材的老师提供教学辅助资源。该部分资源仅提供给授课教师使用,请您直接用手机扫描下方二维码完成认证及申请。

任课教师扫描二维码
可获取教学辅助资源

▶▶ **样书申请**

为方便教师选用教材,我们为您提供免费赠送样书服务。授课教师扫描下方二维码即可获取清华大学出版社教材电子书目。在线填写个人信息,经审核认证后即可获取所选教材。我们会第一时间为您寄送样书。

任课教师扫描二维码
可获取教材电子书目

 清华大学出版社

E-mail: tupfuwu@163.com	网址: http://www.tup.com.cn/
电话: 010-83470332 / 83470142	传真: 8610-83470107
地址: 北京市海淀区双清路学研大厦B座509室	邮编: 100084